新《行政处罚法》的税务适用与典型案例解析

钱蓓蓓 张春宇 宋龙飞 编著

中国税务出版社

图书在版编目（CIP）数据

新《行政处罚法》的税务适用与典型案例解析／钱蓓蓓，张春宇，宋龙飞编著．—北京：中国税务出版社，2022.4（2022.10重印）

ISBN 978-7-5678-1203-1

Ⅰ.①新… Ⅱ.①钱… ②张… ③宋… Ⅲ.①税收管理-行政处罚-法律适用-中国②税收管理-行政处罚-案例-中国 Ⅳ.①D922.22

中国版本图书馆 CIP 数据核字（2022）第 057135 号

版权所有·侵权必究

书　　名：	新《行政处罚法》的税务适用与典型案例解析
作　　者：	钱蓓蓓　张春宇　宋龙飞　编著
责任编辑：	范竹青
责任校对：	姚浩晴
技术设计：	刘冬珂
出版发行：	中国税务出版社
	北京市丰台区广安路 9 号国投财富广场 1 号楼 11 层
	邮政编码：100055
	网址：https：//www.taxation.cn
	投稿：https：//www.taxation.cn/qt/zztg
	发行中心电话：（010）83362083/85/86
	传真：（010）83362047/48/49
经　　销：	各地新华书店
印　　刷：	北京天宇星印刷厂
规　　格：	787 毫米×1092 毫米　1/16
印　　张：	18.5
字　　数：	322000 字
版　　次：	2022 年 4 月第 1 版　2022 年 10 月第 2 次印刷
书　　号：	ISBN 978-7-5678-1203-1
定　　价：	56.00 元

如有印装错误　本社负责调换

前　言

新修订的《中华人民共和国行政处罚法》（以下简称《行政处罚法》）于 2021 年 7 月 15 日正式开始实施。相较原《行政处罚法》，新《行政处罚法》吸收了近年来行政执法实务的最新理念和制度，也与其他法律改革中出现的新规定实现了衔接。为了做好新《行政处罚法》的税务适用工作，国家税务总局及时将《税务稽查工作规程》（国税发〔2009〕157 号发布）修订并升格为规章——《税务稽查案件办理程序规定》（国家税务总局令第 52 号发布），并同步发布了《国家税务总局关于修订部分税务执法文书的公告》（国家税务总局公告 2021 年第 23 号），将新《行政处罚法》提出的相关要求进一步融入税务执法及执法文书式样中。

税务行政处罚是税务机关重要的行政执法行为之一，因此新《行政处罚法》的颁布与实施对税务执法的影响必然是全面且深刻的。对于税务机关的执法人员而言，精确掌握新《行政处罚法》的内容是一门必修课。税务人员有必要将新法的内容与税务执法实践结合起来，处理好其与《中华人民共和国税收征收管理法》《中华人民共和国税收征收管理法实施细则》《税务稽查案件办理程序规定》《税务行政处罚裁量权行使规则》（国家税务总局公告 2016 年第 78 号发布）等税务行政领域单行法律、法规、规章、税务规范性文件以及一些税务行政执法政策方面的关系。同时在无明确实体法规则指引的情形下，还有必要遵循新《行政处罚法》的立法原则和精神，借鉴相关典型司法裁判案例的启示，做到精确执法，不断优化税务执法方式，防范税务执法风险。对于涉税当事人而言，新《行政处罚法》增加了不少程序性权利保障的内容，了解和掌握新《行政处罚法》的内容，能够更好地帮助他们了解自身的权益，也能更好地促进和税务机关的沟通与交流。

需要指出的是，本书所涉及的内容不仅仅在于新法阐释和案例解析，也试图回应《行政处罚法》的修订给税务执法提出的新课题。比如重新审视和界定税务行政处罚的种类，重新界定税务行政处罚听证的范围，明确重大行政处罚决定法制审核的范围，明确集体审议案件的范围，完善重大税务案件审理程序，明确新《行政处罚法》增加的适用规则在税务执法中的具体运用等。这些问题，要么伴随着新《行政处罚法》的修改直接改变了原来税务执法规范的内容，要么因为税务规范的缺失导致实务中缺乏统一标准的参考而带来巨大的执法风险。本书对这些内容也一一给予了梳理，并引用相关的司法裁判案例，在尽可能掌握的知识框架内给出一定的答案。另外，本书选取的典型案例虽然有相当一部分发生在旧《行政处罚法》生效实施期间，但仍不失其典型性和借鉴性，依然可以作为新法相关内容的明确和补充。

本书第一章由宋龙飞博士编写，第二章、第三章和第十章由张春宇博士编写，第四章至第九章由钱蓓蓓博士编写，最后由钱蓓蓓统稿。由于编写组成员能力所限，本书疏漏之处在所难免，我们希望读者可以给予反馈，以便我们及时修正，从而能够更好地发挥本书在税务行政处罚领域的理论价值和实践价值。

钱蓓蓓
2022 年 3 月 20 日于瘦西湖畔

目 录

第一章 行政处罚的基本问题 …………………………………… 1
    第一节 《行政处罚法》的立法目的与适用范围 ………… 1
    第二节 行政处罚的原则 …………………………………… 12
    第三节 行政处罚与其他法律责任 ………………………… 29

第二章 行政处罚的种类和设定 ………………………………… 35
    第一节 行政处罚的种类 …………………………………… 35
    第二节 行政处罚的设定 …………………………………… 41

第三章 行政处罚的实施机关和管辖 …………………………… 46
    第一节 行政处罚的实施机关 ……………………………… 46
    第二节 行政处罚的管辖 …………………………………… 50

第四章 行政处罚的适用 ………………………………………… 60
    第一节 责令改正与没收违法所得 ………………………… 60
    第二节 一事不再罚 ………………………………………… 69
    第三节 从轻、减轻行政处罚 ……………………………… 72
    第四节 不予行政处罚 ……………………………………… 76
    第五节 行政处罚的追究时效 ……………………………… 85
    第六节 行政处罚实体从旧兼从轻 ………………………… 89
    第七节 行政处罚无效 ……………………………………… 93

第五章 行政处罚的调查取证 …………………………………… 100
    第一节 立案 ………………………………………………… 100
    第二节 表明身份与检查通知 ……………………………… 104

第三节　回避 …………………………………………………………… 110

　　第四节　证据 …………………………………………………………… 115

第六章　行政处罚的听取意见 ……………………………………………… 137

　　第一节　一般程序 ……………………………………………………… 137

　　第二节　听证程序 ……………………………………………………… 154

第七章　行政处罚决定的作出 ……………………………………………… 173

　　第一节　重大行政处罚决定法制审核 ………………………………… 173

　　第二节　行政机关负责人的集体讨论 ………………………………… 178

　　第三节　行政处罚决定的作出 ………………………………………… 181

　　第四节　行政处罚决定的公开与保密 ………………………………… 187

第八章　行政处罚决定的执行 ……………………………………………… 201

　　第一节　行政处罚决定书的送达 ……………………………………… 201

　　第二节　罚款的缴纳 …………………………………………………… 209

　　第三节　行政处罚的强制执行 ………………………………………… 214

　　第四节　行刑衔接 ……………………………………………………… 229

第九章　行政处罚的简易程序 ……………………………………………… 241

　　第一节　简易程序的适用条件和内容 ………………………………… 241

　　第二节　简易程序行政处罚的履行与执行 …………………………… 245

第十章　行政处罚的监督和责任机制 ……………………………………… 247

　　第一节　行政处罚的行政监督和社会监督 …………………………… 247

　　第二节　行政处罚的复议、诉讼与国家赔偿 ………………………… 249

　　第三节　行政处罚的责任机制 ………………………………………… 250

附录 …………………………………………………………………………… 259

　　中华人民共和国行政处罚法（新旧对照） …………………………… 259

　　税务稽查案件办理程序规定 …………………………………………… 274

　　税务行政处罚裁量权行使规则 ………………………………………… 287

第一章 行政处罚的基本问题

第一节 《行政处罚法》的立法目的与适用范围

一、《行政处罚法》的立法目的和依据

(一)《行政处罚法》规定

第一条 为了规范行政处罚的设定和实施,保障和监督行政机关有效实施行政管理,维护公共利益和社会秩序,保护公民、法人或者其他组织的合法权益,根据宪法,制定本法。

(二) 税法及其他关联规定

1.《国务院关于进一步贯彻实施〈中华人民共和国行政处罚法〉的通知》(国发〔2021〕26号)

一、充分认识贯彻实施行政处罚法的重要意义

行政处罚法是规范政府行为的一部重要法律。贯彻实施好新修订的行政处罚法,对推进严格规范公正文明执法,保障和监督行政机关有效实施行政管理,优化法治化营商环境,保护公民、法人或者其他组织的合法权益,加快法治政府建设,推进国家治理体系和治理能力现代化,具有重要意义。新修订的行政处罚法体现和巩固了近年来行政执法领域取得的重大改革成果,回应了当前的执法实践需要,明确了行政处罚的定义,扩充了行政处罚种类,完善了行政处罚程序,强化了行政执法责任。各地区、各部门要从深入学习贯彻习近平法治思想,加快建设法治国家、法治政府、法治社会的高度,充分认识新修订的行政处罚法施行的重要意义,采取有效措施,作出具体部署,扎实做好贯彻实施工作。

2.《国家税务总局关于贯彻实施〈中华人民共和国行政处罚法〉的通知》

(国税发〔1996〕101号)

行政处罚法的实施是我国社会主义民主与法制建设的一件大事,对于促进行政机关依法行政、加强廉政建设,保护公民、法人和其他组织的合法权益,具有重要的意义。

(三) 税务适用操作指南

本条是对我国《行政处罚法》立法目的和立法依据的规定。

1. 关于《行政处罚法》的立法目的。

在1996年3月12日第八届全国人民代表大会第四次会议上,全国人民代表大会常务委员会秘书长曹志所作的关于《中华人民共和国行政处罚法(草案)》的说明中明确指出,制定《行政处罚法》的目的在于"从法律制度上规范政府的行政处罚行为,制止乱处罚、乱罚款现象,保护公民、法人或者其他组织的合法权益"从而解决"实践中处罚随意,人民群众很有意见"的问题。因此《行政处罚法》在第一条就明确规定了立法目的,该条文自从1996年《行政处罚法》制定以来,并未发生变动。对此条款重点掌握以下内容:

(1) 了解《行政处罚法》立法目的的具体内容。《行政处罚法》的立法目的有三:一是规范行政处罚的设定和实施;二是保障和监督行政机关有效实施行政管理;三是维护公共利益和社会秩序。

(2) 把握《行政处罚法》立法目的背后的价值取向。立法目的中涉及的动词有"规范""保障""监督""维护"和"保护"五个,其中多为表达保护当事人或被处罚人合法权益的功能性动词,监督控制行政处罚权、保护行政相对人合法权益的色彩更浓。由此可知,《行政处罚法》的立法目的在公平和效率之间仍然以追求公平为核心宗旨和核心价值。

(3) 立法目的一般不直接适用于具体情形,但可对《行政处罚法》其他具体条文的解释发挥作用。在"广东顺翔化工有限公司与广东省应急管理厅、中山市应急管理局行政处罚及复议决定纠纷案"① 中,二审法院针对"被上诉人中山市应急局作出停产停业的行政处罚决定是否具有合法性和必要性"这一争议点,认为"根据《中华人民共和国行政处罚法》第一条、第三条第一款规定,行政处罚是行政主体依法对违反行政管理秩序的行为人给予的一种行政制裁,其目的在于维护公共利益和社会秩序,保护公民、法人或者其他组织的合法权益……责令停产停业作为行政处罚的一个种类,是行政机关在法律授

---

① (2020) 粤71行终441号。

权的范围内，针对经营者存在严重的违法问题或隐患，责令其停止生产经营活动，通过暂时剥夺其生产、经营权利，以督促经营者彻底消除隐患，或认真完成教育整顿，当经营者在规定期限内纠正了违法行为，就可以恢复生产和经营。如果经营者针对自身实际情况，从确保安全生产出发，主动配合政府自行停止生产经营活动且不打算恢复生产的，行政机关经核实审查后，无须再对经营者作出责令停产停业的行政处罚，而应选择对经营者损害最小的其他行政措施，及时消除隐患，确保安全生产……在此种情况下被上诉人中山市应急局作出被诉处罚决定，责令上诉人停产停业进行整改没有违法事实基础，不具有合理性和必要性。"可以看出，对此条款的认识与掌握，是正确解释具体处罚行为的基础和关键。

2. 关于《行政处罚法》的立法依据。

《行政处罚法》的立法依据是宪法，属于行政领域的基本法律，具有行政处罚总则法的地位。对此条款重点掌握以下内容：

(1)《行政处罚法》第一条规定，"依据宪法，制定本法"。这首先意味着《行政处罚法》接受宪法的规范与指引。宪法是我国的根本法，既为我国其他法律立法提供了基础，又为其他法律的建立提供了依据，宪法的法律效力在众多法律中是最高的，任何法律的执行都应该在法律的基础上完成，其他任何法律的执行都不能和宪法形成抵触关系，因此"不抵触宪法"是宪法对于《行政处罚法》规范作用的核心要义。根据《中华人民共和国宪法》第五条第三款、第六十七条第（七）项和第（八）项、第一百条第一款和第二款的规定，不抵触宪法原则的适用范围包括法律、国务院制定的行政法规、决定和命令，以及省、自治区、直辖市、设区的市人大及其常委会制定的地方性法规和决议。《行政处罚法》显然属于此范围内，因此行政处罚的设定和实施显然不能与宪法规则、宪法精神相抵触。

(2)《行政处罚法》第一条规定，"依据宪法，制定本法"。这意味着《行政处罚法》还应通过自身的制定与实施来推动宪法的贯彻落实。我国宪法规定了国家的根本制度、公民基本权利和义务、国家机构的组成和运行的基本原则等。《行政处罚法》作为规范行政权行使、保护公民合法权益的法律，承载着实现个人权利、贯彻宪法理念的重要作用，是对宪法所规定的县级以上地方各级人民政府依照法律规定的权限管理本行政区域内的行政工作，国家依法禁止任何组织或者个人扰乱社会经济秩序，公民必须遵守宪法和法律、保守国家秘密、爱护公共财产、遵守劳动纪律、遵守公共秩序，公民合法的私有财产、人身自由不受侵犯等规定的具体化，对于推动宪法实施、加强宪法实施，完善以宪法为核心的中国特色社会主义法律体系，具有重要意义。[①]

二、行政处罚的定义

（一）《行政处罚法》规定

第二条 行政处罚是指行政机关依法对违反行政管理秩序的公民、法人或者其他组织，以减损权益或者增加义务的方式予以惩戒的行为。

（二）税务适用操作指南

本条款是《行政处罚法》新修改增加的条款。旧《行政处罚法》只是在第八条通过列举的方式规定了警告、罚款、没收、责令停产停业、吊扣证照和行政拘留六种法定处罚种类，而未对行政处罚的定义进行界定。然而在实践中，为解决行政执法威慑不足和手段欠缺的问题，我国在立法文本和执法实践中创设了大量的"其他行政处罚"，但在"其他行政处罚"的识别上存在着困难，比如公布违法事实、确定失信"黑名单"和联合惩戒等措施。本次修法对行政处罚进行了定义，抽象地界定了何为行政处罚，对我国行政法理论可谓一个重要进步和贡献，不仅在形式上使"行政三法"[②]实现了体例结构上的统一和完整，更重要的是在划清行政处罚界限的问题上作了大胆尝试，填补了一个重要行政行为的概念空白。[③] 在适用上，本条款应当与《行政处罚法》第九条关于行政处罚的种类的规定结合起来理解，第九条中没有规定的行政处罚类型，可以根据本条加以判断。具体来说，可以从以下几个方面展开：

1. 实施行政处罚的主体是拥有行政职权的主体，即行政机关、法律法规授权的组织，以及受行政机关委托的组织。因此，立法机关、司法机关、监察机关或者军事机关所作出的处罚行为不是行政处罚。《中华人民共和国税收征收管理法》（以下简称《税收征管法》）、《中华人民共和国税收征收管理法实施细则》（以下简称《税收征管法实施细则》）等税收征管领域内的法律、法规和规章也明确规定了税务行政处罚的主体资格问题。如《税收征管法》第十四条规定："本法所称税务机关是指各级税务局、税务分局、税务所和按照国

---

① 应松年，张晓莹.《行政处罚法》二十四年：回望与前瞻 [J]. 国家检察官学院学报，2020 (5).
② "行政三法"一般指《行政处罚法》《行政许可法》和《行政强制法》。
③ 应松年，张晓莹.《行政处罚法》二十四年：回望与前瞻 [J]. 国家检察官学院学报，2020 (5).

务院规定设立的并向社会公告的税务机构。"《税收征管法实施细则》第九条第一款规定:"税收征管法第十四条所称按照国务院规定设立的并向社会公告的税务机构,是指省以下税务局的稽查局。稽查局专司偷税、逃避追缴欠税、骗税、抗税案件的查处。"《税收征管法》第七十四条规定:"本法规定的行政处罚,罚款额在二千元以下的,可以由税务所决定。"因此,税务行政处罚主要由各级税务局、税务分局、税务所和省以下税务局的稽查局作出。

2. 行政处罚的对象是公民、法人或者其他组织。即行政处罚是行政主体代表国家对社会上的公民、法人或者其他组织所作出的行政制裁行为,是一种外部行政行为,不是内部行政行为。它体现的是国家对社会的监督和管理关系,而不是国家、政府或单位自身的内部管理或劳动关系。因此,上级行政机关对下级行政机关、行政机关对其工作人员的通报批评及其他制裁性的处理,都不属于行政处罚。①

3. 行政处罚所处罚的是相对人违反行政管理秩序的行为。"违反行政管理秩序"即"违反行政法律规范"或"违反行政法义务"。"违反行政管理秩序"这种表述源于1957年《中华人民共和国治安管理处罚条例》关于"违反治安管理行为"的定性。②但在实践中,国家为了维持行政管理秩序,基于法律的规定,通常会给公民、法人或其他组织课以一定的行政义务,公民、法人或其他组织若不遵守相应的行政法规范,往往就会违背其应当履行的行政法上的义务。因此从实践层面看,违反行政管理秩序即意味着违反了行政法律规范,也意味着行政法义务的违反。三者在实践中指向行政处罚的违法性与行政性,即当事人违反的是行政法规范和行政管理秩序,而非刑法或民法规范;对当事人实施的行政处罚,属于对当事人追究行政责任,而非刑事责任、民事责任或纪律责任。

4. 行政处罚的方式主要表现为对当事人作出"减损权益或增加义务"的"不利益性"行为。其中需要重点关注:①行政处罚的侵益性既包括对物质利益的剥夺和限制,也包括对精神利益的剥夺和限制。②行政处罚减损的是"权益",而非仅"权利"。在《行政处罚法》修法过程中,一审稿中第二条规定的是"减损权利或者增加义务",而在二审稿便修改为"减损权益或者增加

---

① 胡建淼. 论"行政处罚"概念的法律定位[J]. 中外法学, 2021 (4).
② 《中华人民共和国治安管理处罚条例》(1957年) 第二条第一款规定:"扰乱公共秩序、妨害公共安全、侵犯公民人身权利、损害公私财产,情节轻微,尚不够刑事处分,依照本条例应当受到处罚的行为,是违反治安管理行为。"参见胡建淼. 论"行政处罚"概念的法律定位[J]. 中外法学, 2021 (4).

义务",最终新法采用了二审稿的"权益"表述。① 权利一般是合法的利益,而权益是价值中立的,只是指一种"好处"。采用"减损权益"意味着行政处罚既针对合法利益,也包括非法利益。因此,罚款作为典型的减损权益的处罚,并不需要证明其被罚金钱必须是合法财产。③处罚的不利性是一种既已发生的利益折损结果,而不是过程性和可能性的中间状态。现实中如"交通违章扣分"等记分行为,本身不对被记分的违法行为人的权利义务产生实际影响,真正产生利益减损的是扣满12分以后的"扣留机动车驾驶证"行为。因此"扣分"并未剥夺或限制利益,并非属于行政处罚。②

5. 行政处罚所达到的直接目的和最终效果是"惩戒"。惩戒性是行政处罚最本质的特性,是给违法当事人施加的"额外的不利负担"。通过惩戒性,行政处罚可以与行政命令行为相区别。《行政处罚法》第二十八条、《税收征管法》第六十条第二款所规定的"责令改正"与"责令限期改正"虽然是强制性地要求相对人履行一定义务,但目的仅限于在有限的范围内纠正违法行为,使其恢复到合法状态或违法行为实施前的状态,对应的是修复性的法律关系,并未剥夺或限制当事人继续合法生产或经营的权利,因此属于与处罚同步实施的命令行为。而责令停产停业、责令关闭、限制从业等处罚的目的在于限制或剥夺违法者某方面的能力以为惩戒,亦避免其继续利用该资格从事违法行为。③

三、《行政处罚法》的适用范围

(一)《行政处罚法》规定

第三条 行政处罚的设定和实施,适用本法。

第四条 公民、法人或者其他组织违反行政管理秩序的行为,应当给予行政处罚的,依照本法由法律、法规、规章规定,并由行政机关依照本法规定的程序实施。

(二)税法及其他关联规定

1.《国家税务总局关于贯彻实施〈中华人民共和国行政处罚法〉的通知》

---

① 《行政处罚法》修订草案一审、二审稿对照表 [EB/OL] . [2022-02-10] . http://fzzfyjy.cupl.edu.cn/info/1077/12333.htm.
② 参见刘欣与德阳市公安局交通警察支队行政处罚案,德阳市中级人民法院(2018)川06行终146号行政判决书。熊樟林. 行政处罚的概念构造 [J]. 中外法学, 2021(5).
③ 江必新, 贺译葶. 贯彻《行政处罚法》需重点把握的几个问题 [J]. 法律科学(西北政法大学学报), 2021(5).

（国税发〔1996〕101号）

今后，省级和省以下税务机关制定的税收规范性文件无权设定任何形式的行政处罚，对已有的行政处罚方面的规定，要明文废止。要使广大税务执法人员周知，行政处罚法生效以后，税收规范性文件不能再作为行政处罚的依据。

2.《国家税务总局关于税务行政处罚有关问题的通知》（国税发〔1998〕20号）

一、税务行政处罚只能由法律、法规或规章设定。规章可以设定警告和罚款，但罚款的幅度不得超出国务院国发〔1996〕13号文件规定的标准。省和省以下各级税务机关不得以任何形式设定税务行政处罚，但可在法律、法规、规章规定给予税务行政处罚的行为、种类和幅度范围内作出具体规定。……

三、对没有法律法规依据的处罚种类和罚款标准，但却是税收征收管理所必需的处罚规定，国家税务总局已报国务院审批。……

3.《国家税务总局关于发布第一批税务行政处罚权力清单的公告》（国家税务总局公告2015年第10号）

为深入贯彻落实党的十八届三中全会、四中全会精神，持续推进依法治税和"便民办税春风行动"，根据《国家税务总局关于推行税收执法权力清单制度的指导意见》（税总发〔2014〕162号）和《国家税务总局关于印发〈推行税务行政处罚权力清单制度工作方案〉的通知》（税总函〔2014〕652号）要求，税务总局对法律、行政法规和部门规章设定的税务行政处罚权力事项进行了梳理和确认，现将《第一批税务行政处罚权力清单》予以发布。

各级税务机关应当严格按照权力清单行使权力，自觉接受社会监督。

（三）典型案例解析

案例1-1　G娱乐有限公司诉K市地方税务局处罚纠纷案[①]

1. 案件基本情况。

1994年6月，K市土地管理局与日本M株式会社签订《J省K市出

[①]（2015）苏中行终字第00215号。这一案件G娱乐有限公司又提出再审，被江苏省高院驳回，见（2016）苏行申1566号。

让国有土地使用权合同》，出让K市某旅游开发区40万平方米（以实测为准）土地50年使用权，合同约定受让方每年向K市土地管理局缴付每平方米4角的土地权属管理费。1994年8月15日，M株式会社作为发起人成立G娱乐有限公司（以下简称G公司）。1997年，G公司取得K市旅游开发区1013237.2平方米土地使用证，权证编号为×××。2006年12月31日，国务院颁布第483号令修改《中华人民共和国城镇土地使用税暂行条例》，明确外商投资企业为城镇土地使用税的纳税人。2006年12月23日，K市上级政府S市人民政府印发《关于S市调整城镇土地使用税税额标准的通知》，调整S市城镇土地使用税税额标准，根据上述通知，K市的Y镇、经济技术开发区范围内城镇土地使用税为每年6元/平方米，K市的其他地区城镇土地使用税为每年4元/平方米。因G公司未按规定申报2013年度1—6月的城镇土地使用税，K市地方税务局（以下简称K市地税局）于2013年8月26日送达了K地税二限改（2013）第3001号责令限期改正通知书，并于2013年9月17日到该公司进行了调查核实。2013年11月12日，因G公司未按规定期限办理2013年7—9月城镇土地使用税纳税申报事项，K市地税局向G公司发送了K地税二限改（2013）第3004号责令限期改正通知书。2014年3月4日，因G公司未按规定期限办理2013年10—12月城镇土地使用税纳税申报事项，K市地税局向G公司发送了K地税二限改（2014）第3001号责令限期改正通知书。2014年4月22日，因G公司逾期未改正，K市地税局向该公司送达税务行政处罚事项告知书，告知了G公司违法事实、处罚的法律依据、拟处罚内容及陈述、申辩的权利。G公司于2014年4月28日提出了陈述申辩，认为其与K市土地管理局1994年在出让合同中约定的土地权属管理费就是城镇土地使用税，S市政府的通知未经人大审议，也未对相关企业进行听证。2014年10月16日，K市地税局作出K地税罚（2014）005号税务行政处罚决定书，决定对G公司收缴空白发票并停止发售发票，并且在当天收缴了G公司空白发票390份。G公司不服该行政处罚决定书，向K市人民政府申请行政复议。2015年1月4日，K市人民政府作出（2014）K府行复第75号行政复议决定书，维持K市地税局作出的具体行政行为。G公司不服，提起行政诉讼。一审法院经审理后判决K市地税局行政处罚决定不违反法律规定，驳回G公司的诉讼请求。G公司不服，提出上诉。

2. 案件争议焦点。

关于收缴发票和停止发售发票的法律性质与法律适用，上诉人 G 公司上诉称涉诉行政行为是收缴空白发票并停止发售发票，该行为旨在促使税收征管对象纠正一定违法行为，因此属于暂时性的行政强制措施，而不是终局性的行政处罚，故本案应当适用《中华人民共和国行政强制法》（以下简称《行政强制法》）的相关规定。被上诉人 K 市地税局答辩称，被上诉人所作行政处罚事实清楚、证据确凿、法律依据充分，程序合法，依法应当予以维持。

3. 法院裁判主旨（二审）。

被上诉人 K 市地税局所作涉案税务处罚是否合法？

《城镇土地使用税暂行条例》第二条规定，在城市、县城、建制镇、工矿区范围内使用土地的外商投资企业，为城镇土地使用税的纳税人，应当按照本条例的规定缴纳城镇土地使用税。《税收征管法》第二十五条第一款规定，纳税人必须依照法律、行政法规规定或者税务机关依照法律、行政法规的规定确定的申报期限、申报内容如实办理纳税申报，报送纳税申报表、财务会计报表以及税务机关根据实际需要要求纳税人报送的其他纳税资料。《税收征管法》第七十二条规定，从事生产、经营的纳税人、扣缴义务人有本法规定的税收违法行为，拒不接受税务机关处理的，税务机关可以收缴其发票或者停止向其发售发票。上诉人 G 公司作为使用 K 市土地的外商投资企业，未按规定申报 2013 年度第一至第四季度城镇土地使用税，且逾期并未改正，被上诉人 K 市地税局对上诉人作出收缴空白发票并停止发售发票的行政处罚，符合上述法律法规规定。

对于上诉人主张的涉诉行政行为属于行政强制措施，应当适用《行政强制法》的上诉理由，法院认为，行政处罚是指公民、法人或者其他组织对其违反行政管理秩序但尚未构成犯罪的违法行为，依法承担的行政法律责任。而行政强制措施是指行政机关在行政管理过程中，为制止违法行为，防止证据毁损、避免危害发生、控制危险扩大等情形，依法对公民的人身自由实施暂时性控制，或者对公民、法人或者其他组织的财物实施暂时性的控制。本案中涉诉行政行为的直接法律依据为《税收征管法》第七十二条，该条款规定于《税收征管法》第五章"法律责任"中，故依据法律的体系解释，涉诉行政行为应属于上诉人对其税收违法行为依法承担的法律责任，即上诉人未依法申报 2013 年度第一季度至第四季度城镇土地使用税，且逾期并未改正，K市地税局依法剥夺其在经营活动中开具会计核算原始依据及业务凭证的资格。该资格即使因上诉人改正税务违法行为而重新恢复，也并非是对上诉人权利进行暂时性控制的行政强制措施解除。故上诉人主张的涉诉行政行为属于行政强制措施的上诉理由，法院不予支持。

4. 案例分析借鉴。

本案双方的诸多争议点中，有一点关于涉诉行政行为的性质和法律适用的争议。上诉人认为"收缴空白发票并停止发售发票"并非是"终局性的行政处罚"，而属于行政强制措施，因而适用《行政强制法》的相关规定。而二审法院直接将该行为定义为税务行政处罚，并通过对比行政处罚和行政强制措施的基本内涵与特征，否定了G公司的主张，肯定了税务机关将"收缴空白发票并停止发售发票"作为税务行政处罚并履行《行政处罚法》所规定的处罚程序的做法。

可见，行政行为的定性很重要，直接决定了其应该适用的法律和履行的相关程序。既然法院也认可"收缴空白发票并停止发售发票"的行政处罚性质，而税务机关又履行《行政处罚法》规定的法定程序，该行为的合法性自然也得到了法院的支持。

（四）税务适用操作指南

本条是关于《行政处罚法》适用范围的规定。通过本条的规定，进一步明确了《行政处罚法》作为行政处罚一般性法律、总则性法律的地位。《行政处罚法》既规范了设定行政处罚的立法活动，又对行政处罚行为实施的实体规则和程序规范提供保障。关于本条，需要重点掌握以下内容：

1. 这一条款立法宗旨的实现，是建立在清晰化的概念界定以及极具包容性的处罚种类基础之上的。因此对于本条款的系统理解与完整运用，不仅应当包括《行政处罚法》第十条至第十六条关于行政处罚设定的具体规定，和第三章关于"行政处罚的实施机关"的具体规定，还应当包括有关行政处罚概念以及种类的相关规定，即《行政处罚法》第二条和第九条的规定。因此需要对《行政处罚法》作系统性理解。

2. 《行政处罚法》第二章第十条至第十四条对设定权制度作了明确规定，它遵循以下原则：①在中央立法与地方立法设定权限的划分上，应当以中央立法为主，地方立法为辅；②在地方立法设定权限划分上，应当以地方人大立法为主，地方政府立法为辅；③有权设定行政处罚的法律规范的设定权随着其效力层级的降低而限缩，即有权设定行政处罚的法律规范的效力层级越低，原则上能够设定行政处罚的种类就越少。①《行政处罚法》第三章第十七条至第二十一条对处罚的实施机关作了明确规定，具体包括法定主体，法律、法规授权主体，相对集中行政处罚权机关，受委托的组织。

3. 在实施问题上，需要正确处理本条款与特别法处罚条款之间的关系。

按照《行政处罚法》第四条规定，应当给予行政处罚的行为由法律、法规、规章规定，但行政机关需要依照《行政处罚法》规定的程序实施。即当事人的什么行为属于应处罚的违法行为，以及应给予什么样的处罚的实体问题主要适用其他实体法（特别法），而行政处罚的设定规则和程序问题则适用《行政处罚法》。但在实践中，行政机关可能基于行政效率、处罚实效及规避风险的考量优先选择适用特别法，而忽略适用《行政处罚法》的规则，间接造成《行政处罚法》基本法地位被架空。因此，在发现其他实体法与《行政处罚法》在处罚问题的规定上并不一致时，应当建立科学的行政处罚法律适用思路。具体来说，可以按照以下几点处理：

（1）在实体问题上，当《行政处罚法》与特别法处于同一位阶时（如《行政处罚法》与《税收征管法》），且《行政处罚法》上有"法律、法规另有规定的除外"或"法律、法规另有规定的，从其规定"等表述时，适用特殊法的规定；②当两者规定不一致，且《行政处罚法》并无"另有规定"等表述时，应当适用《中华人民共和国立法法》（以下简称《立法法》）第九十四条的规定，法律之间对同一事项的新的一般规定与旧的特别规定不一致，不能确定如何适用时，由全国人民代表大会常务委员会裁决。即，如果新《行政处罚法》的规定与《税收征管法》的规定出现冲突，根据法律适用的基本规则是无法确定该适用哪一规定的，有关冲突的解决应当由全国人民代表大会常务委员会裁决。当然如果未来《税收征管法》修订，无论从新法优于旧法还是特殊法优于一般法的规定来看，都应该优先适用《税收征管法》。当然，《税收征管法》在修订过程中，也应该充分考虑新《行政处罚法》的相关规定，做好衔接。

---

① 参见应松年. 当代中国行政法（上）[M]. 北京：中国方正出版社，2005：852.
② 但此时也应当注意与《行政处罚法》第二条、第九条等相关条款的衔接与关照。例如《行政处罚法》第九条第（六）项规定了"法律、行政法规规定的其他行政处罚"，在实践中对《税收征管法》第三十二条中"责令限期缴纳"、第四十四条中"阻止出境"、第六十条中"责令限期改正"等行为的性质判断时，不能因适用特殊法的规定而直接认定其为行政处罚行为，而是要结合《行政处罚法》第二条关于行政处罚的定义来进行判断。

（2）在实体问题上，当《行政处罚法》与特别法处于不同位阶时，基于《行政处罚法》作为行政处罚总则法、一般法的地位和《立法法》"上位法优于下位法"的原则，在《行政处罚法》实施生效之后，就应当适用《行政处罚法》的规定，且基于法制统一原则，下位特殊法中的不一致部分应当及时修改或废止。

（3）在实施处罚的程序问题上，总的来说税务机关应严格遵循《行政处罚法》规定的法定程序。但在具体的执法时，也可以实施例外的程序规定。比如，当税务行政处罚程序规定较《行政处罚法》规定的程序更加严格时，则优先适用税务行政处罚程序规定。另外，当《行政处罚法》对某程序无特别规定或只有概括性规定，而特别规定有补充性和细化性程序规定时，适用特别法的程序规定。如《行政处罚法》第六十四条规定了行政相对人提出听证的期限以及行政机关对行政相对人作出听证告知的期限，但对行政机关在收到相对人的听证申请之后举行听证的期限没有规定，而国家税务总局制定的《税务行政处罚听证程序实施办法（试行）》（国税发〔1996〕190号）第五条明确规定："税务机关应当在收到当事人听证要求后15日内举行听证，并在举行听证的7日前将《税务行政处罚听证通知书》送达当事人，通知当事人举行听证的时间、地点，听证主持人的姓名及有关事项。"因此，税务机关应当在收到听证要求后15日内举行听证。再比如，《行政处罚法》第四十六条虽然规定了"电子数据"作为处罚证据的种类，但对调取的程序没有规定，而《税务稽查案件办理程序规定》（国家税务总局令第52号发布）第二十三条则详细规定了税务稽查中对电子数据提取的程序步骤，因此应该优先适用。

第二节 行政处罚的原则

一、行政处罚法定原则

（一）《行政处罚法》规定

第四条 公民、法人或者其他组织违反行政管理秩序的行为，应当给予行政处罚的，依照本法由法律、法规、规章规定，并由行政机关依照本法规定的程序实施。

第三条 行政处罚的设定和实施，适用本法。

第三十八条 行政处罚没有依据或者实施主体不具有行政主体资格的，行政处罚无效。

违反法定程序构成重大且明显违法的，行政处罚无效。

(二) 税法及其他关联规定

《税务行政处罚裁量权行使规则》（国家税务总局公告2016年第78号发布）

第二条 税务机关行使行政处罚裁量权，适用本规则。

(三) 税务适用操作指南

1. 《行政处罚法》第四条是对行政处罚的法定原则的规定。在2017年的旧《行政处罚法》中，关于处罚法定原则的表述规定在旧法第三条："公民、法人或者其他组织违反行政管理秩序的行为，应当给予行政处罚的，依照本法由法律、法规或者规章规定，并由行政机关依照本法规定的程序实施。没有法定依据或者不遵守法定程序的，行政处罚无效。"新法中，将旧法第二款转移至第三十八条。因此完整的处罚法定原则需要将本条款与《行政处罚法》第三条、第三十八条相结合进行解释。

2. 结合本条款与《行政处罚法》第三条、第三十八条规定，处罚法定原则具体包含：主体法定、依据法定、种类法定、对象法定、程序法定、裁量法定。其中行政处罚实施主体的法定体现在《行政处罚法》第十七条至第二十一条；依据法定体现在《行政处罚法》第三条和第四条；种类法定主要体现在《行政处罚法》第九条；对象法定与程序法定主要体现在本条款和所有规定法定程序的条款；裁量法定主要体现在《行政处罚法》第三十四条。

3. 处罚法定原则同样适用于税务行政处罚。包括：第一，实施税务行政处罚的主体是法定的。如前文分析行政处罚定义时所述，税务行政处罚的主体包括各级税务局、税务分局、税务所和省以下税务局的稽查局。第二，实施税务行政处罚的依据是法定的。包括《税收征管法》《税收征管法实施细则》《中华人民共和国发票管理办法》（以下简称《发票管理办法》）等税务领域专门性的法律、法规和规章。第三，实施税务行政处罚的程序是法定的。税务机关必须遵守《行政处罚法》所规定的行政处罚一般程序、简易程序、听证程序等规定，除此之外还要遵守《重大税务案件审理办法》（国家税务总局令第 51 号）、《税务行政处罚听证程序实施办法（试行）》（国税发〔1996〕190 号）等部门规章、规范性文件等更细致化的规定。第四，税务行政处罚的裁量也是法定的。与税务行政处罚程序法定类似，税务行政处罚的裁量不仅要严格遵守税收实体法和《行政处罚法》的相关规定，而且还要遵守《税务行政处罚裁量权行使规则》（国家税务总局公告 2016 年第 78 号发布）等更加细致化的规定。

二、公正原则

（一）《行政处罚法》规定

第五条第一款 行政处罚遵循公正、公开的原则。

第五条第二款 设定和实施行政处罚必须以事实为依据，与违法行为的事实、性质、情节以及社会危害程度相当。

（二）税法及其他关联规定

1. 《税务行政处罚裁量权行使规则》（国家税务总局公告 2016 年第 78 号发布）

第三条 本规则所称税务行政处罚裁量权，是指税务机关根据法律、法规和规章的规定，综合考虑税收违法行为的事实、性质、情节及社会危害程度，选择处罚种类和幅度并作出处罚决定的权力。

第五条 行使税务行政处罚裁量权，应当遵循以下原则：

……

（二）合理原则。符合立法目的，考虑相关事实因素和法律因素，作出的行政处罚决定与违法行为的事实、性质、情节、社会危害程度相当，与本地的经济社会发展水平相适应。

（三）公平公正原则。对事实、性质、情节及社会危害程度等因素基本相同的税收违法行为，所适用的行政处罚种类和幅度应当基本相同。

2. 《国务院关于印发全面推进依法行政实施纲要的通知》（国发〔2004〕10 号）

5. 依法行政的基本要求。

……

合理行政。行政机关实施行政管理，应当遵循公平、公正的原则。要平等对待行政管理相对人，不偏私、不歧视。行使自由裁量权应当符合法律目的，排除不相关因素的干扰；所采取的措施和手段应当必要、适当；行政机关实施行政管理可以采用多种方式实现行政目的的，应当避免采用损害当事人权益的方式。

3.《国家税务总局关于规范税务行政裁量权工作的指导意见》（国税发〔2012〕65号）

二、规范税务行政裁量权的基本要求

……

（三）公正裁量。税务机关行使行政裁量权应当平等对待纳税人，同样情形同等处理。对事实、性质、情节及社会危害程度等因素基本相同的税务事项，应当给予基本相同的处理。同一地区国、地税机关对相同税务管理事项的处理应当一致。

（三）典型案例解析

案例1-2　N市A公司与国家税务总局N市税务局稽查局行政处罚纠纷案[①]

1. 案件基本情况。

2019年3月4日，被上诉人国家税务总局N市税务局稽查局（以下简称N市税务局稽查局）作出Y税稽罚〔2019〕7号税务行政处罚决定。该决定认定违法事实为：①2015年9月至11月，上诉人A公司向C市M科技有限公司购买"冲床、模具及配件"，却取得由N市S铜业有限公司（以下简称S公司）虚开的货物名称为"铜带"的增值税专用发票26份，价税合计250万元，增值税进项税额363247.89元已于同期向税务机关申报抵扣。②2016年1月至2月，上诉人A公司在没有与M公司进行"铜带"交易的情况下，向其开具N市增值税专用发票10份，货物名称为"铜带"，价税合计250万元。2017年9月，原N市国家税务局稽查局（以下简称原N市国税局稽查局）作出Y国税稽罚〔2017〕7号税务行政处罚决定，上诉人不服上述处罚决定，向法院提起诉讼，经法院判决撤销后，被上诉人N市税务局稽查局退回了罚款并启动重新审理，2018年11月16日向上诉人送达了《税务行政处罚告知书》，并根据上诉人的申请

---

① （2020）浙02行终38号。

于 2018 年 12 月 5 日进行行政处罚听证，经 N 市税务局重大税务案件审理委员会审理作出如下处罚决定：根据《税收征管法》第六十三条第一款、《发票管理办法》第二十二条第二款第二项、《国家税务总局关于纳税人取得虚开的增值税专用发票处理问题的通知》（国税发〔1997〕134 号）、《国家税务总局关于〈国家税务总局关于纳税人取得虚开的增值税专用发票处理问题的通知〉的补充通知》（国税发〔2000〕182 号）第一条的规定，决定对上诉人第一项违法事实的偷税行为处以所偷税款 0.8 倍的罚款计 290598.31 元。根据《发票管理办法》第二十二条第二款第（一）项、第三十七条的规定，决定对上诉人第二项违法行为处以 50000 元的罚款。

原审法院经审理认定，2015 年 8 月 28 日，原告 A 公司与 M 公司签订了买卖合同，由原告向 M 公司购买"冲床、模具及配件"，合同总金额为 250 万元（含 17% 增值税）。合同签订后，原告向 M 公司付清了款项，M 公司亦将该批货物送达给原告。因销售方 M 公司无法开具冲床的增值税专用发票，只开具了 110 万元冲床的增值税普通发票，无法用于进项税额抵扣，原告遂要求 M 公司提供增值税专用发票。后 M 公司联系与其有铜带业务往来的 S 公司，由 S 公司向原告开具货物名称为"铜带"的增值税专用发票 26 份，价税合计 250 万元，其中增值税进项税额 363247.89 元原告已于同期向税务机关申报抵扣。

2016 年 1 月至 2 月，原告按常态进行财务审计，会计师事务所发现原告上述 250 万元发票存在实物与账面库存不符的情况，要求原告按照相关规定进行纠错。后原告在没有与 M 公司进行"铜带"交易的情况下，向 M 公司开具了货物名称为"铜带"的 N 市增值税专用发票 10 份，价税合计 250 万元。针对原告的上述行为，原 N 市国税局稽查局于 2016 年 6 月 28 日经审查予以立案查处。2016 年 8 月 29 日，原 N 市国税局稽查局作出 Y 国税稽通一〔2016〕48 号《税务检查通知书》，并于同年 8 月 30 日向原告送达。2017 年 8 月 21 日，原 N 市国税局稽查局作出 Y 国税稽罚告〔2017〕6 号《税务行政处罚事项告知书》，告知原告拟作出的处罚及其享有陈述、申辩和听证的权利，并于次日向原告送达。2017 年 8 月 22 日，原告就本案申请听证。2017 年 9 月 5 日，原 N 市国税局稽查局根据原告的申请召开了听证会。2017 年 9 月 15 日，原 N 市国税局稽查局作出 Y 国税稽罚〔2017〕7 号《税务行政处罚决定书》，并于同年 9 月 19 日向原告送达了该处罚决定书。原告不服，向 N 市 J 区人民法院提起行政诉讼。N 市 J 区人民法院经审理，于 2018 年 4 月 20 日作出（2017）浙 0212 行初 290 号行政判决，判决确认原 N 市国税局稽查局作出的 Y 国税稽罚〔2017〕7 号税务行政处罚决定违法。原告不服，向 N 市中级人民法院提起上诉。期间，因税务机构改革，原 N 市国税局稽查局与 N 市地税局合并为 N 市税务局稽查局。法院经审理，于 2018 年 8 月 6 日作出（2018）浙 02 行终 180 号行政判决书，以上述处罚决定作出过程中，原 N 市国税局重大税务案件审理委员会作出的《重大税务案件审理委员会审理意见书》的时间早于被告举行听证的时间，使听证流于形式，属重大程序违法为由，判决撤销 Y 国税稽罚〔2017〕7 号税务行政处罚决定。2018 年 8 月 13 日，被告收到法院（2018）浙 02 行终 180 号行政判决书，后将罚款退回给原告。2018 年 11 月 16 日，被告作出 Y 税稽罚告〔2018〕196 号《税务行政处罚事项告知书》，告知原告拟处罚的事实、法律依据、拟处罚的决定及其享有的陈述申辩的权利，并于当天向原告送达。原告向被告申请听证。2018 年 11 月 26 日，被告向原告送达听证通知书，于 2018 年 12 月 5 日召开了听证会。2019 年 1 月 16 日，被告将本案提交 N 市税务局重大税务案件审理委员会集体审理。2019 年 2 月 22 日，N 市税务局重大税务案件审理委员会作出审理意见书。2019 年 3 月 4 日，被告作出 Y 税稽罚〔2019〕7 号《税务行政处罚决定书》，并于当天送达。原告不服，向法院提起行政诉讼。

原审法院认为，根据《税收征管法》第五条、第十四条及《税收征管法实施细则》第九条第一款的规定，被告 N 市税务局稽查局具有作出被诉行政处罚的法定职权。案件的争议焦点为被告 N 市税务局稽查局作出的〔2019〕7 号《税务行政处罚决定书》认定事实是否清楚，程序是否合法。

关于偷税的认定问题。原告提出其确向 M 公司购买了 250 万元的设备，根据双方合同约定，其理应取得 17% 的进项税额，因此其主观上不具有《税收征管法》第六十三条规定要求的"不缴或少缴应纳税款"的目的，亦未造成"不缴或少缴应纳税款"的结果，且该行为系因财务工作人员业务不专、疏忽大意造成的，而非企业法人、企业主追求或者放任的行为。该院认为，根据《发票管理办法》第二十二条第二款第（一）项的规定，任何单位和个人不得为他人、为自己开具与实际经营业务情况不符的发票。M 公司无法就冲床开具增值税专用发票，在原告要求下向原告提供了第三方S公司开具的增值税专用发票,而原告在收到上述发票后,明知其与S公司无"铜带"业务往来,仍将其取得的不应抵扣的S公司虚开的货物名称为"铜带"的增值税专用发票进行进项抵扣,已经表明了原告"不缴或者少缴应纳税款"的主观目的,且原告已将上述由S公司虚开的增值税专用发票抵扣了税款,造成了国家税收的损失。《国家税务总局关于纳税人取得虚开的增值税专用发票处理问题的通知》(国税发〔1997〕134号)第二条规定,在货物交易中,购货方从销售方取得第三方开具的专用发票,或者从销货地以外的地区取得专用发票,向税务机关申报抵扣税款或者申请出口退税的,应当按偷税、骗取出口退税处理,依照《税收征管法》及有关规定追缴税款,处以偷税、骗取数额5倍以下的罚款。《国家税务总局关于〈国家税务总局关于纳税人取得虚开的增值税专用发票处理问题的通知〉的补充通知》(国税发〔2000〕182号)第一条规定:"购货方取得的增值税专用发票所注明的销售方名称、印章与其进行实际交易的销售方不符的,即国税发〔1997〕134号文件第二条规定的'购货方从销售方取得第三方开具的专用发票'的情况。"根据上述规定,原告A公司从销售方M公司处取得第三方S公司开具的增值税专用发票申报抵扣税款的行为,应按偷税处理。同时,根据被告对原告法定代表人吴某的询问笔录及原告提供的《情况说明》,可以证实会计师事务所在对原告进行审计时,对上述250万元发票存在"品名不符""主体不符"的情况进行了告知,要求原告予以纠正。原告应当知晓将S公司虚开的货物名称为"铜带"的增值税专用发票进行进项抵扣的行为违反了相关税务规定,而非原告所说的财务工作人员业务不专、疏忽大意。故被告认定原告向M公司购买"冲床、模具及配件",却取得由S公司虚开的货物名称为"铜带"的增值税专用发票,向税务机关申报抵扣行为系偷税行为的事实清楚,对原告的上述观点不予支持。

关于虚开发票的认定问题。原告提出"虚开发票"系公司财务人员对"偷税"这一行为进行主动纠错时,因业务不专而导致的错开行为。该院认为,会计师事务所在对原告进行审计时已发现实物与账面库存对不上,不符合增值税专用发票开具的相关规定,告知原告按照规定申请开具增值税红字专用发票,原告财务人员对该规定也是知晓的。但原告并未按照相关规定对发票进行"冲红"处理,反而在没有与M公司进行"铜带"交易的情况下,向其开具增值税专用发票,同样违反了《发票管理办法》第二十二条第二款第一项的规定，已经构成了虚开发票的行为，故对原告的上述诉讼主张不予支持。

关于原告提出处罚决定书认定的"第1项违法事实"，其已缴纳了税款及罚款，被告不应再作出处罚的主张。该院认为，原告所主张的其已缴纳的税款及罚款，缴纳依据为已被撤销的处罚决定。在处罚决定被撤销的情况下，关于原告违法行为是否存在、应否处罚，应作重新处理。被告作出被诉处罚，并不违反法律规定。且原N市国税局稽查局作出的处罚决定被撤销后，被告已将罚款退回给原告，对这一事实，原被告双方在开庭审理过程中均无异议，因此，被告尚未对原告的"第1项违法事实"进行处罚，故对原告的上述诉讼主张亦不予支持。

关于程序方面，被告于2018年8月13日收到法院（2018）浙02行终180号行政判决书后，经审理、履行行政处罚告知、听证、重大税务案件集体讨论等程序后，作出被诉行政处罚决定，程序并不违法。原告认为被告未经重新立案直接作出被诉处罚决定程序违法。对此，法院认为，针对原告涉案违法行为，被告已于2016年6月28日立案，在原处罚决定被撤销的情况下，所立案件尚无最终处理结果，故被告应继续处理，而无须重新立案。原告主张不能成立。

综上，被告作出Y国税稽查罚〔2019〕7号税务行政处罚决定，认定事实清楚，证据确实充分，适用法律正确，程序合法。依照《行政诉讼法》第六十九条的规定，判决驳回原告要求撤销Y税稽罚〔2019〕7号税务行政处罚决定的诉讼请求。

2. 案件争议焦点。

上诉人A公司上诉称：①一审判决认定事实不清。一审法院在事实认定部分与二审法院认为部分对原告取得增值税专用发票的表述存在差异。原告并未要求M公司让第三方向上诉人开具发票，主观上无逃税的意图。且一审未查清会计师事务所审计时间和发票抵扣时间的先后顺序。一审法院对上诉人向M公司开具"铜带"增值税发票认为构成虚开发票的行为，忽略了本案的前因和背景，上诉人之所以开具该发票是为了纠正会计师事务所审计发现的问题，也未因开票行为获利，反而向国家缴纳了税款，系上诉人财务人员的无心之过。②一审判决适用法律错误。上诉人的行为，不具有主观违法性，不属于税收法律或法规调整的对象。

被上诉人N市税务局稽查局辩称，一审判决认定事实清楚，证据确实充分,法律适用正确,程序合法。上诉人明知其与S公司无"铜带"业务往来,仍将其开具的发票进行抵扣,不仅销售主体有误,且存在销售货物名称错误,应认定为偷税。在会计师事务所对上诉人审计时发现实物与账面库存不符并告知上诉人应当开具增值税红字专用发票的情形下,上诉人未按照"冲红"处理,反而在没有与M公司存在真实铜带交易情况下,向其开具增值税专用发票。根据相关询问笔录,该处理是双方商量的结果。上诉人的行为属于《国家税务总局关于纳税人取得虚开的增值税专用发票处理问题的通知》(国税发〔1997〕134号)第二条、《税收征管法》第六十三条和《发票管理办法》第二十二条第三款和第三十七条规定的违法行为。

3. 法院裁判主旨(二审)。

Y国税稽罚〔2017〕7号税务行政处罚决定,因重大税务案件集体讨论程序违法被法院(2018)浙02行终180号行政判决书判决撤销,该案因此恢复到立案待作出处理结果的状态。故被上诉人退回罚款后,重新经过调查、行政处罚告知、听证、重大税务案件集体讨论等程序后,作出被诉处罚决定,相关程序并无不当,本次处罚并非对违法行为作出的再次处罚。

上诉人主张本案存在特殊的前因和背景,其不构成偷逃税款及虚开发票的行为。法院认为,虽然上诉人按照其与M公司签订的《买卖合同》约定可以取得17%的增值税退税,但应当通过合法合规的增值税发票进行抵扣。上诉人明知其与S公司无"铜带"业务往来,仍将其取得的不应抵扣的S公司虚开的货物名称为"铜带"增值税专用发票进行进项抵扣税款,该行为属于《国家税务总局关于纳税人取得虚开的增值税专用发票处理问题的通知》(国税发〔1997〕134号)第二条和《国家税务总局关于〈国家税务总局关于纳税人取得虚开的增值税专用发票处理问题的通知〉的补充通知》(国税发〔2000〕182号)规定的偷逃税款行为。

上诉人认为2016年初,会计师事务所在对其进行审计时已发现实物与账面库存对不上,不符合增值税专用发票开具的相关规定,告知该公司按照规定申请开具增值税红字专用发票。其出于弥补之前错误的原因,需要进行"冲红"处理。但因财务人员工作失误,将本应开给S公司的增值税发票开给了M公司,故系错开发票的行为。法院认为,法律并不禁止"冲红"处理，但应依法进行。上诉人雇佣人员的职务行为，除有证据证明其存在故意犯罪外，应由上诉人承担相应的法律后果。上诉人与M公司商议后，并没有规范地将增值税发票回开给S公司，反而在2016年1月至2月向M公司开具"铜带"的增值税专用发票。该行为客观上已经构成《发票管理办法》第二十二条第二款第（一）项规定的"为他人开具与实际经营业务情况不符的发票属于虚开发票的行为"。而上诉人提出的其主观原因和财会人员的工作失误，属于处罚裁量情节考量的范畴，并不能阻却其行为的行政违法性，故上诉人的主张缺乏法律依据，法院不予采信。

被上诉人作出的被诉处罚决定，对上诉人偷逃税款的行为按照偷逃税款金额的0.8倍作出罚款，对上诉人虚开发票罚款50000元，已考虑到上诉人违法事实、情节、危害程度等，而给予的从轻处罚，符合《行政处罚法》第四条第二款①"实施行政处罚必须与违法行为的事实、性质、情节以及社会危害程度相当"的规定。

4. 案例分析借鉴。

本案法院在对违法行为进行认定时充分考虑了各种情节，会计师事务所审计时发现的实物与账面不符情节，比如"冲红"处理情节等。同时在对罚款幅度进行司法审查时，也充分肯定了税务机关已经考虑到上述违法事实、情节和危害程度，支持了税务机关所选择的从轻处罚。这个案件从另一方面说明税务机关只有在进行行政处罚时全面考虑相关因素，才能做到过罚相当，处罚公正。

（四）税务适用操作指南

《行政处罚法》第五条第一款、第二款是关于行政处罚公正原则的基本规范，包含了两部分内容：一是对公正原则的明确宣示，二是对公正原则内涵的界定，学术界一般称之为"过罚相当"原则。在理解上述条款的过程中，需要注意：

1. 在理论上，过罚相当是否属于单独的处罚原则而具有独立地位存在不同说法，从法律条文编纂结构上看，笔者认为过罚相当原则属于公正原则的具

---

① 编者注：2021年1月22日，中华人民共和国第十三届全国人民代表大会常务委员会第二十五次会议修订了《中华人民共和国行政处罚法》，自2021年7月15日起施行，因本案发生于2021年以前，故此处引用的是2021年以前的版本。

体体现，完整的公正原则应当包括三层内涵：第一，处罚必须以事实为依据；第二，行政处罚需要遵行平等原则，相同情况做相同处理；第三，过罚应相当。

2. 过罚相当包含三项要素："过""罚"和"相当"。税务执法过程中具体考量如下：

（1）过罚相当中的"过"，一般是指违法行为的"事实""性质""情节""社会危害程度"等内容。具体实践中，"过"可以从"应受处罚行为构成要素"和"处罚裁量要素"两个方面进行考量。① 具体到税务行政处罚领域，即要求税务机关作出行政处罚决定前，一方面要对违反税收管理秩序和税法规范的行为进行考察，具体包含此违法行为构成要件的该当性、违法性和有责性，还要考量行为人的主观状态。例如在判断税务行政相对人的行为是否属于偷税行为时，要根据《税收征管法》第六十三条关于偷税行为的界定，来考量纳税人是否具有"伪造、变造、隐匿、擅自销毁账簿、记账凭证，或者在账簿上多列支出或者不列、少列收入，或者经税务机关通知申报而拒不申报或者进行虚假的纳税申报，不缴或者少缴应纳税款"的行为，并且按照《行政处罚法》和国家税务总局相关规范性文件规定，还要判断相对人是否具有主观故意；另一方面，税务机关作出行政处罚决定前，还要考察违法行为是否属于"首违不罚""一事不二罚""不予行政处罚"和"从轻或减轻处罚"的情形。

（2）过罚相当中的"罚"，一般是指是否罚、处罚种类、处罚幅度、单罚还是并罚等内容。按照《税务行政处罚裁量权行使规则》（国家税务总局公告2016年第78号）第三条规定，税务行政处罚中过罚相当的"罚"主要包含"选择处罚种类"和"处罚幅度"两部分，即处罚的"种类"与"幅度"要与"过"相当。

（3）关于处罚相当中"相当"的判断，可以依据比例原则进行分析和判断。一般认为，比例原则包含适当性、必要性和均衡性三个子原则。若采用比例原则为过罚相当原则提供相当性的分析工具，则意味着行政处罚是否过罚相当可从三个方面分三个步骤进行判断：一是适当性，二是必要性，三是均衡性。在进行适当性和必要性判断时，应首先考量《行政处罚法》所规定的"违法行为的事实、性质、情节以及社会危害程度"，并基于以上要素的考量选取能够实现法律目的的行政处罚行为，然后在多种能实现法律目的的措施

---

① 李晴. 论过罚相当的判断 [J]. 行政法学研究，2021（6）：11.

中，选择对当事人损害最小的措施。在进行均衡性判断时，主要衡量处罚行为所侵害的相对人权益与所维护的公共利益是否平衡，如果得失相当或者得大于失，则为均衡；否则则为不均衡。若所实施的行为处罚同时满足上面三个方面，即为过罚相当；反之，则为过罚不当。①

三、行政处罚公开原则

具体内容见本书第七章第四节"行政处罚决定的公开与保密"。

四、处罚与教育相结合原则

(一)《行政处罚法》规定

第六条 实施行政处罚，纠正违法行为，应当坚持处罚与教育相结合，教育公民、法人或者其他组织自觉守法。

第三十三条第三款 对当事人的违法行为依法不予行政处罚的，行政机关应当对当事人进行教育。

(二) 税法及其他关联规定

1.《法治政府建设实施纲要（2021—2025年）》

(十六) 创新行政执法方式。广泛运用说服教育、劝导示范、警示告诫、指导约谈等方式，努力做到宽严相济、法理相融，让执法既有力度又有温度。

2.《中共中央办公厅 国务院办公厅关于进一步深化税收征管改革的意见》

(九) 不断提升税务执法精确度。创新行政执法方式，有效运用说服教育、约谈警示等非强制性执法方式，让执法既有力度又有温度，做到宽严相济、法理相融。坚决防止粗放式、选择性、"一刀切"执法。

(三) 典型案例解析

案例1-3　S公司与H市地方税务局撤销行政行为行政判决书案②

1. 案件基本情况。

2012年1月19日，S公司注册登记后，公司总经理于同年2月7日

---

① 杨登峰，李晴. 行政处罚中比例原则与过罚相当原则的关系之辨 [J]. 交大法学，2017 (4)：13.
② (2013) 龙行初字第19号。

到 H 市地方税务局（以下简称 H 市地税局）纳税大厅办理了税务登记。2021 年 3—6 月 S 公司都准时到纳税大厅办理纳税申报，8 月 7 日，S 公司进行 7 月份纳税申报时，忽然被告知没有进行第一季度和第二季度的所得税申报，H 市地税局要对其处罚 1000 元。S 公司负责人以并不知晓所得税季度申报和税务局没有履行告知义务为由进行了辩解。但 H 市地税局仍然作出并送达了《税务行政处罚决定书》《责令限期改正通知书》，两份文书均盖有"H 省 H 市地方税务局税务管理专用章"。S 公司签字缴纳罚款后，H 市地税局才接受了 S 公司 7 月份的纳税申报。2012 年 9 月 10 日，S 公司向 H 省地税局申请复议，2012 年 9 月 17 日该局决定受理，但最终作出了维持的复议决定。S 公司对 H 市地税局作出的处罚决定不服，诉至法院请求依法撤销 H 市地税局作出的（2012）3430 号行政处罚决定书。

S 公司认为：①漏报第一季度和第二季度所得税是 H 市地税局不履行告知义务所致。《税收征管法》第六十二条所称纳税人未按照规定的期限办理纳税申报，是指纳税人在规定时间内故意不办理纳税申报。S 公司 2—7 月每次都是在规定时限内办理了纳税申报，证明 S 公司之前按照申报程序、申报税种、申报时间履行了申报义务。S 公司直到 8 月申报时 H 市地税局才告知其没有进行所得税季度申报要罚款。另外 H 市地税局也并未听取 S 公司的申辩意见，因此 H 市地税局属于管理失职，未尽告知义务。②H 市地税局违反了处罚与教育相结合的规定。每次 S 公司负责人就纳税申报的具体程序和内容询问办税窗口时，均遭到窗口工作人员的训斥称："你不懂就要你们会计来。"H 市地税局发现 S 公司未按期申报后，不履行教育之责，对 S 公司一罚了之，违反处罚与教育相结合的规定，处罚决定书多处不符合法律规定，拒不听取当事人的申辩，不仅构成实体违法，同时也构成程序违法。

H 市地税局认为：对该起行政处罚案件认定的事实清楚，证据充分，适用法律正确，处罚程序合法。理由如下：①S 公司的工商登记日期为 2012 年 1 月 19 日，税务登记日期为 2012 年 2 月 7 日，截至 2012 年 8 月 7 日，S 公司未对第一季度和第二季度的企业所得税进行申报，此违法行为已成事实，S 公司也已认可；②根据《行政处罚法》第三十三条①"法人

---

① 编者注：2021 年 1 月 22 日，中华人民共和国第十三届全国人民代表大会常务委员会第二十五次会议修订了《中华人民共和国行政处罚法》，自 2021 年 7 月 15 日起施行，因本案发生于 2021 年以前，故此处引用的是 2021 年以前的版本，本案例下同。

或其他组织处以一千元以下罚款或者警告的行政处罚的,可以当场作出行政处罚决定"和H省地税局关于发布规范税务行政处罚自由裁量权实施办法的公告第十条"各级地税机关在日常税收征收管理中对行为人违法事实清楚、证据确凿、情节轻微、社会危害性不大,拟对个人处以五十元以下、对单位或者其他组织处以一千元以下罚款的违法行为,能当场给予法定较轻的处罚的,可以适用简易程序"的规定,H市地税局适用简易程序对S公司当场作出处罚决定程序合法;③根据《税收征管法》第六十二条"纳税人未按规定的期限办理纳税申报和报送纳税资料的……由税务机关责令限期改正,可以处二千元以下的罚款。"根据H省地税局规范税务行政处罚自由裁量权细化基准表的规定"超过法定期限31日以上申报或者报送的,在罚款100元的基础上,根据逾期天数,按10元/日加计罚款,罚款最高限额1000元"的规定,S公司申报企业所得税行为逾期天数已达110天(2012年4月19日至8月7日),依法对S公司作出金额为1000元的罚款决定并无不当;④S公司以H市地税局未进行告知为由,要求撤销行政处罚的诉请不符合法律规定。第一,纳税申报是纳税人的法定义务,《国家税务总局关于纳税人权利与义务的公告》(国家税务总局公告2009年第1号)明确了纳税人的义务范围;第二,企业所得税的申报依据是根据《中华人民共和国企业所得税法》(以下简称《企业所得税法》)第一条确定的,有明确的法律规定。S公司作为企业理应关注国家的税收政策,如以"税务机关未告知、态度不好、是为滥罚款"为由,为自身缺乏税务常识,未履行法定义务的行为辩解是错误的。因此,请求法院维持H地税简罚(2012)3430号《税务行政处罚决定书》。

2. 案件争议焦点。

H市地税局作出的H地税简罚(2012)3430号《税务行政处罚决定书》是否合法。

3. 法院裁判主旨。

法院经审理后认为,S公司作为在我国境内依法注册成立的企业,符合《企业所得税法》第一条规定的企业所得税的纳税人主体资格,其应按照我国的税收法律和行政法规规定的税务申报期限、申报内容如实办理纳税申报、报送纳税报表、财务报表以及税务机关根据实际需要要求纳税人报送的其他纳税资料。S公司未能如期向H市地税局申报2012年第一季度和第二季度的企业所得税的行为,已违反了《税收征管法》第二十五条以及《企业所得税法》第一条、第五十四条的规定，H市地税局依照《行政处罚法》第三十三条、《税收征管法》第六十二条的规定，按法定程序作出的地税简罚（2012）3430号《税务行政处罚决定书》，决定对S公司罚款1000元，认定事实清楚，程序合法，法律适用正确，依法应予维持。S公司诉称于3—6月到H市地税局的纳税大厅办理纳税申报时，曾就纳税申报的具体程序和内容向窗口工作人员询问但遭到训斥，S公司未能就此事实提供证据予以证明，因此，S公司的诉讼请求无理，法院不予支持。

4. 案例分析借鉴。

本案中法院确定的案件争议焦点为H市地税局所作的行政处罚是否合法，从此角度来看，S公司作为在我国境内依法注册成立的企业，符合《企业所得税法》第一条规定的企业所得税的纳税人主体资格，其应按照我国的税收法律和行政法规规定的税务申报期限、申报内容如实办理纳税申报、报送纳税报表、财务报表及税务机关根据实际需要要求纳税人报送的其他纳税资料。S公司未按期履行申报义务确实违反了税收征管秩序，理应对其进行处罚，S公司对此也已认可，本无可厚非。但从判决书中并未体现出法院或H市地税局对S公司关于"教育与处罚相结合"的请求作出回应，实属遗憾。根据《税收征管法》第二十五条第一款的规定以及《国家税务总局关于纳税人权利与义务的公告》（国家税务总局公告2009年第1号）关于纳税人义务范围的规定，纳税申报是纳税人的法定义务，并不因税务机关的不及时宣传教育、提示、催缴而少缴或者免缴税款。在作出税务行政处罚后，H市地税局应当按照新《行政处罚法》第六条"处罚与教育相结合"的规定，对S公司的纳税义务和国家相关税收政策进行及时宣传教育，避免其再发生法律和事实认识错误，这一点值得引起税务机关注意。

（四）税务适用操作指南

本条款确立了行政处罚"处罚与教育相结合"的基本原则。行政机关在进行行政处罚时要明确，处罚的目的在于纠正违法行为，教育公民、法人和其他组织自觉遵守法律，实现公民、法人和其他组织的自觉守法。一罚了事、以罚代教、以罚代管都不属于行政处罚的目的，而是懒政怠政的表现。税务机关在行使处罚权适用本条款时，还应当注意以下几点：

1. 本条款确立的原则是"处罚与教育相结合",任何"教育多数、处罚少数,区别对待"或"以教育为主,辅以必要的处罚"或"处罚是手段,通过处罚达到教育目的"等区分两者主次的理解,都易引起歧义并且不符合《行政处罚法》的立法本意。

2. 《行政处罚法》《税收征管法》等法律所确立的"首违不罚""一事不二罚""不予行政处罚"和"从轻或减轻处罚"等处罚裁量情形,事实上也体现了"处罚与教育相结合"的原则,税务机关在最终作出税务行政处罚决定时,应当将处罚裁量所考虑的因素告知当事人,从而起到教育与警示的作用。

3. 行政处罚的告知制度、听证制度等程序性法律制度,都承载着"处罚与教育相结合"的原则精神,税务机关及其执法人员在税务行政处罚时要重视这些制度,从而更好地实现教育要求。

五、权利保障原则

(一)《行政处罚法》规定

第七条 公民、法人或者其他组织对行政机关所给予的行政处罚,享有陈述权、申辩权;对行政处罚不服的,有权依法申请行政复议或者提起行政诉讼。

公民、法人或者其他组织因行政机关违法给予行政处罚受到损害的,有权依法提出赔偿要求。

(二)税法及其他关联规定

《税收征管法》

第八条第四款 纳税人、扣缴义务人对税务机关所作出的决定,享有陈述权、申辩权;依法享有申请行政复议、提起行政诉讼、请求国家赔偿等权利。

(三)税务适用操作指南

本条款规定了当事人在行政处罚中拥有的权利保障原则,由于本条款在《行政处罚法》第四十五条、第六十二条、第七十三条都有相应细化规定,此处便只对该原则做概括性的介绍,具体适用可以参考本法相关条款的操作指南。

1. 税务行政处罚中的陈述权,是指税务机关告知当事人有关税务违法行为的事实、依据和拟作出的行政处罚后,当事人对事实与理由表达意见的权利。而税务行政处罚中的申辩权,主要是指当事人对税务机关所指控事实与理由进行辩解与反驳的权利。①《行政处罚法》对两者的规定,基本均包含以下内容:第一,税务机关听取当事人的陈述与申辩,应当在作出正式的行政处罚决定之前;第二,若当事人所进行的陈述与申辩成立的,税务机关应当采纳,而且对于是否采纳应当有"实质性"表现,即要在最终税务行政处罚决定文书中写清楚是否采纳当事人陈述申辩的意见以及不采纳的理由。

2. 税务行政中的申请复议权,是指公民、法人或者其他组织认为税务机关的税务行政处理和处罚行为侵犯其合法权益,向法律规定的该税务机关的复议机关提出行政复议申请的权利。根据《税收征管法》和《税务行政复议规则》的规定,税务行政复议与一般行政复议相比较,特点在于税务处理的复议前置,即纳税人与其他税务处理行政相对人对税务机关作出的税务处理决定不服的应当先向复议机关申请复议,对复议决定不服的,再向人民法院起诉。如果未经复议,税务处理行政相对人则不能向法院起诉。不过对于其他税务行政争议,如税务行政处罚、税务行政许可、保全措施及强制执行引起的争议,救济手段可以由税务行政相对人自行选择。但救济程序不能"倒转",即税务行政相对人如果直接选择诉讼,则不能再申请行政复议。

3. 税务行政中的行政诉讼权,是指公民、法人和其他组织认为税务机关及其工作人员的具体行政行为侵犯其合法权益,依照《中华人民共和国行政诉讼法》(以下简称《行政诉讼法》)向人民法院提起诉讼的权利。为了保障税收法律规范得到正确的贯彻实施,保证税务机关依法行使职权,保障纳税人合法权益,根据《行政诉讼法》《税收征管法》等规定,税务行政处罚相对人对税务机关的税务行政处罚不服,有权直接提起行政诉讼。

4. 请求赔偿权,是指税务机关违法实施行政处罚的行为侵犯了税务行政处罚相对人的合法权益时,税务行政处罚相对人有权根据《行政处罚法》《税收征管法》《行政诉讼法》《中华人民共和国国家赔偿法》(以下简称《国家赔偿法》)等法律规定,请求国家赔偿。

---

① 曹福来,钱蓓蓓. 税务行政处罚[M]. 北京:中国税务出版社,2020:27.

第三节 行政处罚与其他法律责任

一、行政处罚与民事责任

(一)《行政处罚法》规定

第八条第一款 公民、法人或者其他组织因违法行为受到行政处罚,其违法行为对他人造成损害的,应当依法承担民事责任。

(二)税法及其他关联规定

《税收征管法实施细则》

第九十八条 税务代理人违反税收法律、行政法规,造成纳税人未缴或者少缴税款的,除由纳税人缴纳或者补缴应纳税款、滞纳金外,对税务代理人处纳税人未缴或者少缴税款50%以上3倍以下的罚款。

(三)典型案例解析

案例1-4 A市Z塑料包装制品厂与C财务咨询有限公司财会服务合同纠纷二审民事判决书[①]

1. 案件基本情况。

2011年1月1日起至2016年12月31日止,C财务咨询有限公司(以下简称C公司)为Z塑料包装制品厂(以下简称Z制品厂)提供会计服务,分别于2012年12月31日、2013年12月31日、2014年12月31日、2015年12月31日、2016年12月31日签订当年会计服务协议书,约定Z制品厂应向C公司如实提供真实、完整的经营情况和财务会计资料等相关信息,C公司仅对Z制品厂提供的资料核算结果的准确性负责,不对Z制品厂所有的财务、申报负责,因Z制品厂无理由不提供相关资料或提供资料不真实、不完整、不及时、不准确等自身原因而造成判断、核算结果错误,由Z制品厂自行负责;Z制品厂委托C公司为

---

① (2019)浙05民终1218号。

其提供财务核算、会计服务；C公司遵守会计法规和国家统一会计准则、制度，按规定设置总账、明细账，填制记账凭证并登记入账、编制财务会计报表、纳税申报表，完成国税、地税纳税申报工作。Z制品厂提供的相关会计原始凭证、纳税申报基础信息等存在不符合规定的处理，C公司必须依照法律、法规及有关规定，向Z制品厂先提出书面意见，要求其改正，因Z制品厂不采纳所造成的一切后果由Z制品厂承担，为此C公司可单方终止协议。C公司于2011年、2012年、2013年分别向Z制品厂收取服务费7800元，于2014年、2015年分别向Z制品厂收取服务费9300元，合计42000元；2016年服务费9300元未向Z制品厂收取。2011年至2015年期间，Z制品厂未向地税部门纳税，C公司亦未帮Z制品厂向地税申报税款。2016年，税务部门发现Z制品厂未依法纳税，要求Z制品厂依法履行纳税义务。C公司向税务部门补充申报Z制品厂自2008年起的全部地税税款，Z制品厂向税务部门缴纳自2008年1月1日起至2015年12月31日止的税款及滞纳金1151481元。Z制品厂认为，其被税务机关追缴的税款及滞纳金是由于C公司违约造成的，故向人民法院提起民事诉讼。

一审法院认为，本案争议焦点为：①Z制品厂是否知晓需向地税局缴纳税款。Z制品厂主张其不知晓需要向地税缴纳税款。但Z制品厂税务登记证上明确征税义务机关为Z省国家税务局和Z省地方税务局。依法纳税系每一个公民的义务，Z制品厂企业负责人理应知晓其所需缴纳税款的税种，故不应当存在其不知晓需要向地税缴纳税款的情形。②Z制品厂是否知晓其未向地税局缴纳过税款。虽然C公司为Z制品厂处理申报税款事宜，但是缴纳税款仍然系Z制品厂自行缴纳，故Z制品厂应当知晓其未向地税局缴纳过税款的情形。③C公司是否存在违约行为。通过录音及双方陈述可知，Z制品厂自2006年起就没有申报过地税税款，此时Z制品厂尚未与C公司签订《会计服务协议书》。与C公司之间会计服务合同关系自2011年1月1日起至2016年12月31日止，自2012年起，会计服务协议书均系每一年会计服务到期日补签，每一年均重新签订会计服务协议书且均约定，C公司做好会计核算工作，及时、准确纳税申报，C公司遵守会计法规和国家统一会计准则、制度，按规定设置总账、明细账，填制记账凭证并登记入账、编制财务会计报表、纳税申报表，完成国税、地税申报工作。Z制品厂作为纳税义务人，在每一次缴纳税款时均知晓C公司有无申报过地税税款，但其未对地税纳税情况向C公司提出过任何质疑，反而继续与C公司续签合同，足以表明截至2016年以前，Z制品厂认可C公司已经完成其当年税款申报的全部工作，C公司是应Z制品厂要求延续Z制品厂2006年以来的税款申报方式。故，Z制品厂本身系明知且默许C公司不向地税申报税款，C公司不存在遗漏申报税款的违约情形。但是，根据协议书约定，对于Z制品厂纳税申报基础信息等存在不符合规定的处理，C公司须依照法律、法规及有关规定，向Z制品厂提出书面意见。现C公司明知Z制品厂存在不符合规定的情形，未向Z制品厂提出且放任Z制品厂该行为，亦应当承担相应违约责任。该责任以C公司收取的年度会计服务费100%为限。④C公司为Z制品厂补充申报2008年至2015年的地税税款是否造成Z制品厂损失。前述已经说明，C公司未申报地税，应当系Z制品厂明知且授权为之，责任不在于C公司。Z制品厂被地税局查出漏缴税收款后，根据法律规定，Z制品厂亦应当补缴税款并承担相应罚款，Z制品厂确实自2008年起未向地税缴税，C公司为Z制品厂向地税补偿申报自2008年起的税款并无不当，且反而系对Z制品厂负责的行为。至于地税部门决定追征多少年的税款及Z制品厂需承担滞纳金数额系税务机关的职权范围，与C公司无关。如Z制品厂认为其纳税及支付滞纳金数额有误，应当向地税部门提出，而非向C公司追偿。因此，C公司未侵害Z制品厂权益。依法纳税系每个公民应尽的义务，Z制品厂作为个体工商户的经营者，应当依法履行纳税义务。C公司仅为Z制品厂提供会计服务辅助工作，并非Z制品厂纳税主体。Z制品厂一方面主张C公司未及时申报地税税款构成违约，另一方面又主张C公司如实申报地税税款侵害其权利，仍寄希望通过在税款申报上做文章让自己少缴纳税款，亦有悖于诚信。Z制品厂应当为其未及时缴纳税款的行为自行承担相应法律后果。C公司未及时向Z制品厂提出书面意见且放任Z制品厂该行为，一定程度上助长了此类逃避纳税义务的不良风气，亦需承担一定的违约责任。鉴于原C公司双方约定违约损失以年度会计服务费100%为限，而C公司自2011年起为Z制品厂提供会计服务，补充申报税款截止时间为2015年12月31日，且该过错并非系导致Z制品厂未纳税之原因，亦未造成核算结果损失，责任程度轻，故违约金酌情按照自2011年起至2015年的服务费总额20%计算，即按照8400元计算。C公司违约并非发生于2016年会计委托服务关系中，对于C公司主张要求就2016年未缴纳服务费进行抵销，法院不予认可。综上,对于Z制品厂诉讼请求合理的部分,法院予以支持。依照《中华人民共和国合同法》第一百零七条①及《最高人民法院关于民事诉讼证据的若干规定》第二条的规定,判决:①C公司于判决生效之日起10日内支付Z制品厂违约损失8400元;②驳回Z制品厂其他的诉讼请求。案件受理费7640元(已减半),由Z制品厂负担7615元,C公司负担25元。

2. 案件争议焦点(二审)。

Z制品厂在上诉中提出:①未申报抵税的根本原因在于C公司的工作人员谢某不具备代理记账、纳税申报的专业能力。②地税机关决定的追征税款的期限最多3年,2013年10月1日起至2016年9月30日止,合计税费110578元,而上诉人实际缴款为:自2008年1月1日至2015年12月31日的1151481元。③被上诉人不只是核算失误,而是未按规定记账、未及时进行纳税申报,上诉人多缴税费的经济损失理应由被上诉人全额赔偿。

C公司则认为:①上诉人明知2006年开办个体工商户时就未向地税部门申报相关税种,亦未按照法律规定按月缴纳税款。上诉人系个体工商户,每次的税款均是在上诉人自己的银行账户内扣除的,上诉人未开立税种在前,未缴纳税款在后,是属于应当知晓的情形。②追溯几年或者采取何种方式征补税款均是由税务部门决定,被上诉人无权决定。③上诉人一直未向地税申报相关税种,主要是上诉人的经营者给的相关意见。被上诉人的行为不存在违约情形,不应当承担违约损失,但基于息讼止争角度出发,被上诉人是服判的。综上,请求驳回上诉人的上诉请求。

如上所述,二审法院将本案的主要争议焦点归纳为:C公司就Z制品厂补缴的税款和滞纳金是否应承担赔偿责任。

3. 法院裁判主旨(二审)。

Z制品厂未缴纳地税的原因系从成立起未开设地税税种,导致其后一直未申报地税,此种情况是哪一方造成双方各执一词,Z制品厂认为是C公司业务不精所致,C公司认为是Z制品厂要求其不开设和申报地税。依法纳税是市场主体的法定义务,Z制品厂设立之初便取得了税务登记证,其上盖有国家税务局和地方税务局的公章,其应当知道要开设和申报国税

---

① 《中华人民共和国民法典》已由第十三届全国人民代表大会第三次会议于2020年5月28日通过,自2021年1月1日起施行,《中华人民共和国合同法》同时废止。

和地税，但在长达十年的时间中，其一直不知道未缴纳地税，不符合常理。在C公司为其制作的利润表中，城市维护建设税、教育费附加、所得税费用等地方税每年都显示为0，尤其是所得税，即便有利润，该项也显示为0，利润表每年会交给Z制品厂，其对此是明知的，但并未要求C公司对该些税费进行申报。C公司作为一家会计咨询和记账服务的专业公司，提供服务的企业不止Z制品厂一家，目前并没有证据表明因C公司业务原因导致其他企业发生本案类似情形。《最高人民法院关于民事诉讼证据的若干规定》第二条规定，当事人对自己提出的诉讼请求所依据的事实或者反驳对方诉讼请求所依据的事实有责任提供证据加以证明；没有证据或者证据不足以证明当事人的事实主张的，由负有举证责任的当事人承担不利后果。就在案证据看，Z制品厂尚不能证明其补缴税款和缴纳滞纳金系因C公司的原因造成，其要求C公司赔偿其损失法院难以支持。关于Z制品厂提出的税务机关追征税款的期限是3年而C公司为其补缴了9年税款的意见，既然税务机关收取了其9年的税款，表明税务机关认为其补缴的时间段应为9年，如果Z制品厂认为多缴纳了税款，其可以向税务机关主张退回，是否多缴纳税款不属于本案审理范围。对上诉人的请求予以驳回，维持原判。

4. 案例分析借鉴。

本案是一起关于税务代理的民事纠纷案件。虽然，作为代理人的中介机构并没有出现《税收征管法实施细则》所规定的所谓"违反税收法律、行政法规，造成纳税人未缴或者少缴税款的"情形，但是也在其自身过错范围内承担了一定的民事责任。当然，如果代理人出现了故意违法的情形，按照《税收征管法实施细则》的规定，由税务机关课以一定的罚款，同时按照合同约定，税务代理人也需要同时向纳税人承担相应的违约责任。

（四）税务适用操作指南

纳税人和扣缴义务人的税收违法行为侵害的客体主要为税款和税收征管秩序，一般情况下不太可能会对第三人造成损害。理论上，除了抗税行为有可能会对税务干部造成一定的人身伤害需要承担民事赔偿责任之外，其他税收违法行为基本都和第三人无关。但是，在税务机关对税务代理人的管理方面，情况就不同了。如果因税务代理人违反税收法律、行政法规而造成纳税人不缴或少缴税款的，税务代理人除了受到税务机关的罚款之外，应该按照其和纳税人之间的合同约定承担相应的民事责任。虽然在这个案件中，税务代理人并没有存在税收违法行为，但是在这类型案件中民事赔偿责任是真实存在的。如果同时存在税收违法行为，则行政责任和民事责任可分别追究。

二、行政处罚与刑事责任

（一）《行政处罚法》规定

第八条第二款 违法行为构成犯罪，应当依法追究刑事责任的，不得以行政处罚代替刑事处罚。

（二）税务适用操作指南

本条款规定了行政责任与刑事责任竞合的一般规则。按照本条款规定，行政相对人违反行政法义务的责任在通常情况下可能是行政处罚，也可能是刑罚，但是，一旦违反行政法义务的行为符合刑事责任构成要件的，应当依法追究刑事责任，行政机关不得用行政处罚替代。此时需要处理的问题便是"行刑衔接"，《行政处罚法》第二十七条、第三十五条都属于本条款具体化的规则，具体可参见本书第八章第四节"行刑衔接"。

需要说明的是，《行政处罚法》第七十九条、第八十一条和第八十三条中也明确规定了"刑事责任"问题，但这些条款的规范意旨分别是行政机关私分罚没财物责任、违法实行检查或执行措施的赔偿责任以及不作为责任。其规定"刑事责任"承担主体是情节严重构成犯罪的违法行政机关，而非行政相对人，因此不属于本条款的配套条款。

第二章　行政处罚的种类和设定

第一节　行政处罚的种类

一、《行政处罚法》的规定

第九条　行政处罚的种类：
（一）警告、通报批评；
（二）罚款、没收违法所得、没收非法财物；
（三）暂扣许可证件、降低资质等级、吊销许可证件；
（四）限制开展生产经营活动、责令停产停业、责令关闭、限制从业；
（五）行政拘留；
（六）法律、行政法规规定的其他行政处罚。
第二条　行政处罚是指行政机关依法对违反行政管理秩序的公民、法人或者其他组织，以减损权益或者增加义务的方式予以惩戒的行为。

二、税法及其他关联规定

（一）《税务行政复议规则》（国家税务总局令第44号）

第十四条　行政复议机关受理申请人对税务机关下列具体行政行为不服提出的行政复议申请：
……
（五）行政处罚行为：
1. 罚款；
2. 没收财物和违法所得；
3. 停止出口退税权。

（二）《税务行政处罚裁量权行使规则》（国家税务总局公告2016年第78号发布）

第四条 税务行政处罚的种类包括：
（一）罚款；
（二）没收违法所得、没收非法财物；
（三）停止出口退税权；
（四）法律、法规和规章规定的其他行政处罚。

三、典型案例解析

案例 2-1 G 娱乐有限公司诉 K 市地方税务局税务行政处罚纠纷案[①]

略，参见案例 1-1。

案例分析借鉴。

这个案件本书第一章第一节中也讨论过，这部分再次提及，是对该案例换一个角度的解读。目前，虽然在国家税务总局的规章和税收规范性文件中，只确定了罚款、没收违法所得、没收非法财物以及停止出口退税作为税务行政处罚的种类，但是此案例并未将收缴发票或停止发售发票明确排除在税务行政处罚的类型之外。笔者认为，税务行政处罚的种类具有法定性。一方面，《行政处罚法》中规定了六大类行政处罚，但是只有在税收法律法规和规章中规定的，才属于税务行政处罚，比如罚款、没收违法所得和没收非法财物，这些处罚种类既在《行政处罚法》中得到了明确列举，也在《税收征管法》及其实施细则及《发票管理办法》中得到了明确规定。但除了明确列举之外，对于《行政处罚法》第九条规定的"（六）法律、行政法规规定的其他行政处罚"的判断，不好把握。目前在税务规章中已明确为行政处罚的只有《税收征管法》第六十六条设定的停止出口退税。本案中，法院从体系解释的角度认为，收缴发票和停止发售发票规定在《税收征管法》第五章"法律责任"部分，因此属于税务行政处罚。其实也可以通过对比停止出口退税权的规定，两者在同一章节，表达的方式也是一样的，都是纳税人、扣缴义务人对相关税收违法行为承担的法律责任。既然停止出口退税权已明确规定为税务行政处罚。同

---

① （2015）苏中行终字第00215号。

理，收缴发票和停止发售发票也应被定性为税务行政处罚。

四、税务适用操作指南

《行政处罚法》采取列举式加概括式立法规定了行政处罚的种类。通过国家税务总局的规章和规范性文件，目前可以明确作为税务行政处罚种类的有罚款、没收违法所得、没收非法财物和停止出口退税权。

对于税务执法领域中还存在哪些具体行政行为可以被认定为税务行政处罚，存在一定争议，如吊销发票准印证、收缴发票或者停止发售发票、阻止出境、责令限期改正、联合惩戒、欠税公告、降低纳税信用等级、不予抵扣进项税款、滞纳金等。笔者认为，对此类具体行政行为是否定性为行政处罚，需要结合新《行政处罚法》第二条对行政处罚的定义做实质判断。该定义揭示了行政处罚的三个要素，即相对人存在违反行政管理的违法违规行为、处罚的内容为减损权益或增加义务、处罚的功能在于惩戒。以上述三个要素为标准，现对争议行为做如下探讨：

（1）吊销发票准印证。《发票管理办法》第三十八条规定："私自印制、伪造、变造发票，非法制造发票防伪专用品，伪造发票监制章的，由税务机关没收违法所得，没收、销毁作案工具和非法物品，并处1万元以上5万元以下的罚款；情节严重的，并处5万元以上50万元以下的罚款；对印制发票的企业，可以并处吊销发票准印证；构成犯罪的，依法追究刑事责任。"根据《国家税务总局关于进一步简化税务行政许可事项办理程序的公告》（国家税务总局公告2019年第34号）规定，企业印制发票审批是目前六项税务行政许可项目之一，因此发票准印证是典型的许可证件，而吊销发票准印证属于吊销许可证件，也符合行政处罚的三要素构成要件，应为税务行政处罚。

（2）收缴发票和停止发售发票。《税收征管法》第七十二条规定："从事生产、经营的纳税人、扣缴义务人有本法规定的税收违法行为，拒不接受税务机关处理的，税务机关可以收缴其发票或者停止向其发售发票"。《税务行政复议规则》（国家税务总局令第44号）第十四条将收缴发票和停止发售发票归属为区别于行政处罚行为的发票管理行为，而案例2-1的法院判决似乎又间接认可其行政处罚的性质。这就要求结合新《行政处罚法》第二条的定义来进行判断。收缴发票和停止发售发票的前提是纳税人、扣缴义务人具有税收违法行为且拒不改正的，收缴一定的发票和停止发售一定的发票很大程度上会影响涉税当事人的正常经营秩序，最终影响其经济利益，也必然能产生一定的惩戒效果。所以笔者和案例2-1中的法院以及税务局的观点一致，认为《税收征管法》第七十二条规定的收缴发票和停止发售发票应当是税务行政处罚。

（3）通知出境管理机关阻止出境。《税收征管法》第四十四条规定："欠缴税款的纳税人或者他的法定代表人需要出境的，应当在出境前向税务机关结清应纳税款、滞纳金或者提供担保。未结清税款、滞纳金，又不提供担保的，税务机关可以通知出境管理机关阻止其出境"。《税务行政复议规则》（国家税务总局令第44号）第十四条将"通知出入境管理机关阻止出境行为"视为一种具体行政行为，但没有将其作为行政处罚来看待。这里的"通知"不能理解为行政机关之间的内部通知行为，事实上税务机关是决定机关，向欠税的纳税人或其法定代表出具《阻止出境决定书》，然后交由出入境管理机关执行。

在"阻止出境"究竟是行政处罚还是行政强制措施上存在着一定的争议。阻止出境的决定会对相对人的人身自由产生一定的限制，而无论采用行政处罚还是行政强制措施都可以作出对行为人的人身自由产生一定限制的决定，所以判断阻止出境究竟是行政处罚还是行政强制措施的关键不在于行为内容。《行政强制法》第二条第二款规定："行政强制措施，是指行政机关在行政管理过程中，为制止违法行为、防止证据损毁、避免危害发生、控制危险扩大等情形，依法对公民的人身自由实施暂时性限制，或者对公民、法人或者其他组织的财物实施暂时性控制的行为。"同时《行政强制法》第二十条第二款规定："实施限制人身自由的行政强制措施不得超过法定期限。实施行政强制措施的目的已经达到或者条件已经消失，应当立即解除。"可见，行政强制措施有三个重要的特点：一是带有一定的紧迫性；二是措施的暂时性；三是可解除性。而行政处罚是一种终局性的制裁措施，不需要在紧迫的状态下作出，措施不是暂时性的，也不具有可解除性。根据《国家税务总局 公安部关于印发〈阻止欠税人出境实施办法〉的通知》（国税发〔1996〕215号）中对阻止出境决定作出后的后续管理措施，比如要求在对欠税人进行控制期间，税务机关应采取措施，尽快使欠税人完税，以及期限一般为一个月，延长的话需要重新履行手续，以及符合一定条件的可以撤控等规定来看，阻止出境更宜定性为行政强制措施。而且从法律体系解释的角度来看，规定阻止出境的第四十四条也规定在《税收征管法》第四章税款征收部分，紧接着税收保全和税收强制执行，而非如收缴发票和停止发售发票一样，规定在第五章法律责任部分。

（4）责令限期改正。根据法律规范的不同，责令限期改正有时作为行政处罚的前置性要件，有时与行政处罚一并作出。其本质既是对违法行为违法性的确认，也要求行政相对人将违法状态恢复至合法状态，但并不对行政相对人的法定权利义务形成增减，因此不能认为是行政处罚。《行政处罚法》第二十八条第一款规定："行政机关实施行政处罚时，应当责令当事人改正或者限期改正违法行为。"也明确将行政处罚和责令改正以及责令限期改正进行了区分。

（5）欠税公告。《税收征管法》第四十五条第三款规定："税务机关应当对纳税人欠缴税款的情况定期予以公告"。欠税公告是政府信息公开制度的要求，本身并不减损被公告人的权益或增加其义务，因此不宜认定为税务行政处罚。

（6）联合惩戒。根据《重大税收违法失信主体信息公布管理办法》（国家税务总局令第54号）第二条规定："税务机关依照本办法的规定，确定重大税收违法失信主体，向社会公布失信信息，并将信息通报相关部门实施监管和联合惩戒。"联合惩戒可能包含行政处罚，也可能包含非行政处罚，要看违法行为违反的行政管理法律、法规具体是如何规定的，以及具体包含哪些惩戒措施，其自身不能作为独立的税务行政处罚种类。对于重大税收违法案件失信主体采取的联合惩戒措施，目前的主要依据是《国家发展和改革委员会 中国人民银行 国家税务总局等印发〈关于对重大税收违法案件当事人实施联合惩戒措施的合作备忘录（2016年版）〉的通知》（发改财金〔2016〕2798号），该文件罗列了27项联合惩戒措施另加一个兜底性"其他"的规定。但仔细分析这27项惩戒措施，有些是原来法律、法规、规章规定的，该文件只不过是将原有的惩戒内容整合进来，比如限制担任相关职务，其根本的法律依据是《中华人民共和国公司法》（以下简称《公司法》）和《企业法人法定代表人登记管理规定》的相关规定、限制高消费的根本依据是最高人民法院的司法解释；而有些其规定的惩戒措施，不能认为是行政处罚，比如之前论述过的阻止出境、向社会公示等；有些联合惩戒措施的合法性本身就存在极大的争议，比如限制从事互联网信息服务，其设立依据为国务院的规范性文件，这类限制性措施如何定性，本身也不明确。因此联合惩戒非常复杂，目前学术界和实务界对其合法性争议也比较大，笔者认为，不能简单地将联合惩戒认定为处罚或非处罚，而要根据具体的惩戒措施来具体分析。如果只是将相关的法律、法规或规章设定的处罚措施进行整合，加强部门间信息互通合作而已，那么联合惩戒提出的初衷是"联合"，惩戒措施都是既存的，并没有增加当事人义务或是减少其权益。如果联合惩戒措施中新增加了处罚措施，或是扩大了原来法律、法规、规章规定的处罚的适用情形，那么会增加相对人的义务或减损权益，但其设定也必须要符合《行政处罚法》对处罚设定的要求，否则这样的规定无效。

（7）降低纳税信用等级。根据《国家税务总局关于发布〈纳税信用管理办法（试行）〉的公告》（国家税务总局公告2014年第40号），对纳税人信用等级的评定是税务机关对纳税人的信用状况进行的事后评估，主要是为了便于加强管理。降低纳税信用等级算不算降低资质等级而被认为是税务行政处罚呢？要看降低纳税信用等级具体所带来的法律后果是不是增加了纳税人的义务或是减少了纳税人的权益。从《纳税信用管理办法（试行）》的规定来看，纳税信用等级分为A、B、C、D。降低等级，就是从上面的等级降低到下面的等级。因此要看这四个等级享受的不同管理待遇的区别。比起正常管理，A类纳税人会存在一些税收管理上的绿色通道，享受一些激励措施，但并不增加其法定权益。而B类纳税人税务机关仍然对其实施正常管理。C类纳税人则会受到从严管理。而D类纳税人除了受到严格管理、重点监控、增加检查频次、从严裁量之外，还会受到：①将纳税信用评价结果通报相关部门，建议在经营、投融资、取得政府供应土地、进出口、出入境、注册新公司、工程招投标、政府采购、获得荣誉、安全许可、生产许可、从业任职资格、资质审核等方面予以限制或禁止；②税务机关与相关部门实施的联合惩戒措施，以及结合实际情况依法采取的其他严格管理措施。这两类措施，一是建议相关其他部门对其经营予以限制或禁止，但是其他部门是否听从建议，以及这些建议是否符合法律的规定，或者是否超出了法律要求予以考虑的因素，是值得商榷的。第二类措施就是联合惩戒措施，联合惩戒措施已经分析过，非常复杂，需要结合具体的措施来具体分析到底有没有增加了纳税人的义务或者减损了法定权益。因此，笔者同样认为，不宜将降低纳税信用等级一概作为税务行政处罚来看待，至少从A降到B，从B降到C，一般只是从严管理，而不是减少其法定权益，或增加其法定义务。至于降至D级，情况比较复杂，需要具体分析。但总的来说，本书主张将降低纳税信用等级来作为一种税务管理上的手段，毕竟《纳税信用管理办法（试行）》也只是一个规范性文件，不能设立行政处罚，因此针对D类纳税人的管理措施，设定具有处罚内容的惩戒措施也不符合《行政处罚法》对处罚设定的要求。

（8）滞纳金。征收滞纳金的规定在《税收征管法》中多次作出规定，如第三十二条规定："纳税人未按照规定期限缴纳税款的，扣缴义务人未按照规定期限解缴税款的，税务机关除责令限期缴纳外，从滞纳税款之日起，按日加收滞纳税款万分之五的滞纳金"。但对于滞纳金的争议从没有停止过，甚至不同地方的法院也出现了不同的判决，有的认为属于《行政强制法》上的间接强制措施；有的认为仅仅是具有补偿性质的税收利息性质；还有的认为兼具有补偿性和惩罚性。笔者认为，滞纳金本身的称呼不能确定其性质，最终要看相关的法律规范如何规定。未来《税收征管法》的修订有望解决这一争议。

第二节　行政处罚的设定

一、《行政处罚法》规定

（一）法律设定行政处罚

第十条　法律可以设定各种行政处罚。

限制人身自由的行政处罚，只能由法律设定。

（二）行政法规设定行政处罚

第十一条　行政法规可以设定除限制人身自由以外的行政处罚。

法律对违法行为已经作出行政处罚规定，行政法规需要作出具体规定的，必须在法律规定的给予行政处罚的行为、种类和幅度的范围内规定。法律对违法行为未作出行政处罚规定，行政法规为实施法律，可以补充设定行政处罚。拟补充设定行政处罚的，应当通过听证会、论证会等形式广泛听取意见，并向制定机关作出书面说明。行政法规报送备案时，应当说明补充设定行政处罚的情况。

（三）地方性法规设定行政处罚

第十二条　地方性法规可以设定除限制人身自由、吊销营业执照以外的行政处罚。

法律、行政法规对违法行为已经作出行政处罚规定，地方性法规需要作出具体规定的，必须在法律、行政法规规定的给予行政处罚的行为、种类和幅度的范围内规定。

法律、行政法规对违法行为未作出行政处罚规定，地方性法规为实施法律、行政法规，可以补充设定行政处罚。拟补充设定行政处罚的，应当通过听证会、论证会等形式广泛听取意见，并向制定机关作出书面说明。地方性法规报送备案时，应当说明补充设定行政处罚的情况。

（四）部门规章设定行政处罚

第十三条 国务院部门规章可以在法律、行政法规规定的给予行政处罚的行为、种类和幅度的范围内作出具体规定。

尚未制定法律、行政法规的，国务院部门规章对违反行政管理秩序的行为，可以设定警告、通报批评或者一定数额罚款的行政处罚。罚款的限额由国务院规定。

（五）地方政府规章设定行政处罚

第十四条 地方政府规章可以在法律、法规规定的给予行政处罚的行为、种类和幅度的范围内作出具体规定。

尚未制定法律、法规的，地方政府规章对违反行政管理秩序的行为，可以设定警告、通报批评或者一定数额罚款的行政处罚。罚款的限额由省、自治区、直辖市人民代表大会常务委员会规定。

（六）规范性文件不得设定行政处罚

第十六条 除法律、法规、规章外，其他规范性文件不得设定行政处罚。

二、税法及其他关联规定

（一）《税务规范性文件制定管理办法》（国家税务总局令第53号）

第五条 税务规范性文件不得设定税收开征、停征、减税、免税、退税、补税事项，不得设定行政许可、行政处罚、行政强制、行政事业性收费以及其他不得由税务规范性文件设定的事项。

（二）《国务院关于进一步贯彻实施〈中华人民共和国行政处罚法〉的通知》（国发〔2021〕26号）

三、依法规范行政处罚的设定

……

（三）加强立法释法有关工作。起草法律、法规、规章草案时，对违反行政管理秩序的公民、法人或者其他组织，以减损权益或者增加义务的方式实施惩戒的，要依法设定行政处罚，不得以其他行政管理措施的名义变相设定，规避行政处罚设定的要求。对上位法设定的行政处罚作出具体规定的，不得通过增减违反行政管理秩序的行为和行政处罚种类、在法定幅度之外调整罚款上下限等方式层层加码或者"立法放水"。对现行法律、法规、规章中的行政管理措施是否属于行政处罚有争议的，要依法及时予以解释答复或者提请有权机关解释答复。

（四）依法合理设定罚款数额。根据行政处罚法规定，尚未制定法律、行政法规的，国务院部门规章对违反行政管理秩序的行为，可以按照国务院规定的限额设定一定数额的罚款。部门规章设定罚款，要坚持过罚相当，罚款数额要与违法行为的事实、性质、情节以及社会危害程度相当，该严的要严，该轻的要轻。法律、行政法规对违法行为已经作出罚款规定的，部门规章必须在法律、行政法规规定的给予行政处罚的行为、种类和幅度的范围内规定。尚未制定法律、行政法规，因行政管理迫切需要依法先以部门规章设定罚款的，设定的罚款数额最高不得超过10万元，且不得超过法律、行政法规对相似违法行为的罚款数额，涉及公民生命健康安全、金融安全且有危害后果的，设定的罚款数额最高不得超过20万元；超过上述限额的，要报国务院批准。上述情况下，部门规章实施一定时间后，需要继续实施其所设定的罚款且需要上升为法律、行政法规的，有关部门要及时报请国务院提请全国人大及其常委会制定法律，或者提请国务院制定行政法规。本通知印发后，修改部门规章时，要结合实际研究调整罚款数额的必要性，该降低的要降低，确需提高的要严格依照法定程序在限额范围内提高。地方政府规章设定罚款的限额，依法由省、自治区、直辖市人大常委会规定。

三、典型案例解析

案例2-2　Y公司不服S市国家税务局稽查局税务行政处罚纠纷案①

1. 案件基本情况。

被告S市国家税务局稽查局对原告Y公司作出税务处罚决定，认定

---

① （2020）苏05行终101号。

原告有29笔与虚开企业业务虚假,共涉及出口额8373127.95美元,增值税专用发票72份,金额53961167.07元,税额9173398.42元(其中19笔出口业务已实际退税,已退税额6627076.60元;10笔出口业务已申报暂未退税,未退税额2546321.82元)。根据《税收征管法》第六十六条第二款及《国家税务总局关于停止为骗取出口退税企业办理出口退税有关问题的通知》(国税发〔2008〕32号)第一条第四款之规定,决定停止原告办理出口退税两年,并告知复议机关为J省国家税务局原告不服,提起诉讼。

2. 案件争议焦点。

原告认为国税发〔2008〕32号文件属于以公告形式公布的规范性文件,无权设定处罚幅度,不应当作为行政处罚的依据。原告请求法院撤销被告作出的税务处罚决定,并请求一并审查国税发〔2008〕32号文件的合法性。被告以国税发〔2008〕32号文件作为处罚依据是否属于适用法律错误。

3. 法院裁判主旨。

国家税务总局作为国家税务主管部门,通过发布国税发〔2008〕32号文件以明确具体停止办理出口退税期间及适用情形,系履行国家部委行政管理职责以落实法律规定,应予以执行。该文件在国家税务总局等网站均可查询,已向社会公布,不存在原告所称未对外公开的情况,故该规范性文件不存在明显违法情形,在本案中具有可适用性。

4. 案例分析借鉴。

本案中,法院最终认定了《国家税务总局关于停止为骗取出口退税企业办理出口退税有关问题的通知》(国税发〔2008〕32号)作为税务行政处罚决定法律依据的合法性。

根据《行政处罚法》和《税务规范性文件制定管理办法》(国家税务总局令第53号)的规定,税务规范性文件不得设定行政处罚,但并未排除对行政处罚的具体内容作出细化。停止办理出口退税在《税收征管法》中设定为行政处罚,但未作具体规定。税务规范性文件能否做出细化以及如何细化值得深入研究。《税务行政处罚裁量权行使规则》(国家税务总局公告2016年第78号发布)规定,在行政处罚过程中,对违法行为、处罚依据、裁量阶次、适用条件和具体标准等内容,应当在法定范围内制定,税务行政处罚裁量基准应当以规范性文件形式发布,并结合税收行政执法实际及时修订。可见，税务行政处罚的具体裁量阶次、适用条件和具体标准可以由税务规范性文件规定。本案中，国税发〔2008〕32号文件作为税务规范性文件对停止出口退税做出的细化规定并无不妥。

四、税务适用操作指南

根据《行政处罚法》，法律、法规和规章可以设定行政处罚。根据《立法法》税务机关不能制定法律法规，只能制定部门规章，即国家税务总局可以以部门规章的形式设定税务行政处罚。税务机关在制定税务规章设定税务行政处罚时，应具备前提条件和限制条件。前提条件是"尚未制定法律、行政法规且因行政管理迫切需要依法先以部门规章设定罚款的"的，则限制条件有两个：一是种类的限制，即只能设定罚款；二是金额的限制，即设定的罚款数额最高不得超过10万元，且不得超过法律、行政法规对相似违法行为的罚款数额；涉及公民生命健康安全、金融安全且有危害后果的，设定的罚款数额最高不得超过20万元；超过上述限额的，要报国务院批准。如果前提条件是"法律、行政法规对违法行为已经作出罚款规定的"的，则部门规章只能在法律、行政法规规定的给予行政处罚的行为、种类和幅度的范围内规定。除了国家税务总局制定的部门规章以外，税收规范性文件是不能设定税务行政处罚的，但可以对具体裁量阶次、适用条件和具体标准做出规定。如果某类行政行为或措施符合行政处罚的三个构成要素，但却由税务规范性文件来设定，将导致设定无效的法律后果。

第三章 行政处罚的实施机关和管辖

第一节 行政处罚的实施机关

一、《行政处罚法》的规定

（一）处罚的实施主体

第十七条 行政处罚由具有行政处罚权的行政机关在法定职权范围内实施。

（二）综合执法、相对集中行政处罚权

第十八条 国家在城市管理、市场监管、生态环境、文化市场、交通运输、应急管理、农业等领域推行建立综合行政执法制度，相对集中行政处罚权。

国务院或者省、自治区、直辖市人民政府可以决定一个行政机关行使有关行政机关的行政处罚权。

限制人身自由的行政处罚权只能由公安机关和法律规定的其他机关行使。

（三）授权组织

第十九条 法律、法规授权的具有管理公共事务职能的组织可以在法定授权范围内实施行政处罚。

（四）委托处罚

第二十条 行政机关依照法律、法规、规章的规定，可以在其法定权限内书面委托符合本法第二十一条规定条件的组织实施行政处罚。行政机关不得委托其他组织或者个人实施行政处罚。

委托书应当载明委托的具体事项、权限、期限等内容。委托行政机关和受

委托组织应当将委托书向社会公布。

委托行政机关对受委托组织实施行政处罚的行为应当负责监督，并对该行为的后果承担法律责任。

受委托组织在委托范围内，以委托行政机关名义实施行政处罚；不得再委托其他组织或者个人实施行政处罚。

第二十一条　受委托组织必须符合以下条件：

（一）依法成立并具有管理公共事务职能；

（二）有熟悉有关法律、法规、规章和业务并取得行政执法资格的工作人员；

（三）需要进行技术检查或者技术鉴定的，应当有条件组织进行相应的技术检查或者技术鉴定。

二、税法及其他关联规定

（一）《税收征管法》

第十四条　本法所称税务机关是指各级税务局、税务分局、税务所和按照国务院规定设立的并向社会公告的税务机构。

第七十四条　本法规定的行政处罚，罚款额在二千元以下的，可以由税务所决定。

第七十八条　未经税务机关依法委托征收税款的，责令退还收取的财物，依法给予行政处分或者行政处罚；致使他人合法权益受到损失的，依法承担赔偿责任；构成犯罪的，依法追究刑事责任。

（二）《税收征管法实施细则》

第九条　税收征管法第十四条所称按照国务院规定设立的并向社会公告的税务机构，是指省以下税务局的稽查局。稽查局专司偷税、逃避追缴欠税、骗税、抗税案件的查处。

国家税务总局应当明确划分税务局和稽查局的职责，避免职责交叉。

（三）《委托代征管理办法》（国家税务总局公告2013年第24号发布）

第十九条　代征人不得对纳税人实施税款核定、税收保全和税收强制执行措施，不得对纳税人进行行政处罚。

三、典型案例解析

案例 3-1　C 地税局稽查局与 Y 公司税务行政处罚纠纷案①

1. 案件基本情况。

2013 年 12 月 12 日，C 地税局稽查局向 Y 公司送达了《税务处理决定书》《税务行政处罚事项告知书》，2013 年 12 月 19 日 C 地税局稽查局作出《税务行政处罚决定书》。该《税务行政处罚决定书》的内容如下：（1）根据《税收征管法》第六十三条第一款规定，对 Y 公司 2008—2010 年度少申报缴纳城镇土地使用税的行为，处以少缴税款 50% 的罚款计 117341.89 元；（2）根据《税收征管法》第六十三条第二款规定，对 Y 公司 2009—2010 年度少申报缴纳已代扣的工资薪金所得个人所得税的行为，处以少缴税款 50% 的罚款计 5126.53 元；（3）根据《税收征管法》第六十九条规定，对 Y 公司 2008—2010 年度未按规定代扣代缴个人所得税（利息、股息、红利所得、工资薪金所得）的行为，处以应扣未扣税款 50% 的罚款计 536706.08 元（含 2008 年度 500 万元资本公积金转注册资金未纳税罚款 50 万元）。Y 公司对《税务行政处罚决定书》第一项罚款 117341.89 元和第三项罚款中的 50 万元的决定不服，向 C 县人民法院提起行政诉讼。

一审认为：C 地税局稽查局作为查处偷税、逃避追缴欠税、骗税、抗税案件的税务机构，根据税收专项检查的规定，在本县范围内对 2008—2010 年的税收开展专项检查工作，是其法定职责。

二审认为：《税收征管法》第十四条规定："本法所称税务机关是指各级税务局、税务分局、税务所和按照国务院规定设立的并向社会公告的税务机构。"《税收征管法实施细则》第九条规定："税收征管法第十四条所称按照国务院规定设立的并向社会公告的税务机构，是指省以下税务局的稽查局。稽查局专司偷税、逃避追缴欠税、骗税、抗税案件的查处。"本案中，C 地税局稽查局对 Y 公司作出的行政处罚，内容均为对单位少申报缴纳税款或者对个人所得税未履行代扣代缴的法定义务的行为进行处罚，从上述处罚的内容上看，不属于税务稽查局的法定职责。C 地税局稽查局在本案中作出的行政处罚属于超越职权，一审部分事实认定不当，依

---

① （2015）合行再终字第 00002 号。

照《行政诉讼法》第五十四条第（二）项4目之规定，判决撤销C地税局稽查局作出的《税务行政处罚决定书》。

2. 案件争议焦点。

C地税局稽查局是否具有查处Y公司一般税收违法行为的职权。

3. 法院裁判主旨（再审）。

关于C地税局稽查局是否具有查处Y公司一般税收违法行为的职权。再审法院认为，根据《税收征管法》第十四条的规定："本法所称税务机关是指各级税务局、税务分局、税务所和按照国务院规定设立的并向社会公告的税务机构"；《税收征管法实施细则》第九条第一款的规定："税收征管法第十四条所称按照国务院规定设立的并向社会公告的税务机构，是指省以下税务局的稽查局。稽查局专司偷税、逃避追缴欠税、骗税、抗税案件的查处。"又依据《税收征管法实施细则》第九条第二款的规定："国家税务总局应当明确划分税务局和稽查局的职责，避免职责交叉"。根据此款授权，国家税务总局于2003年下发了《国家税务总局关于稽查局职责问题的通知》（国税函〔2003〕140号），对稽查局的职责范围进行了界定，明确规定稽查局可以对各类税收违法案件进行查处。此后，国家税务总局于2009年印发了《税务稽查工作规程》（国税发〔2009〕157号）[①]，对稽查局职责范围进行了再次明确。故依据上述规定，C地税局稽查局具有查处Y公司税收违法行为的法定职权。

4. 案例分析借鉴。

根据《税收征管法》第十四条："本法所称税务机关是指各级税务局、税务分局、税务所和按照国务院规定设立的并向社会公告的税务机构"和《税收征管法实施细则》第九条第一款："税收征管法第十四条所称按照国务院规定设立的并向社会公告的税务机构，是指省以下税务局的稽查局。"可见，省以下各级税务局的稽查局属于《税收征管法》中的税务机关，具有税务行政执法主体资格。但是省以下的稽查局又是其所属税务局的派出机构，因此，稽查局是法律、法规授权的组织。而《税收征管法实施细则》第九条第一款规定的"专司偷税、逃避追缴欠税、骗税、抗税案件的查处"就成了稽查局具体的职权范围。"专司"二字确实容易产生理解上的差异，一种理解是稽查局专门负责偷税、逃避追缴欠税、骗

[①] 编者注：该文件已于2021年8月11日起废止，《税务稽查案件办理程序规定》（国家税务总局令第52号）于同日起施行。

税、抗税案件的查处，不负责其他工作；另一种理解是偷税、逃避追缴欠税、骗税、抗税案件的查处只由稽查局查处，其他部门不能负责偷税、逃避追缴欠税、骗税、抗税案件的查处。根据上文分析，由于税务机关内部要在征收、管理、稽查和行政复议等方面划分职责，相互影响、相互制约，因此偷税、逃避追缴欠税、骗税、抗税案件的查处只能由稽查局负责，不能再由其他部门负责；但不能据此得出稽查局只负责偷税、逃避追缴欠税、骗税、抗税案件的查处而不能对一般税收违法行为进行查处的结论。

四、税务适用操作指南

《行政处罚法》规定的处罚实施主体包括法定主体、授权主体、相对集中行政处罚权机关和受委托组织。目前，税务行政处罚的实施主体主要是法定主体和授权主体，没有相对集中行使处罚权主体和受委托组织。

各级税务局在日常税收征管过程中对一些税收违法行为拥有行政处罚的职权。税务所是县级税务局的派出机构，省以下稽查局是其所属税务局的派出机构，各自在法律、法规授权的范围内行使职权。

虽然《税收征管法》规定了委托代征的情形，但并没有授权代征组织可以行使税务行政处罚权，国家税务总局在《委托代征管理办法》（国家税务总局公告2013年第24号发布）中还特别强调了代征人不得对纳税人作出行政处罚。《车船税管理规程（试行）》（国家税务总局公告2015年第83号）第九条也仅仅规定了保险机构应当在收取机动车第三者责任强制保险费时依法代收车船税，并将注明已收税款信息的机动车第三者责任强制保险单及保费发票作为代收税款凭证，但并未授权保险机构可以代为实施税务行政处罚。

第二节 行政处罚的管辖

一、管辖

（一）《行政处罚法》的规定

1. 地域管辖。

第二十二条 行政处罚由违法行为发生地的行政机关管辖。法律、行政法规、部门规章另有规定的，从其规定。

2. 级别管辖。

第二十三条 行政处罚由县级以上地方人民政府具有行政处罚权的行政机关管辖。法律、行政法规另有规定的，从其规定。

3. 交由乡镇街道行使行政处罚权。

第二十四条 省、自治区、直辖市根据当地实际情况，可以决定将基层管理迫切需要的县级人民政府部门的行政处罚权交由能够有效承接的乡镇人民政府、街道办事处行使，并定期组织评估。决定应当公布。

承接行政处罚权的乡镇人民政府、街道办事处应当加强执法能力建设，按照规定范围、依照法定程序实施行政处罚。

有关地方人民政府及其部门应当加强组织协调、业务指导、执法监督，建立健全行政处罚协调配合机制，完善评议、考核制度。

4. 管辖权的确定。

第二十五条 两个以上行政机关都有管辖权的，由最先立案的行政机关管辖。对管辖发生争议的，应当协商解决，协商不成的，报请共同的上一级行政机关指定管辖；也可以直接由共同的上一级行政机关指定管辖。

（二）税法及其他关联规定

1. 《税收征管法》

第五条 国务院税务主管部门主管全国税收征收管理工作。各地国家税务局和地方税务局应当按照国务院规定的税收征收管理范围分别进行征收管理。

地方各级人民政府应当依法加强对本行政区域内税收征收管理工作的领导或者协调，支持税务机关依法执行职务，依照法定税率计算税额，依法征收税款。

各有关部门和单位应当支持、协助税务机关依法执行职务。

税务机关依法执行职务，任何单位和个人不得阻挠。

2. 《税务稽查案件办理程序规定》（国家税务总局令第52号发布）

第六条 稽查局应当在税务局向社会公告的范围内实施税务稽查。上级税务机关可以根据案件办理的需要指定管辖。

税收法律、行政法规和国家税务总局规章对税务稽查管辖另有规定的，从其规定。

第七条 税务稽查管辖有争议的，由争议各方本着有利于案件办理的原则逐级协商解决；不能协商一致的，报请共同的上级税务机关决定。

（三）典型案例解析

案例 3-2　G 公司与国家税务总局 Y 区税务局 J 税务分局税务行政处罚纠纷一案①

1. 案件基本情况。

2019 年 8 月 30 日，被告国家税务总局 Y 区税务局 J 税务分局（以下简称 J 税务分局）向原告 G 公司作出《税务行政处罚决定书（简易）》，对其予以罚款 800 元。原告 G 公司于 2019 年 11 月 22 日向法院提起行政诉讼，以国家税务总局 Y 区税务局（以下简称 Y 区税务局）为被告。

2. 案件争议焦点。

《税务行政处罚决定书》由 J 税务分局作出，原告以 Y 区税务局为被告。Y 区税务局是否符合被告资格？

3. 法院裁判主旨。

法院查明，Y 区税务局发布《关于派出机构有关事项的通知》，载明"一、派出机构名称。11 个派出机构名称分别是：J 税务分局……。二、派出机构工作职责。……（四）J 税务分局负责本机构辖区（J 街道、K 街道）内纳税人和缴费人的税收、社会保险费和有关非税收入的直接征收、管理、检查和服务工作；……负责本机构辖区内涉税（费）违章案件的调查处理等工作；……"

法院认为，《税收征管法》第五条规定："国务院税务主管部门主管全国税收征收管理工作。各地国家税务局和地方税务局应当按照国务院规定的税收征收管理范围分别进行征收管理。"第十四条规定："本法所称税务机关是指各级税务局、税务分局、税务所和按照国务院规定设立的并向社会公告的税务机构。"第七十四条规定："本法规定的行政处罚，罚款额在二千元以下的，可以由税务所决定。"被告 J 税务分局作为管理辖区内涉税征收等工作的税务所，依法享有对本辖区违反税收征管秩序的行为进行调查处理的职权。

经法院依法释明适格被告应为 J 税务分局，鉴于原告坚持以 Y 区税务局为被告，法院于同年 12 月 23 日作出行政裁定书，裁定驳回其起诉。

---

① （2020）湘 8601 行初 453 号。

4. 案例分析借鉴。

此案中，税务行政处罚由税务分局作出，原告以其所属的区税务局为被告，法院认为被告应为作出税务行政处罚的税务分局，作出了驳回起诉的裁定。税务分局属于区税务局的派出机构，属于法律授权的行政主体，具有授权范围内的行政主体资格。根据《税收征管法》，税务分局可以在授权范围内实施行政处罚，即可以实施2000元以下罚款的行政处罚，因对税务分局的税务行政处罚决定有争议而提起诉讼的，应以税务分局为被告。

（四）税务适用操作指南

行政处罚的管辖主要包括地域管辖、级别管辖。地域管辖与级别管辖是并行的，要综合考虑。根据《行政处罚法》，所谓地域管辖是指违法行为发生地的行政机关管辖，法律、行政法规和部门规章另有规定的，从其规定。地域管辖中的行政机关如何具体确定还要结合级别管辖的规定来考虑。《行政处罚法》规定的级别管辖是指县级以上地方人民政府具有行政处罚权的行政机关实施级别管辖，法律、行政法规另有规定的，从其规定。地域管辖、级别管辖都作出了"另有规定，从其规定"的设置，尤其是地域管辖不仅法律、行政法规可以另行规定，而且部门规章也可以另行规定，但级别管辖仅限法律、行政法规可以另行规定。

税务执法领域存在对管辖的特殊规定。首先，是法律、行政法规中的特殊规定。根据《税收征管法》及其实施细则，作为行政处罚实施主体的税务机关包括各级税务局、税务分局、税务所和按照国务院规定设立的并向社会公告的税务机构。其中，按照国务院规定设立的并向社会公告的税务机构是省以下税务局的稽查局，税务所对2000元以下的罚款具有行政处罚权。因此，税务管辖实行的是管辖区域内的身份管辖，而不完全是违法行为发生地。其次，部门规章中也存在着特殊规定，如《税务稽查案件办理程序规定》（国家税务总局令第52号发布）第六条第一款规定："稽查局应当在税务局向社会公告的范围内实施税务稽查。上级税务机关可以根据案件办理的需要指定管辖。"

管辖权争议的处理。在地域管辖和级别管辖并行的情形下，实际拥有管辖权的主体可能不止一个，这就存在管辖权的争议问题。根据《行政处罚法》处理管辖权的争议主要有三种方式：一是最先立案管辖；二是协议管辖；三是指定管辖。《税务稽查案件办理程序规定》（国家税务总局令第52号发布）第七条也对管辖权争议作出了和处罚法规定一致的规定,即先协商解决,解决不成的再由共同的上级机关指定管辖。指定管辖的适用是有条件的,其前提是管辖权有争议且协商不成,才能由共同的上一级税务机关指定管辖,上级税务机关不能随意作出指定管辖。

二、处罚协助

(一)《行政处罚法》的规定

第二十六条 行政机关因实施行政处罚的需要,可以向有关机关提出协助请求。协助事项属于被请求机关职权范围内的,应当依法予以协助。

(二) 税法及其他关联规定

1.《税务稽查案件办理程序规定》(国家税务总局令第52号发布)

第二十五条 检查人员异地调查取证的,当地税务机关应当予以协助;发函委托相关稽查局调查取证的,必要时可以派人参与受托地稽查局的调查取证,受托地稽查局应当根据协查请求,依照法定权限和程序调查。

需要取得境外资料的,稽查局可以提请国际税收管理部门依照有关规定程序获取。

2.《异常增值税扣税凭证处理操作规程(试行)》(税总发〔2017〕46号)

三、……

(三)……

3. 即需要委托异地税务机关协助调查的,可通过抵扣凭证审查系统,委托与纳税人发生交易的上、下游企业所在地主管税务机关协助核实。

3.《特别纳税调查调整及相互协商程序管理办法》(国家税务总局公告2017年第6号发布)

第八条 税务机关实施特别纳税调查时,应当按照法定权限和程序进行,可以采用实地调查、检查纸质或者电子数据资料、调取账簿、询问、查询存款账户或者储蓄存款、发函协查、国际税收信息交换、异地协查等方式,收集能够证明案件事实的证据材料。收集证据材料过程中,可以记录、录音、录像、照相和复制,录音、录像、照相前应当告知被取证方。记录内容应当由两名以上调查人员签字,并经被取证方核实签章确认。被取证方拒绝签章的,税务机关调查人员(两名以上)应当注明。

4.《国家税务总局关于印发〈税收违法案件发票协查管理办法(试行)〉的通知》(税总发〔2013〕66号)全文(编者略)

(三) 典型案例解析

案例3-3 H公司与国家税务总局Y市税务局税务行政管理纠纷再审案①

1. 案件基本情况。

Y市某区人民法院一审查明:2017年9月7日,Y市国家税务局稽查局作出9份《税收违法案件协查函》,请求Z市国家税务局协助查询相关企业涉嫌虚开系列案件的情况,其中附有9份《已证实虚开通知单》。H公司认为《已证实虚开通知单》属于行政确认行为,不属于内部行政行为,该行政行为严重违反行政程序正当原则、无视H公司的知情权、参与权和救济权,向Y市国家税务局(以下简称Y市国税局)提出行政复议。Y市国税局认为《已证实虚开通知单》属于内部行政行为,不属于《行政复议法》第六条和《税务行政复议规则》(国家税务总局令第44号)第十四条规定的复议范围,于2018年5月29日作出《不予受理决定书》(以下简称2号《决定书》),决定对H公司的复议申请不予受理。H公司不服而提起本案诉讼,请求撤销2号《决定书》,判令Y市国税局受理其提出的复议申请。

Y市某区人民法院一审认为,根据《税收违法案件发票协查管理办法(试行)》(税总发〔2013〕66号,以下简称《发票协查管理办法》)第二条:"税收违法案件发票协查是指查办税收违法案件的税务稽查局(以下简称委托方)将需异地调查取证的发票委托有管辖权的税务稽查局(以下简称受托方),开展调查取证的相关活动。";第七条:"委托方根据案件查办情况,确定协查对象,需要发起委托协查的,向受托方发出《税收违法案件协查函》……";第九条第一款:"已确定虚开发票案件的协查,委托方应当按照受托方一户一函的形式出具《已证实虚开通知单》及相关证据资料,并在所附发票清单上逐页加盖公章,随同《税收违法案件协查函》寄送受托方。"的规定,《已证实虚开通知单》属于《税收违法案件协查函》的内容函件,而《税收违法案件协查函》则是查办税收违法案件的税务稽查局将需异地调查取证的发票委托有管辖权的税务稽查局开展调查取证的

---

① (2019)桂行申347号。

相关活动的委托协助函。所以,《已证实虚开通知单》从其作用或本质上来看应属于行政机关的内部行为,即便外化,但也未对当事人的权利义务直接作出处理,仍需其他行政机关另行作出行政处理决定。Y 市国税局按照《行政复议法》第十七条和《税务行政复议规则》第四十五条的规定,作出的 2 号《决定书》认定事实清楚,程序合法,适用法律正确。判决驳回 H 公司的诉讼请求。H 公司不服一审判决提出上诉,Y 市中级人民法院二审判决驳回上诉,维持一审判决。H 公司仍然不服,申请再审。

2. 案件争议焦点。

再审申请人 H 公司申请再审称:涉案的《已证实虚开通知单》成为申请人的主管税务机关认定纳税人取得的发票系虚开的发票,并成为要求申请人补缴税款的唯一证据,已经外化。二审法院认为《已证实虚开通知单》起到了"证实相关企业存在虚开发票之事实"的作用,却又认定《已证实虚开通知单》"对处于下游企业 H 公司的权利义务并不产生直接的影响",显然自相矛盾。《已证实虚开通知单》对虚开事实的认定将举证责任倒置,原本税务机关需要通过调查、搜集足以证明该虚开事实的证据。《已证实虚开通知单》证实虚开事实后,税务机关证明申请人有虚开事实的举证责任消灭,申请人承担了证明不存在虚开事实的举证责任。《已证实虚开通知单》将证明不存在虚开事实的义务强加于申请人,二审法院认为这强加的义务对申请人的权利义务不会产生直接影响,显然是矛盾的。此外,确认性质的内部行为,无论表现为行政机关内的事实认定阶段,抑或表现为一行政机关对另一行政机关的协力行为,实践中都未必会按照事实认定、作出决定到最后宣告的程序展开。从有效救济行政相对人的目的出发,应当肯定确认性质的内部行为的涉权性。国家税务总局出具的某《行政复议决定书》中认为:单纯认定事实的行政文书,应当进行实体审理。该案例中,税务处理决定书仅仅认定了虚开的事实而并未做如何处理,国家税务总局依然认为属于行政复议的实体审理范围。本案中,申请人的管辖税务机关仅凭《已证实虚开通知单》就要求申请人补缴税款及滞纳金,显然已经外化。根据《行政诉讼法》第九十一条第(四)项的规定,提起再审申请,请求:①撤销一审判决。②撤销二审判决。③撤销 2 号《决定书》,并判令被申请人受理申请人的行政复议申请。

被申请人 Y 市税务局答辩称:①原 Y 市国税局稽查局开具《已证实虚开通知单》的行为属于内部行为,并非对外行政确权行为,对相对人的权利义务不产生直接的影响。根据《发票协查管理办法》第二条、第九条、第十条的规定,税收违法案件发票协查是税务系统内部协同调查取证的方式。从《税收违法案件协查函》内容上看,上游税务机关明确要求下游税务机关查清下游涉案企业的基本情况、增值税抵扣凭证协查对应的物流、票流、资金流方面进行核查。《已证实虚开通知单》只是《税收违法案件协查函》的附件,同属于异地税务机关之间的协查文件,仅供税务机关内部使用,并不直接送达行政相对人。受托方税务稽查局在收到《税收违法案件协查函》以及《已证实虚开通知单》后对相关受托方纳税人展开调查,以调查下游企业是否存在税收违法行为。《税收违法案件协查函》以及《已证实虚开通知单》只是委托案件协查的内部文件及线索,仅作为税务机关的内部往来行政公文,并非对外行政确权行为,对相对人的权利义务不产生直接的影响。如被答辩人对相关行政处理或行政处罚不服的,应向作出具体行政处理或处罚的行政机关提起复议或诉讼。②本案不属于行政复议受案范围,答辩人作出不予受理复议的决定适用法律、法规正确。根据《发票协查管理办法》第十五条第一款:"有下列情形之一的,受托方应当按照《税务稽查工作规程》(国税发〔2009〕157号)①有关规定立案检查:(一)委托方已开具《已证实虚开通知单》的。"之规定,受托方税务机关仅将委托方开具的《税收违法案件协查函》以及《已证实虚开通知单》作为线索,对涉案企业开展立案检查,然后根据企业的税务违法情况作出处理,《已证实虚开通知单》作为税务机关内部流转的文书,并未对管理相对人的合法权益造成直接损害,不具有可诉性,不属于行政复议的受案范围。《Z市国家税务局(稽查局)税收违法案件协查回复函》的内容表明,原Z市国税局稽查局已对被答辩人立案检查;原Z市国税局稽查局仅将原Y市国税局稽查局开具的《已证实虚开通知单》作为涉嫌税务违法行为的线索,对被答辩人开展立案检查,再根据立案检查情况作出相应的税务处理。因此,根据《行政复议法》第六条的规定,《已证实虚开通知单》不属于行政的复议的受案范围。③答辩人作出2号《决定书》符合法定程序。根据《行政复议法》第十七条、第二十二条以及《税务行政复议规则》第四十四条、第四十五条等规定,答辩人在行政复议过程中遵循了法定的办案程序和时限,没有违反行政程序的行为。请求:

---

① 编者注:该文件已于2021年8月11日起废止,《税务稽查案件办理程序规定》(国家税务总局令第52号)于同日起施行,本案例下同。

驳回再审申请人的再审诉讼请求，维持一审、二审判决。

可见，申请人和被申请人争议的焦点在于：在发票协查案件中，协查方开具的《已证实虚开通知单》这一行为究竟是内部行政行为不具有可诉性，还是已经外化、影响到了涉税当事人的权利义务而具有可诉性。

3. 法院裁判主旨（再审）。

根据《发票协查管理办法》第二条、第七条、第九条第一款的规定，《税收违法案件协查函》是查办税收违法案件的税务稽查局将需异地调查取证的发票委托有管辖权的税务稽查局开展调查取证的相关活动的委托协查函，《已证实虚开通知单》属于《税收违法案件协查函》的具体内容或附件，是异地税务机关之间的内部公文，是行政行为之间确立委托协查关系的文件以及协查的工作内容，仅供税务机关内部使用，其性质显然属于内部行政行为。

根据《发票协查管理办法》第十五条第一款："有下列情形之一的，受托方应当按照《税务稽查工作规程》有关规定立案检查：（一）委托方已开具《已证实虚开通知单》的。"之规定，委托方开具的《已证实虚开通知单》是税务机关应当按照《税务稽查工作规程》有关规定立案检查的情形之一。从《已证实虚开通知单》的内容看，其只能证明委托方查处的发票属于虚开，并不能当然证明该发票的相关方具有税务违法行为。只有税务机关按照《税务稽查工作规程》立案检查作出的相关处理决定才能明确行政相对人的具体权利义务，才对行政相对人产生实际影响。本案中，虽然再审申请人H公司所在地的税务机关作出的税务处理决定明确涉案《已证实虚开通知单》是其作出补缴税款及收取滞纳金决定的证据，但是对再审申请人作出权利义务要求的是处理决定，涉案《已证实虚开通知单》作为定案证据，是作出处理决定的税务机关根据其职责作出的，当事人如对税务机关以涉案《已证实虚开通知单》作为定案证据有异议，可以通过对处理决定提出异议解决。

因此，《已证实虚开通知单》作为税务机关内部流转的文书，未对相关方的权利义务进行具体设定，不必然或直接对相关方产生实际影响。被申请人Y市税务局及一、二审法院认为再审申请人对涉案《已证实虚开通知单》的复议申请不属于行政复议的受案范围，有事实和法律依据。

4. 案例分析借鉴。

在发票协查案件中，对《已证实虚开通知单》的法律属性一直争议颇多。此案件表明：①《已证实虚开通知单》的法律性质属于税务机关之间的内部行政行为。②《已证实虚开通知单》不能当然证明该发票的相关方具有税务违法行为，不对涉税当事人的权利义务产生必然的影响，因此不能认为内部行为外部化了。③涉税当事人的救济路径只能是通过对《税务处理决定书》或是《税务行政处罚决定书》提起复议或者诉讼来获得。当然，这个案件也从另外一方面说明，对于受托方税务机关而言，即使是获得了委托方所出具的《已证实虚开通知单》，只能作为线索和立案依据对其管辖的企业展开检查，后续仍然要经过正式的调查取证来作出最终决定，不能仅凭《已证实虚开通知单》来定性并作出决定。

(四) 税务适用指南

要注意处罚协助的法律性质。处罚协助既不属于管辖权争议的处理，也不属于委托执法。协助处罚发生在无上下隶属关系的行政主体之间，而且只能是两个行政主体实施的行为，请求协助执法行为和协助执法行为是独立的职务行为。在税务稽查工作中，尤其是发票案件中，处罚协助较为常见，委托方和受委托方要按照《税收违法案件发票协查管理办法（试行）》（税总发〔2013〕66号）中的相关规定履行相应的手续。同时，对于《已证实虚开通知单》，受托方只能以此作为线索调查取证，而不能直接以此作为处理和处罚的依据。

三、案件移送

(一)《行政处罚法》的规定

第二十七条 违法行为涉嫌犯罪的，行政机关应当及时将案件移送司法机关，依法追究刑事责任。对依法不需要追究刑事责任或者免予刑事处罚，但应当给予行政处罚的，司法机关应当及时将案件移送有关行政机关。行政处罚实施机关与司法机关之间应当加强协调配合，建立健全案件移送制度，加强证据材料移交、接收衔接，完善案件处理信息通报机制。

(二) 税务适用操作指南

本部分涉及行刑衔接，具体见本书第八章"行政处罚决定的执行"，此处不再重复。

第四章　行政处罚的适用

第一节　责令改正与没收违法所得

一、责令改正

(一)《行政处罚法》的规定

第二十八条第一款　行政机关实施行政处罚时,应当责令当事人改正或者限期改正违法行为。

(二) 税法及其他关联规定

1.《税收征管法》

第六十条　纳税人有下列行为之一的,由税务机关责令限期改正,可以处二千元以下的罚款;情节严重的,处二千元以上一万元以下的罚款:

……

第六十一条　扣缴义务人未按照规定设置、保管代扣代缴、代收代缴税款账簿或者保管代扣代缴、代收代缴税款记账凭证及有关资料的,由税务机关责令限期改正,可以处二千元以下的罚款;情节严重的,处二千元以上五千元以下的罚款。

第六十三条　纳税人伪造、变造、隐匿、擅自销毁账簿、记账凭证,或者在账簿上多列支出或者不列、少列收入,或者经税务机关通知申报而拒不申报或者进行虚假的纳税申报,不缴或者少缴应纳税款的,是偷税。对纳税人偷税的,由税务机关追缴其不缴或者少缴的税款、滞纳金,并处不缴或者少缴的税款百分之五十以上五倍以下的罚款;构成犯罪的,依法追究刑事责任。

扣缴义务人采取前款所列手段,不缴或者少缴已扣、已收税款,由税务机关追缴其不缴或者少缴的税款、滞纳金,并处不缴或者少缴的税款百分之五十以上五倍以下的罚款；构成犯罪的，依法追究刑事责任。

第六十四条 纳税人、扣缴义务人编造虚假计税依据的，由税务机关责令限期改正，并处五万元以下的罚款。

……

2.《发票管理办法》

第三十五条 违反本办法的规定，有下列情形之一的，由税务机关责令改正，可以处1万元以下的罚款；有违法所得的予以没收：

……

第三十六条 跨规定的使用区域携带、邮寄、运输空白发票，以及携带、邮寄或者运输空白发票出入境的，由税务机关责令改正，可以处1万元以下的罚款；情节严重的，处1万元以上3万元以下的罚款；有违法所得的予以没收。

丢失发票或者擅自损毁发票的，依照前款规定处罚。

3.《税务行政处罚裁量权行使规则》（国家税务总局公告2016年第78号发布）

第十二条 税务机关应当责令当事人改正或者限期改正违法行为的，除法律、法规、规章另有规定外，责令限期改正的期限一般不超过三十日。

（三）典型案例解析

案例4-1 Y公司与Z市地方税务局稽查局等行政处理决定纠纷案[①]

1. 案件基本情况。

2014年1月14日，经有关部门转办，被告Z市地税局稽查局（以下简称稽查局）对原告Y公司2007年1月1日至2010年12月31日的涉税情况立案检查，查明如下事实：2007年1月1日至2010年12月31日，原告Y公司通过账外取得收入而未申报、账外发放工资、薪金与劳务报酬及账外取得收入未并计年度应纳税所得，虚增固定资产购置成本多计提折旧未作纳税调整等方式，少缴营业税、城市维护建设税等税费合计45585.57元；少代扣代缴个人所得税，合计少代扣代缴劳务报酬所得个人所得税447972.00元，工资、薪金所得个人所得税300952.17元；少申报缴纳企业所得税合计2496363.57元。因案情复杂，直至2015年9月29

[①] （2016）浙09行终37号。

日,稽查局作出税务处理决定,并于当月30日送达税务处理决定书。同年12月18日,Z市人民政府受理了原告的复议申请,复议决定维持了上述税务处理决定,并于当月15日送达该决定书。经查明,税务处理决定书倒数第二段有关处理决定的履行方式和期限表述为"以上应缴款项共计12635546.58元。限你单位自收到本决定书之日起15日内到Z市某地方税务局某税务分局将上述款项及时缴纳入库,并按照规定进行相关账务调整……"。

2. 案件争议焦点。

法院分别从事实、程序和法律适用三个角度归纳总结了案件的争议焦点,其中关于法律适用的争议之一:关于被上诉人稽查局在其作出的被诉税务处理决定中适用《国家税务总局关于贯彻〈中华人民共和国税收征收管理法〉及其实施细则若干具体问题的通知》(国税发〔2003〕47号)的合法性问题。即国税发〔2003〕47号文件第二条第三款的规定"扣缴义务人违反征管法及其实施细则规定应扣未扣、应收未收税款的,税务机关除按征管法及其实施细则的有关规定对其给予处罚外,应当责成扣缴义务人限期将应扣未扣、应收未收的税款补扣或补收"的合法性问题。上诉人认为,国税发〔2003〕47号文件属于一般规范性文件,与上位法《税收征管法》第六十九条的规定相冲突,增加了扣缴义务人的义务,被上诉人稽查局据此所作出的税务处理决定违法。而被上诉人稽查局认为该规定是对税收征管法的具体操作规定,没有对原扣缴义务人带来实体上的损害,也没有免除税务机关继续向纳税人追缴税款的责任和义务,并不属于构成对行政相对人的损益性或侵害性规定,未与上位法相冲突。

3. 法院裁判主旨。

国税发〔2003〕47号文件由国家税务总局依据《税收征管法》及其实施细则制定。根据《中华人民共和国个人所得税法》第八条[①]规定,个人所得税,以所得人为纳税义务人,以支付所得的单位或者个人为扣缴义务人。个人所得超过国务院规定数额的,在两处以上取得工资、薪金所得或者没有扣缴义务人的,以及具有国务院规定的其他情形的,纳税义务人应当按照国家规定办理纳税申报。扣缴义务人应当按照国家规定办理全员

---

① 编者注:2018年8月31日,第十三届全国人民代表大会常务委员会第五次会议修改了《中华人民共和国个人所得税法》,自公布之日起施行,因本案发生于2018年以前,此处为2018年以前的版本。

全额扣缴申报。该条款明确了支付个人所得的单位系个人所得税的扣缴义务人。根据《税收征管法》第六十九条规定，扣缴义务人应扣未扣、应收而不收税款的，由税务机关向纳税人追缴税款，对扣缴义务人处应扣未扣、应收未收税款50%以上3倍以下的罚款。该条款明确了扣缴义务人未履行扣缴义务时，由税务机关向纳税人追缴税款并可对扣缴义务人作出处罚。国税发〔2003〕47号文件第二条第三款依据《税收征管法》第六十九条制定，该条款明确了对于扣缴义务人未履行其扣缴义务的，在税务机关向纳税人追缴税款并可对扣缴义务人作出处罚外，扣缴义务人还应当限期补扣或补收其应扣未扣、应收未收的税款。即该条款强调的是扣缴义务人应当履行其本应承担的法定扣缴义务，并未加重扣缴义务人的法定义务，亦未减损其权利，且未免除税务机关向纳税人追缴税款的义务，符合《税收征管法》第六十九条的立法目的和授权范围。故被上诉人稽查局在其作出的被诉税务处理决定中适用国税发〔2003〕47号文件的规定，要求上诉人作为扣缴义务人履行扣缴个人所得税的法定义务，符合法律规定。

4. 案例分析借鉴。

本案例表面上看起来是在处理国税发〔2003〕47号文件第二条第三款的规定"扣缴义务人违反征管法及其实施细则规定应扣未扣、应收未收税款的，税务机关除按征管法及其实施细则的有关规定对其给予处罚外，应当责成扣缴义务人限期将应扣未扣、应收未收的税款补扣或补收"与《税收征管法》第六十九条的规定"扣缴义务人应扣未扣、应收而不收税款的，由税务机关向纳税人追缴税款，对扣缴义务人处应扣未扣、应收未收税款百分之五十以上三倍以下的罚款。"之间的矛盾，因为前者要求税务机关对扣缴义务人应扣未扣、应收未收的，责令扣缴义务人将未代扣代缴的部分限期补扣补收，后者则要求税务机关直接向纳税人征缴。而实质在于，当单行法没有特别规定行政机关处以行政处罚时可以责令改正或限期改正的时候，行政机关能否引用其他规定或者直接适用《行政处罚法》第二十八条第一款的规定，责令违法行为人自行改正。因为国税发〔2003〕47号文件第二条第三款的规定表述的就是扣缴义务人在未履行代扣代缴义务时，由税务机关责令其履行代扣代缴义务，这正是对《行政处罚法》第二十八条第一款规定的具体落实。

这个案例本身是针对行政处理决定书展开的诉讼，按《税收征管法》

第六十九条的规定该违法行为应作出罚款的行政处罚,至于为什么稽查局没有作出行政处罚决定这里暂且不加讨论,但可以看到的是,法院虽然没有提及《行政处罚法》第二十八条第一款的规定,但对国税发〔2003〕47号文件第二条第三款规定的法理分析是精准到位的,即"该条款强调的是扣缴义务人应当履行其本应承担的法定的扣缴义务,并未加重扣缴义务人的法定义务,亦未减损其权利,且未免除税务机关向纳税人追缴税款的义务,符合《税收征管法》第六十九条的立法目的和授权范围。"因为不减损和增加行政相对人的权利和义务,也不减损行政机关的法定职权,也进一步可以说明,即使不存在国税发〔2003〕47号文件第二条第三款规定,税务机关也可以直接适用《行政处罚法》第二十八条第一款的规定,责令扣缴义务人补扣补缴税款。

(四) 税务适用操作指南

关于行政处罚和责令改正以及责令限期改正的关系,其实就是行政处罚和恢复合法原状的关系,二者并行不悖、如影相随。从行政管理的角度来看,行政处罚本身不是目的,处罚的作用是提前震慑,让行政相对人自觉遵守规则。一旦发生了违法行为,行政相对人就处于一种违法状态,那么责令改正或是责令限期改正,其实就是要求行政相对人主动纠正这种违法行为和状态,恢复至原来的合法状态。行政机关的责令行为只是下了一道命令,其本身并不减少或增加行政相对人本来的权利义务。而行政处罚则是在原有法律规定的权利义务之外增加的一份惩戒措施,是为了确保法定权利义务得以实现的手段,其本身不能使得违法状态自动恢复至合法状态。所以行政相对人发生了行政违法行为,一方面《行政处罚法》要求行政机关敦促违法行为者自我纠错,另一方面对其违法行为施加惩戒。当然这一条款适用的前提是违法状态可以恢复至合法状态时,如果是已经发生且不能恢复的,比如闯红灯这一违法行为,就只能单纯地处以行政处罚。大部分税收违法行为是可以事后弥补的,违法行为人可以重新通过自己的行为使得违法状态恢复至合法状态,因此《税收征管法》和《发票管理办法》针对税收和发票违法行为,规定了不少同时并用责令改正和行政处罚的条款。且从行政目的实现的角度来讲,恢复原状是主要目的,处罚是为确保目的实现的手段。当违法当事人拒绝自我纠错,且处罚也没有起到相应的震慑效果时,最终要借助于公权力的强制执行来强行恢复合法状态。

当责令改正或责令限期改正在具体行政领域的单行法规定中并未特别以条

文的形式规定时，作为行政执法机关的税务机关能否直接适用《行政处罚法》第二十八条第一款的规定，或者以其他法律位阶较低的规范性文件作为依据来作出责令改正或者责令限期改正的行政命令呢？根据《行政处罚法》的立法用语"应当"的表述，责令改正是法定义务。无论从典型案例的分析还是责令改正的法理分析来看，都应当作出责令行为。所以，税务机关作出"责令改正或责令限期改正"也不仅限于《税收征管法》和《发票管理办法》有明确规定的条款，也及于其他的税收违法行为。而且，从上述典型案例和法理分析来看，即使出于各种原因行政机关没有最终作出处罚决定，但在执法过程中只要确认存在违法行为且非法状态仍在持续，就应当责令改正或责令限期改正。

如果没有法律、法规、规章和其他规范性文件的特别要求，责令改正和责令限期改正并不一定非要采用《责令改正通知书》或是《责令限期改正通知书》的书面形式，以口头形式也是可以的，但是要留有证据。当然，从行政机关便于在诉讼中提供证据的角度来看，采用书面方式可以更有效地防范执法风险。图4-1是《责令限期改正通知书》的文书式样，该文书为A4型竖式，一式二份，税务机关一份，税务行政相对人一份。

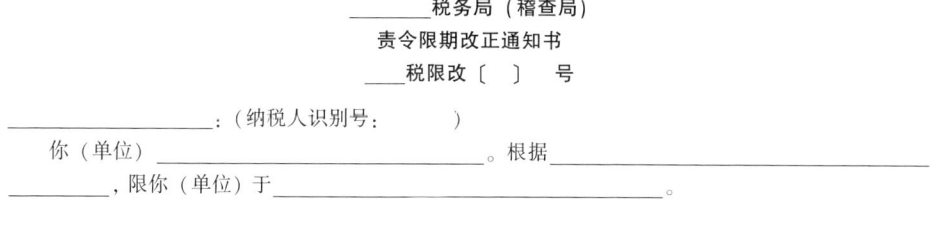

图4-1 《责令限期改正通知书》式样

另外，即使采用书面形式，责令改正或责令限期改正也不一定都体现在上述两种文书之中。比如本书将《税收征管法》第六十三条也列入行政处罚和责令限期改正的范畴之内，是因为第六十三条除了针对偷税规定了行政处罚之外，也规定了行政处理。而在税务处理的内容中，除了确认涉税当事人的偷税行为之外，还要求其在一定期限内将其偷逃的税款补缴回来，本质上也是责令其限期改正。

注意责令限期改正的期限，按照《税务行政处罚裁量权行使规则》（国家税务总局公告 2016 年第 78 号发布）第十二条的规定，除非有法律、法规、规章的特别规定，一般不超过 30 日。

二、没收违法所得

（一）《行政处罚法》的规定

第二十八条第二款　当事人有违法所得，除依法应当退赔的外，应当予以没收。违法所得是指实施违法行为所取得的款项。法律、行政法规、部门规章对违法所得的计算另有规定的，从其规定。

（二）税法及其他关联规定

1. 《税收征管法》

第七十一条　违反本法第二十二条规定，非法印制发票的，由税务机关销毁非法印制的发票，没收违法所得和作案工具，并处一万元以上五万元以下的罚款；构成犯罪的，依法追究刑事责任。

2. 《税收征管法实施细则》

第九十三条　为纳税人、扣缴义务人非法提供银行账户、发票、证明或者其他方便，导致未缴、少缴税款或者骗取国家出口退税款的，税务机关除没收其违法所得外，可以处未缴、少缴或者骗取的税款 1 倍以下的罚款。

第九十九条　税务机关对纳税人、扣缴义务人及其他当事人处以罚款或者没收违法所得时，应当开付罚没凭证；未开付罚没凭证的，纳税人、扣缴义务人以及其他当事人有权拒绝给付。

3. 《发票管理办法》

第三十五条　违反本办法的规定，有下列情形之一的，由税务机关责令改正，可以处 1 万元以下的罚款；有违法所得的予以没收：

（一）应当开具而未开具发票，或者未按照规定的时限、顺序、栏目，全部联次一次性开具发票，或者未加盖发票专用章的；

（二）使用税控装置开具发票，未按期向主管税务机关报送开具发票的数据的；

（三）使用非税控电子器具开具发票，未将非税控电子器具使用的软件程序说明资料报主管税务机关备案，或者未按照规定保存、报送开具发票的数据的；

（四）拆本使用发票的；

（五）扩大发票使用范围的；

（六）以其他凭证代替发票使用的；

（七）跨规定区域开具发票的；

（八）未按照规定缴销发票的；

（九）未按照规定存放和保管发票的。

第三十六条 跨规定的使用区域携带、邮寄、运输空白发票，以及携带、邮寄或者运输空白发票出入境的，由税务机关责令改正，可以处 1 万元以下的罚款；情节严重的，处 1 万元以上 3 万元以下的罚款；有违法所得的予以没收。

丢失发票或者擅自损毁发票的，依照前款规定处罚。

第三十七条 违反本办法第二十二条第二款的规定虚开发票的，由税务机关没收违法所得；虚开金额在 1 万元以下的，可以并处 5 万元以下的罚款；虚开金额超过 1 万元的，并处 5 万元以上 50 万元以下的罚款；构成犯罪的，依法追究刑事责任。

非法代开发票的，依照前款规定处罚。

第三十八条 私自印制、伪造、变造发票，非法制造发票防伪专用品，伪造发票监制章的，由税务机关没收违法所得，没收、销毁作案工具和非法物品，并处 1 万元以上 5 万元以下的罚款；情节严重的，并处 5 万元以上 50 万元以下的罚款；对印制发票的企业，可以并处吊销发票准印证；构成犯罪的，依法追究刑事责任。

前款规定的处罚，《中华人民共和国税收征收管理法》有规定的，依照其规定执行。

第三十九条 有下列情形之一的，由税务机关处 1 万元以上 5 万元以下的罚款；情节严重的，处 5 万元以上 50 万元以下的罚款；有违法所得的予以没收：

（一）转借、转让、介绍他人转让发票、发票监制章和发票防伪专用品的；

（二）知道或者应当知道是私自印制、伪造、变造、非法取得或者废止的发票而受让、开具、存放、携带、邮寄、运输的。

第四十一条 违反发票管理法规，导致其他单位或者个人未缴、少缴或者骗取税款的，由税务机关没收违法所得，可以并处未缴、少缴或者骗取的税款

1倍以下的罚款。

(三) 典型案例解析

案例 4-2　施某虚开增值税专用发票、用于骗取出口退税、抵扣税款发票罪案件①

1. 案件基本情况。

被告人施某伙同他人在无实际货物交易的情况下，为他人虚开增值税专用发票，虚开税款数额共计人民币 3317278.69 元，其行为已构成虚开增值税专用发票罪。依据被告人施某虚开增值税专用发票的发票金额、税额、税负，蔡某等人的证言，以及书证《收支簿》中记录的开票费用及被告人施某个人储蓄存款账户资金回流的情况，证明开票费用为发票金额的 11.6%。

2. 法院裁判主旨。

根据有利于被告人原则，扣除被告人施某向所在地税务机关缴纳的所得税和增值税，以及为获取进项税接受他人为其虚开的增值税发票费用外，依法认定被告人施某等人共计违法所得约 70 万元。最后法院判决该 70 万元予以没收。

3. 案例分析借鉴。

这是一起关于暴力虚开案件收取手续费后产生违法所得，其金额应该如何计算的典型案例。关于违法所得到底如何计算，按照现行规定，是指"实施违法行为所取得的款项"。但是这样的界定依然是不清楚的。这里存在两个问题：一是实施违法行为所取得的款项，是指所取得的全部款项，还是可以扣除实施违法行为的部分成本？实践中，因不同部门相关规定的不同，分为"营收说"和"利润说"，② 但都没有在立法上得到体现。从本案例的判决来看，似乎是可以扣除"为获取进项税接受他人为其虚开的增值税发票费用"，也即合理的必要的费用，采用了"利润说"的观点。

(四) 税务适用操作指南

《行政处罚法》第二十八条第二款是本次修订《行政处罚法》新增加的条

---

① (2017) 闽 0821 刑初 2 号。
② 袁雪石. 中华人民共和国行政处罚法释义 [M]. 北京：中国法制出版社，2021：68-70.

款，明确了违法所得是指"实施违法行为所取得的款项"。正如上述案例分析的一样，当前税务机关对于"实施违法行为所取得的款项"的具体范畴，观点不一，各地执行标准和把握的尺度也不一致。因此，建议税务主管部门对此作出规定，便于各级税务机关执行。

税务机关对涉税当事人没收违法所得的，必须开具罚没凭证。

第二节　一事不再罚

一、《行政处罚法》的规定

第二十九条　对当事人的同一个违法行为，不得给予两次以上罚款的行政处罚。同一个违法行为违反多个法律规范应当给予罚款处罚的，按照罚款数额高的规定处罚。

二、税法及其他关联规定

《税务行政处罚裁量权行使规则》（国家税务总局公告 2016 年第 78 号发布）

第十三条　对当事人的同一个税收违法行为不得给予两次以上罚款的行政处罚。

当事人同一个税收违法行为违反不同行政处罚规定且均应处以罚款的，应当选择适用处罚较重的条款。

三、典型案例解析

案例 4-3　郭某诉 B 市公安局公安交通管理局 F 交通支队某大队道路行政处罚案[①]

1. 案件基本情况。

2019 年 3 月 25 日，郭某驾驶×××小客车，停在 F 区某小区附近非停车泊位、非停车场的道路上。据郭某陈述，该车辆在 2019 年 3 月 25 日至 2019 年 4 月 4 日期间未曾移动。某大队称不能确定该车辆在此期间是否

---

① （2019）京 0106 行初 264 号。

曾发生移动。2019 年 3 月 26 日、3 月 27 日、3 月 28 日、3 月 31 日、4 月 2 日、4 月 4 日，某大队所属的交通协管员分别在×××小客车上粘贴《××市交通协管员道路停车记录告知单》，主要内容为："车辆类型：小型客车，车辆牌号×××，地点 F 区 N 乡其他道路。上述时间、地点该机动车未在道路停车泊位或停车场内停放，根据《B 市实施〈中华人民共和国道路交通安全法〉办法》第七十九条第四款的规定，已对以上事实作了图像记录。此告知单及图像记录将提供给某大队审核。"郭某于 3 月 29 日在"交管 12123"APP 上对 2019 年 3 月 26 日、3 月 27 日、3 月 28 日的违法行为接受处理。2019 年 4 月 3 日，郭某在"交管 12123"APP 上对 2019 年 3 月 31 日的违法行为接受处理。2019 年 4 月 5 日，郭某在"交管 12123"APP 上对 2019 年 4 月 2 日的违法行为接受处理。2019 年 4 月 6 日，郭某在"交管 12123"APP 上对 2019 年 4 月 4 日的违法行为接受处理，每次都是缴纳罚款 200 元。上述 6 次行政处罚后，郭某对于某大队对其 2019 年 3 月 27 日、3 月 28 日、3 月 31 日、4 月 2 日、4 月 4 日违法行为的行政处罚行为不服，遂提起诉讼。此外，2018 年 12 月 23 日，郭某因其于 2018 年 12 月 17 日在本案同一路段实施机动车违法停车行为，被某大队处以罚款 200 元。另查明，"交管 12123"APP 在违法行为人接受交通违法处理前会弹出"业务须知"，其中第 8 项载明："如您对违法事实有异议，请前往违法发生地公安机关交通管理部门办理"。该"业务须知"需点击"阅读并同意"后方可继续进行交通违法处理。

2. 案件争议焦点。

本案的争议焦点在于某大队对郭某的违法停放车辆行为的行政处罚是否违反"一事不再罚"原则。

3. 法院裁判主旨。

法院认为，被诉处罚决定不违反"一事不再罚"原则。其一，《行政处罚法》第二十四条①规定，对当事人的同一个违法行为，不得给予两次以上罚款的行政处罚。"一事不再罚"原则适用的前提为"一事"，即"同一个违法行为"。同一个违法行为应当包含内在意思决定、外在行为表现以及法律规范评价三个要件。如果违法行为人明知其行为的违法性并

---

① 编者注：2021 年 1 月 22 日，中华人民共和国第十三届全国人民代表大会常务委员会第二十五次会议修订了《中华人民共和国行政处罚法》，自 2021 年 7 月 15 日起施行，因本案发生于 2021 年以前，故此处引用的是 2021 年以前的版本。

且可以预见将受到行政处罚的法律后果，置行政机关的多次违法行为告知于不顾，仍然继续实施违法行为，应当以行政机关的告知行为为限认定违法行为人在告知后产生了新的违法故意，因而将每次告知后的违法行为认定为新的违法行为，总体上将行为人的违法行为界定为连续发生的数个违法行为而非同一个违法行为。本案中，郭某曾于2018年12月因在本案同一路段违法停车被某大队处以罚款200元，其明确知晓本案被处罚行为的违法性及法律后果。2019年3月25日至4月4日，郭某将其驾驶的×××小客车停放在非停车泊位、非停车场的涉案路段，目前证据不能确定×××小客车在此期间是否曾移动位置。即使未曾移动位置，郭某经某大队的交通协管员6次告知均未停止违法停车行为，应将其违法行为认定为独立连续的6个违法行为分别处罚，并不违反"一事不再罚"原则。且"交管12123"APP明确告知如果对违法事实有异议应到交管部门办理，但郭某主动在"交管12123"APP上接受了6次行政处罚。

4. 案例分析借鉴。

本案例最关键的意义在于提出了如何去判断"一事不再罚"中的"一事"。法院明确提出"一事"就是指"一个违法行为"，且提出了三要件说，即"内在意思决定、外在行为表现以及法律规范评价"。但本案最经典的部分在于法院论述以行政机关的告知次数来判断犯意次数，进而去判断违法次数。

四、税务适用操作指南

在"一事不再罚"原则的适用过程中，需要界定两个要素，一个是何为"一事"？另外一个就是何为"不再罚"？对于后者，虽然学术界一直存在异议，[①] 但无论是旧《行政处罚法》还是新《行政处罚法》，在立法上都明确界定为"罚款"而不包括其他种类的行政处罚。从这个角度来讲，"一事不再罚"或许表述为"一事不再罚款"比较妥当。对于何为"一事"？"一事"其实主要是指"一个违法行为"，"可界定为同一行为主体在紧密连接的同一时间空间内，基于同一意思而实施的一次行为。"[②] 在典型案例中，法院提出了"一个行为"的判断标准"应当包含内在意思决定、外在行为表现以及法律

[①] 姜明安. 精雕细刻，打造良法：修改《行政处罚法》的十条建议 [J]. 中国法律评论，2020 (5)：4-5；李洪雷. 论我国行政处罚制度的完善：兼评《中华人民共和国行政处罚法（修订草案）》[J]. 法商研究，2020 (6)：14.

[②] 马怀德. 《行政处罚法》修改中的几个争议问题 [J]. 华东政法大学学报，2020 (4)：14.

规范评价三个要件"。如果一个违法状态呈现出持续的样态时,那么内在意思决定的次数也可以成为判断违法行为的次数,而如何去判断内在意思决定的次数呢?法院认为:"如果违法行为人明知其行为的违法性并且可以预见将受到行政处罚的法律后果,置行政机关的多次违法行为告知于不顾,仍然继续实施违法行为,应当以行政机关的告知行为为限认定违法行为人在告知后产生了新的违法故意,因而将每次告知后的违法行为认定为新的违法行为,总体上将行为人的违法行为界定为连续发生的数个违法行为而非同一个违法行为。"这一判决也为税务行政执法中的连续性偷税或是虚开等税收违法行为提供了案件办理的思路,即如果税务机关发出《税务事项通知书》之后纳税人仍然继续偷税或是虚开的,就可以视为数个连续的违法行为而不是一个违法行为。

如何理解本次新《行政处罚法》第二十九条新增加的内容,即"同一个违法行为违反多个法律规范应当给予罚款处罚的,按照罚款数额高的规定处罚"的规定?"从文义解释的角度出发,该条文的意思应当理解为,就同一个违法行为,在同时违反多个法律规范时,可以给予多个行政处罚。但若选择罚款进行处罚的话,只能进行一次罚款,而不能多次罚款……对于罚款以外的其他类型处罚,如没收违法所得、暂扣或吊销许可证等,原则上可以并处。因为不同类型的处罚在制裁效果和目的上都有较大差异,允许并处更有利于行政目的的实现。"[①]

第三节 从轻、减轻行政处罚

一、应当从轻、减轻行政处罚

(一)《行政处罚法》的规定

第三十条 ……已满十四周岁不满十八周岁的未成年人有违法行为的,应当从轻或者减轻行政处罚。

第三十二条 当事人有下列情形之一,应当从轻或者减轻行政处罚:

---

① 马怀德.《行政处罚法》修改中的几个争议问题[J]. 华东政法大学学报,2020(4):14-15.

(一) 主动消除或者减轻违法行为危害后果的;
(二) 受他人胁迫或者诱骗实施违法行为的;
(三) 主动供述行政机关尚未掌握的违法行为的;
(四) 配合行政机关查处违法行为有立功表现的;
(五) 法律、法规、规章规定其他应当从轻或者减轻行政处罚的。

(二) 税法及其他关联规定

《税务行政处罚裁量权行使规则》(国家税务总局公告 2016 年第 78 号发布)
第十五条 当事人有下列情形之一的,应当依法从轻或者减轻行政处罚:
(一) 主动消除或者减轻违法行为危害后果的;
(二) 受他人胁迫有违法行为的;
(三) 配合税务机关查处违法行为有立功表现的;
(四) 其他依法应当从轻或者减轻行政处罚的。

(三) 典型案例解析

案例 4-4 Z 省 G 房地产开发有限公司与国家税务总局 H 市税务局稽查局税务行政处理、处罚纠纷案①

1. 案件基本情况。

2013 年 11 月 27 日,H 市地税局稽查一局到 G 房地产开发有限公司(以下简称 G 公司)进场检查,并查明 G 公司未按规定缴纳 2013 年 1 月至 10 月部分售房预收账款营业税、城市维护建设税、教育费附加、地方教育附加、城镇土地使用税及加收滞纳金共计 11866693.86 元。2014 年 2 月 21 日至 3 月 14 日,G 公司向 H 市地税局某税务分局缴纳了上述税款及滞纳金,并于 2014 年 5 月 5 日向稽查一局提交情况说明并申请审核。2014 年 11 月 17 日稽查一局对 G 公司分别作出了《税务行政处理决定》和《税务行政处罚决定》,但未对上述已补缴税款和滞纳金的事实加以考虑。

2. 案件争议焦点。

关于原地税局稽查一局作出被诉税务处理决定和处罚决定对 G 公司在此前向原 H 市地税局某税务分局补缴税款的事实未予认定是否得当。

---
① (2020) 浙行再 44 号。

3. 法院裁判主旨。

法院认为，虽然G公司在原地税局稽查一局进行税务检查后补缴税款的行为并不影响对其行为性质的认定。但行政机关在履行职责对涉嫌违法行为进行调查过程中，按照依法、全面原则进行调查是依法行政的应有之义。行政机关不仅应调查、核实行政相对人行为是否构成违法，还应调查、核实行政相对人是否具有从轻、减轻或者免除处罚的量罚情节，为调查、核实违法行为后的处理、处罚提供真实、全面的案件材料基础，从而作出公正的处理、处罚。因此，原地税局稽查一局在作出税务处理决定前对G公司向其反映已补缴涉案税款这一事实具有调查、核实的职责。G公司在案发后积极补缴税款，使案涉税款及早解缴入库，其行为在一定程度上减轻了其违法行为的危害后果。原地税局稽查一局作出的被诉税务处理决定未认定G公司已补缴争议税款这一事实，导致G公司无法依照《行政处罚法》第二十七条①规定获得从轻、减轻处罚的机会。而且，被诉税务处理决定对G公司已补缴的相关案涉税款又作出追缴处理，显属不当。

4. 案例分析借鉴。

这个案例给出的重要启示就是，税务机关在作出行政处罚时，一定要客观、全面、完整地收集证据，对涉税当事人存在应当从轻、减轻行政处罚的情节的，必须加以考虑，且在行政处罚决定书中予以体现。之前有不少案例都判决税务稽查后补缴税款不影响偷税的定性，因为故意这个违法行为的主观状态判断标准是在从事违法行为时，而不是在被稽查局发现后。但是这个案件也明确指出，稽查局立案检查后处理、处罚决定前主动补缴税款的，属于主动减轻违法行为的危害后果，应该成为"应当从轻、减轻行政处罚"的考量因素，并在税务处罚决定文书中得到相应的体现。

（四）税务适用操作指南

《税务行政处罚裁量权行使规则》（国家税务总局公告2016年第78号发布）第十五条的规定还停留在旧《行政处罚法》第二十七条第一款的规定上，因出台了新《行政处罚法》第三十二条的规定，因此新《行政处罚法》生效

---

① 编者注：2021年1月22日，中华人民共和国第十三届全国人民代表大会常务委员会第二十五次会议修订了《中华人民共和国行政处罚法》，自2021年7月15日起施行，因本案发生于2021年以前，故此处引用的是2021年以前的版本。

实施后，违法事实发生在新法生效期间的，适用新《行政处罚法》第三十二条的规定。

在检查和调查过程中，税务机关不仅需要收集相对人违法的证据，也应当注意收集有利于相对人的证据，包括应当从轻或者减轻行政处罚的证据，并在最终的决定中加以考虑，且反映在处罚决定的文书中。

从轻行政处罚和减轻行政处罚是两个不同的概念。很多省税务局制定的税务行政处罚裁量权基准中对从轻处罚和减轻处罚下了定义和区分。如《海南省税务行政处罚裁量权实施办法》（国家税务总局海南省税务局公告2021年第10号）第十二条第（七）项规定："从轻处罚，是指根据违法行为情节、性质、危害程度等因素，在《海南省税务行政处罚裁量基准》规定的对应档次内确定较低或较轻的处罚。减轻处罚，是指在对应的处罚幅度最低限以下依法对当事人给予的行政处罚。"《广东省税务系统规范税务行政处罚裁量权实施办法》（国家税务总局广东省税务局公告2021年第2号）第十条第二款和第三款规定："从轻处罚，是指根据税收违法行为的事实、性质、情节、社会危害程度等因素，在《裁量基准》所规定档次内按较轻的幅度，或由《裁量基准》对应的处罚较重的档次调整为处罚相对轻的档次，依法确定处罚。减轻处罚，是指根据税收违法行为的事实、性质、情节、社会危害程度、危害后果等因素，低于法定处罚标准，依法确定处罚。"以偷税为例，对于偷税的税务行政处罚，《税收征管法》第六十三条规定的罚款幅度是"不缴或者少缴的税款百分之五十以上五倍以下"，如果是从轻行政处罚，则是在低档次内，比如0.5倍、0.8倍进行处罚，而如果是减轻处罚，则是低于0.5倍。税务行政执法实践中，税务机关在对某一税收违法行为定性为偷税的情况下，如果存在主动纠错，如案例中补缴税款的情形，就会习惯性地适用"从轻行政处罚"，即在0.5倍至5倍的处罚幅度内选择低档，一般都小于少缴税款1倍的行政处罚。但鲜有税务机关适用"减轻行政处罚"，即施加0.5倍以下的行政处罚。仅仅从《行政处罚法》的规定来看，"减轻行政处罚"也是行政机关的选项之一，行政机关有职权在面对不同的案情时去判断到底该适用"从轻行政处罚"还是"减轻行政处罚"。税务执法实践中，有些税务机关已经开始在偷税的处罚上适用"减轻行政处罚"，比如国家税务总局苏州市税务局第三稽查局在出具的税务行政处罚事项告知书中就告知涉税当事人，虽然对其违法行为定性为偷税，但鉴于其有主动纠正的行为，拟对其处以少缴税款40%的罚款。[1] 从本段

---

[1] 苏州税三稽告〔2021〕122号。

落一开始的定义来看,从轻和减轻的选择适用,对行政相对人的影响还是很大的,因此有必要在修订《税务行政处罚裁量权行使规则》时将具体哪些情形应当从轻、哪些情形应当减轻,进行具体规定,以防止税务机关在执法过程中的裁量权滥用。

二、可以从轻、减轻行政处罚

(一)《行政处罚法》的规定

第三十一条 ……尚未完全丧失辨认或者控制自己行为能力的精神病人、智力残疾人有违法行为的,可以从轻或者减轻行政处罚。

(二) 税务适用操作指南

本条款是本次修订《行政处罚法》新增加的内容,在旧《行政处罚法》中并不存在可以从轻、减轻行政处罚的情形。这种情形在税务执法案件中也很少见,但随着个人所得税和社会保险费的追缴征收,有可能会适用到该条款。

第四节 不予行政处罚

一、应受行政处罚行为主观要件缺失

(一)《行政处罚法》的规定

第三十条 不满十四周岁的未成年人有违法行为的,不予行政处罚,责令监护人加以管教,……

第三十一条 精神病人、智力残疾人在不能辨认或者不能控制自己行为时有违法行为的,不予行政处罚,但应当责令其监护人严加看管和治疗。……

第三十三条第二款 当事人有证据足以证明没有主观过错的,不予行政处罚。法律、行政法规另有规定的,从其规定。

第三十三条第三款 对当事人的违法行为依法不予行政处罚的,行政机关应当对当事人进行教育。

(二) 税法及其关联规定

1. 《税务行政处罚裁量权行使规则》(国家税务总局公告 2016 年第 78 号发布)

第十四条 当事人有下列情形之一的，不予行政处罚：

（一）违法行为轻微并及时纠正，没有造成危害后果的；

（二）不满十四周岁的人有违法行为的；

（三）精神病人在不能辨认或者不能控制自己行为时有违法行为的；

（四）其他法律规定不予行政处罚的。

2. 《国家税务总局办公厅关于呼和浩特市昌隆食品有限公司有关涉税行为定性问题的复函》(国税办函〔2007〕513 号)

《税收征管法》未具体规定纳税人自我纠正少缴税行为的性质问题，在处理此类情况时，仍应按《税收征管法》关于偷税应当具备主观故意、客观手段和行为后果的规定进行是否偷税的定性。税务机关在实施纳税检查前纳税人自我纠正属补报补缴少缴的税款，不能证明纳税人存在偷税的主观故意，不应定性为偷税。

3. 《国家税务总局关于税务检查期间补正申报补缴税款是否影响偷税行为定性有关问题的批复》(税总函〔2013〕196 号)

税务机关认定纳税人不缴或者少缴税款的行为是否属于偷税，应当严格遵循《税收征管法》第六十三条的有关规定。纳税人未在法定的期限内缴纳税款，且其行为符合《税收征管法》第六十三条规定的构成要件的，即构成偷税，逾期后补缴税款不影响行为的定性。纳税人在稽查局进行税务检查前主动补正申报补缴税款，并且税务机关没有证据证明纳税人具有偷税主观故意的，不按偷税处理。

4. 《国家税务总局关于北京聚菱燕塑料有限公司偷税案件复核意见的批复》(税总函〔2016〕274 号)

根据《中华人民共和国企业所得税法实施条例》第三十六条，该企业为部分管理人员购买的商业保险支出不得在企业所得税税前扣除。但是，该企业税前扣除的上述支出，是企业真实发生的支出。根据你局提供的材料：一、除本案所涉及稽查外，未对该企业进行过其他稽查立案处理；二、除本案所涉违规列支行为外，未发现该企业成立以来存在其他违规列支行为；三、本案所涉该企业为部分管理人员购买的商业保险已在当期代扣代缴了个人所得税。据此，从证据角度不能认定该企业存在偷税的主观故意。综上，我局同意你局的第二种复核意见，即不认定为偷税。

（三）典型案例

案例 4-5　Z 省 G 房地产开发有限公司与国家税务总局 H 市税务局稽查局税务行政处理、处罚纠纷案①

1. 案件基本情况。

原 H 市地方税务局稽查一局（以下简称稽查局）根据税务举报对 G 房地产开发有限公司（以下简称 G 公司）进行立案稽查。后作出《税务处理决定书》，认定 G 公司存在下述违法事实：G 公司未按规定足额申报缴纳营业税金及附加，未按规定申报缴纳城镇土地使用税。并根据《税收征管法》第六十三条第一款的规定，认定 G 公司构成偷税，追征未按期缴纳的营业税、城市维护建设税、城镇土地使用税税款，并按日加收滞纳税款 0.5‰的滞纳金。另根据上述事实作出《税务行政处罚决定书》，对 G 公司的偷税行为进行处罚。

G 公司不服，提起了复议、诉讼，一直到再审。再审查明，G 公司案涉售房预收账款由银行打入 G 公司账户后，G 公司均列为预收款入账，并向税务机关报送了相关财务会计报表，且向购房人全额开具了不动产销售发票。G 公司主张，之所以出现一部分预收账款未申报缴纳营业税的情况，是因为公司财务人员在归集营业税应税营业额时未将银行贷款支付的预收款统计在内，并非出于少缴税款的目的故意为之，税务机关不应按偷税对其进行行政处罚。而稽查局辩称，税法并没有强调偷税的主观故意，且《税收征管法》第六十三条规定的四种手段其中一种为虚假申报。G 公司未如实申报，属于虚假申报，构成偷税。

2. 案件争议焦点。

关于稽查局认定 G 公司偷税的依据是否充分，即主观故意是不是构成偷税的构成要件。

3. 法院裁判主旨。

偷税，是指纳税人以不缴或少缴税款为目的，采取伪造、变造、隐匿、擅自销毁账簿、记账凭证，或者在账簿上多列支出或者不列、少列收入，或者采取各种不公开的手段，或者进行虚假的纳税申报的手段，隐瞒

---

① （2020）浙行再 44 号。

真实情况，不缴或者少缴税款的行为。《国家税务总局关于税务检查期间补正申报补缴税款是否影响偷税行为定性有关问题的批复》（税总函〔2013〕196号）、《国家税务总局关于北京聚菱燕塑料有限公司偷税案件复核意见的批复》（税总函〔2016〕274号）等批复中均认为存在偷税的主观故意系认定偷税的构成要件之一。故稽查局称税法并没有强调偷税主观故意的意见，与法不符，不能成立。而对于行为人主观故意的认定，通常应从行为人的具体行为进行综合分析。鉴于在行政诉讼中，行政机关对其作出的行政行为的合法性负有举证责任。因此，税务机关对偷税违法行为的认定、处理，应当对当事人不缴、少缴应纳税款的主观故意进行调查、认定，并在行政诉讼程序中就此承担举证责任。具体到本案，稽查局提供的证据仅能证明 G 公司存在未按规定按期足额申报缴纳相关税款的行为，未能证明 G 公司该行为的目的是不缴或少缴税款。相反，在案证据反映，G 公司案涉售房预收账款由银行打入 G 公司账户后，G 公司均列为预收款入账，并向税务机关报送相关财务会计报表，未发现有伪造、变造、隐匿、擅自销毁账簿、记账凭证，在账簿上多列支出或者不列、少列收入的情形。而且，房产销售过程中，购房者通常都会在房屋交付后为办理不动产权证要求房地产开发公司开具销售发票。因此，G 公司也难以通过不开具销售发票的手段隐瞒实际销售款项达到不缴或少缴相关税款的目的。综上，本案在稽查局未能提供足够证据证明 G 公司具有偷逃案涉税款故意的情况下，适用《税收征管法》第六十三条第一款的规定作出被诉税务处理决定，认定 G 公司未按规定按期足额申报缴纳相关税款的行为为偷税并作处理，依据不足，依法应予撤销。

4. 案例分析借鉴。

关于《税收征管法》第六十三条第一款的规定，即关于偷税的构成要件中是否包含主观故意，在新《行政处罚法》出台之前，就一直争议不断。税务执法实务中，有的执法人员认为偷税的构成要件中不包含主观故意。但其实早在1996年制定《行政处罚法》之初，有学者就注意到，"有许多法律用语，本身就包含着故意的因素，法律通常不以故意加以限定（如写成故意伪造、故意假冒等）。因此，在适用行政处罚的过错要件时，应当辨明特定的法律用语是否已经包含有故意的内涵，不能简单地以法律没有明确写明故意字样就误以为该处罚不以故意为要件。"[1]随着《行

---

[1] 江必新. 论应受行政处罚行为的构成要件[J]. 法律适用，1996（6）：5.

政处罚法》第三十三条第二款的新增加，现在在主观过错的要件问题上不应该再有争议了，加上这些年陆陆续续的法院判决①，对偷税的处罚，应当以主观过错作为要件。

只是，和本案判决不同的是，新《行政处罚法》出台后，在举证责任的分配上，采用的是过错推定原则，即将不存在主观过错由涉税当事人来进行举证。在行政违法案件中，一般认为行政相对人的过错本身就蕴含在违法行为之中了。因此，在偷税案件中，税务机关只要证明四种偷税手段的存在即可，如果涉税当事人不能有效证明自己不存在主观过错，那就推定为存在过错，就应受到税务行政处罚。

因此，此后税务机关在诉讼中关于是否构成偷税的答辩要点，不在于《税收征管法》第六十三条第一款是否要求主观故意，而在于涉税当事人是否能提供充分的证据证明自己不存在主观过错。其他行政处罚的案件在主观过错问题上有争议的同样适用。

(四) 税务适用指南

违法行为主观要件缺失的，虽然存在违法行为，但不具有可谴责性，因此不能处以行政处罚，这是过错归责原则的必然体现。早在1996年，就有学者提出应受行政处罚的行为的构成要件，包括："第一，行为必须是违反了行政法上的义务；第二，行为人在主观上具有过错；第三，行为人必须具有责任能力；第四，行为具备特定法律规范的限制性条件。"② 其中第二和第三都属于主观要件方面的要求。应受行政处罚行为的主观要件缺失表现在两个方面：一是责任能力不够，比如未满十四周岁的未成年人或者精神病人、智力残疾人在不能辨认或者不能控制自己行为时从事违法行为的，不能给予行政处罚，这体现在新《行政处罚法》的第三十条、第三十一条中；二是缺乏主观过错要件的，也不能给予行政处罚。这体现在了新《行政处罚法》第三十三条的第二款中。

新《行政处罚法》第三十三条第二款一方面承认了主观过错是构成应受行政处罚行为的构成要件，但同时又采用了过错推定的立法方式，将举证责任配置在了行政相对人一方。也就是说，行政机关只要证明当事人存在违法行为，而由当事人自己举证来证明自己不存在主观过错，如果证明有效，就不能

---

① 将主观故意作为偷税要件的还可参考如下判决：(2018) 苏01行终1027号。
② 江必新. 论应受行政处罚行为的构成要件 [J]. 法律适用, 1996 (6): 3.

予以行政处罚。除非法律、法规有关于过错推定之外的另外举证责任分配的规定。过错推定原则也适用于对所有税收违法行为的处罚之中,包括对偷税的行政处罚。

二、违法事实不成立

(一)《行政处罚法》的规定

第四十条 公民、法人或者其他组织违反行政管理秩序的行为,依法应当给予行政处罚的,行政机关必须查明事实;违法事实不清、证据不足的,不得给予行政处罚。

第五十七条第一款 调查终结,行政机关负责人应当对调查结果进行审查,根据不同情况,分别作出如下决定:

……

(三)违法事实不能成立的,不予行政处罚;

……

(二)税务适用操作指南

违法事实不能成立包括两种情形,第一种是违法事实不清,没有查实,也就是指向违法事实的证据不足以证明相对人存在违法行为。第二种是查清了事实,发现相对人的行为完全是合法的,此时也不得给予行政处罚。

三、违法行为轻微并及时改正且没有造成危害后果

(一)《行政处罚法》的规定

第三十三条第一款 违法行为轻微并及时改正,没有造成危害后果的,不予行政处罚。初次违法且危害后果轻微并及时改正的,可以不予行政处罚。

第三十三条第三款 对当事人的违法行为依法不予行政处罚的,行政机关应当对当事人进行教育。

第五十七条第一款 调查终结,行政机关负责人应当对调查结果进行审查,根据不同情况,分别作出如下决定:

……

(二)违法行为轻微,依法可以不予行政处罚的,不予行政处罚;

......

(二) 税法及其关联规定

1. 《税务稽查案件办理程序规定》(国家税务总局令第 52 号发布)

第四十二条 经审理,区分下列情形分别作出处理:

(一) 有税收违法行为,应当作出税务处理决定的,制作税务处理决定书;

(二) 有税收违法行为,应当作出税务行政处罚决定的,制作税务行政处罚决定书;

(三) 税收违法行为轻微,依法可以不予税务行政处罚的,制作不予税务行政处罚决定书;

(四) 没有税收违法行为的,制作税务稽查结论。

税务处理决定书、税务行政处罚决定书、不予税务行政处罚决定书、税务稽查结论引用的法律、行政法规、规章及其他规范性文件,应当注明文件全称、文号和有关条款。

2. 《税务行政处罚裁量权行使规则》(国家税务总局公告 2016 年第 78 号发布)

第十四条 当事人有下列情形之一的,不予行政处罚:

(一) 违法行为轻微并及时纠正,没有造成危害后果的;

(二) 不满十四周岁的人有违法行为的;

(三) 精神病人在不能辨认或者不能控制自己行为时有违法行为的;

(四) 其他法律规定不予行政处罚的。

(三) 税务适用操作指南

本条是关于虽然存在行政违法行为,但依然作出不予行政处罚决定的适用条件。第一种情况是存在行政违法行为,但因为欠缺主观归责因素,所以不构成应受行政处罚的行为而不予处罚;第二种情况是欠缺事实要件,因此不构成行政违法行为,自然也是不予处罚;本条款规定的则是存在行政违法行为和主观过错状态,只是因为危害程度太轻微了可以忽略不计而不予行政处罚。而这种不予行政处罚,必须满足以下三个条件:①违法行为轻微;②及时改正;③没有造成危害后果的。需要特别说明的是,这里的"及时改正"和后面提到的"首违不罚"要件中的"及时改正"应作同样理解。在税务行政执法中,

第四章　行政处罚的适用

按照《国家税务总局关于发布〈税务行政处罚"首违不罚"事项清单〉的公告》（国家税务总局公告2021年第6号）的规定，"及时改正"可以理解为"在税务机关发现前主动改正或者在税务机关责令限期改正的期限内改正的"。对"及时改正"的判断，"行政执法人员应当在现场检查笔录中记录当事人违法事实及完成改正的情况，确认当事人当场改正的方可不予处罚；对要求限期改正的不予处罚情形，应当下达责令限期改正决定书，并及时核实改正情况。当事人在规定期限内完成改正的可不予行政处罚。当事人拒不改正、逾期不改正或者改正人仍不符合要求的，应当依法处理。"[1]

在本条情形下的不予行政处罚，按照上面的分析，当场决定不予行政处罚的要当场在处罚前确认当事人已改正，如果是责令限期改正的，则要下达责令限期改正决定书。在稽查案件中，如果需要进行税务处理的，则制作《税务处理决定书》，同时针对处罚制作《不予税务行政处罚决定书》。虽然是不予处罚，但因为会对行为作违法性评价，因此可复议、可诉讼，且《不予税务行政处罚决定书》需要送达涉税当事人。该决定书与《税务文书送达回证》一并使用，一式三份，一份送纳税人或者扣缴义务人或者其他当事人，一份送征收管理单位，一份装入卷宗。《不予税务行政处罚决定书》的文书式样见图4-2。

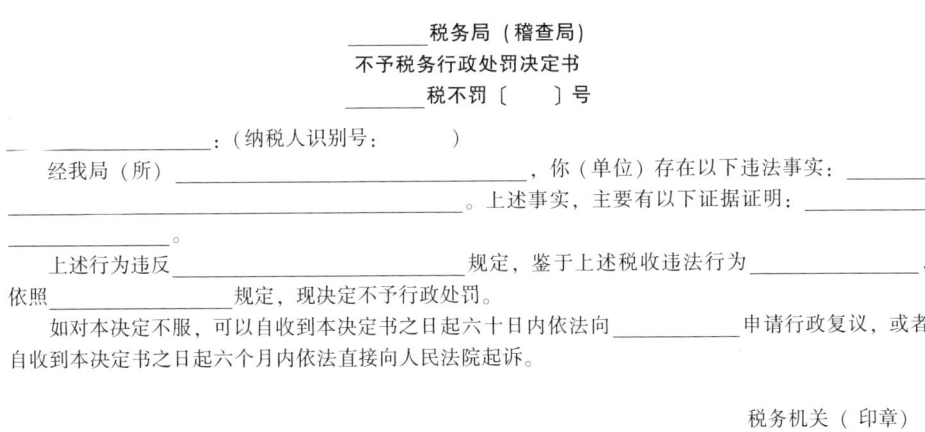

图4-2　《不予税务行政处罚决定书》式样

在此条款下作出不予行政处罚决定的，税务机关应当对当事人进行教育。这是新《行政处罚法》为了防止再次发生违法行为，给行政执法机关新增加

---

[1] 袁雪石. 中华人民共和国行政处罚法释义［M］. 北京：中国法制出版社，2021：221-222.

的教育义务，也符合"谁执法、谁普法"的政策要求。只是，这个义务在执法文书中如何体现，需要税务机关在执法实践中进行探索。

四、首违不罚

（一）《行政处罚法》的规定

第三十三条第一款 违法行为轻微并及时改正，没有造成危害后果的，不予行政处罚。初次违法且危害后果轻微并及时改正的，可以不予行政处罚。

（二）税法及其关联规定

1. 《税务行政处罚裁量权行使规则》（国家税务总局公告2016年第78号发布）

第十一条 法律、法规、规章规定可以给予行政处罚，当事人首次违反且情节轻微，并在税务机关发现前主动改正的或者在税务机关责令限期改正的期限内改正的，不予行政处罚。

2. 《国家税务总局关于发布〈税务行政处罚"首违不罚"事项清单〉的公告》（国家税务总局公告2021年第6号）

对于首次发生下列清单中所列事项且危害后果轻微，在税务机关发现前主动改正或者在税务机关责令限期改正的期限内改正的，不予行政处罚。

3. 《国家税务总局关于发布〈第二批税务行政处罚"首违不罚"事项清单〉的公告》（国家税务总局公告2021年第33号）

一、对当事人首次发生清单中所列事项且危害后果轻微，在税务机关发现前主动改正或者在税务机关责令限期改正的期限内改正的，不予行政处罚。

税务违法行为造成不可挽回的税费损失或者较大社会影响的，不能认定为"危害后果轻微"。

二、适用税务行政处罚"首违不罚"的，主管税务机关应及时作出不予行政处罚决定，充分保障当事人合法权益。

三、各级税务机关应加强税务行政处罚"首违不罚"管理，准确把握适用"首违不罚"的条件，不得变相扩大或者缩小"首违不罚"范围，既彰显税收执法温度，又不放松税收管理。

四、对适用税务行政处罚"首违不罚"的当事人，主管税务机关应采取签订承诺书等方式教育、引导、督促其自觉守法，对再次违反的当事人应严格按照规定予以行政处罚。

（三）税务适用操作指南

对于"首违不罚"制度在税务执法中的适用，应该来说是比较简单的，一是因为这一制度税务系统要先于《行政处罚法》作出规定；二是国家税务总局已经出台了事项清单，因此对于哪些事项属于初次违法行为且危害后果轻微的，直接在清单中予以列明。注意对"及时改正"的期限限定为"在税务机关发现前主动改正或者在税务机关责令限期改正的期限内改正的"，不予行政处罚。这两种情形下的不罚，违法行为依然存在，因此，在涉税当事人没有主动改正的情况下，责令改正或限期责令改正依然适用。同时，税务机关对涉税违法行为人依然具有教育的义务。作出不予处罚决定适用的文书是《不予税务行政处罚决定书》，具体不再赘述。

第五节 行政处罚的追究时效

一、《行政处罚法》的规定

第三十六条 违法行为在二年内未被发现的，不再给予行政处罚；涉及公民生命健康安全、金融安全且有危害后果的，上述期限延长至五年。法律另有规定的除外。

前款规定的期限，从违法行为发生之日起计算；违法行为有连续或者继续状态的，从行为终了之日起计算。

二、税法及其他关联规定

（一）《税收征管法》

第八十六条 违反税收法律、行政法规应当给予行政处罚的行为，在五年内未被发现的，不再给予行政处罚。

（二）《税务行政处罚裁量权行使规则》（国家税务总局公告 2016 年第 78 号发布）

第十六条 违反税收法律、行政法规应当给予行政处罚的行为在五年内未被发现的，不再给予行政处罚。

三、典型案例解析

案例 4-6　S 省 D 房地产开发有限公司与 H 市地方税务局等行政处罚纠纷案①

1. 案件基本情况。

2014 年 12 月 31 日，被告 H 市地方税务局稽查局（以下简称 H 市地税局稽查局）向原告送达了税务检查通知书，并开始对原告进行税务检查。截至 2015 年 4 月 29 日，被告 H 市地税局稽查局发现原告在 2001 年 7 月 1 日至 2014 年 12 月 31 日期间存在少申报缴纳营业税 1525776.56 元、城市维护建设税 75733.26 元、城镇土地使用税 619183.82 元、企业所得税 1707190.14 元、房产税 379.80 元、印花税 20026.81 元、教育费附加 46328.86 元的违法事实……被告 H 市地税局稽查局于 2015 年 7 月 8 日作出《税务行政处罚决定书》，并于当日送达原告。

再查明，2008 年 11 月 4 日，因 D 房地产开发有限公司（以下简称 D 公司）M 县分公司违反《税收征管法》第六十四条的规定，向 M 县地税局缴纳罚款 48800 元。2010 年 4 月 26 日，M 县地税局作出《税务行政处罚决定书》，认定 D 公司 M 县分公司在 2008 年 1 月至 2009 年 12 月 31 日期间少缴印花税 2677.50 元、土地增值税 72.85 元，依据《税收征管法》第六十四条规定，对 D 公司 M 县分公司处以 2750.35 元的罚款。D 公司于 2010 年 4 月 27 日补缴了税款并缴纳了罚款。H 市地税局稽查局在作出本案被诉税务行政处罚决定书前的税务检查中，将 D 公司在 2010 年 4 月 27 日缴纳的该两笔印花税、土地增值税税款计入了 D 公司已纳税款中。

D 公司认为被诉行政处罚决定追诉期长达 14 年，违背了《税收征管法》规定的最长追诉时间；且其主管税务机关 M 县地税局在 2008 年对 D

---

① （2016）陕 07 行终 66 号。

公司罚款 48800 元，在 2010 年罚款 2750 元，意味着 M 县地税局已经对 D 公司在 2008 年和 2010 年进行过两次税务稽查，因此意味着本次处罚是一事二罚。

2. 案件争议焦点。

被诉税务行政处罚决定追诉期是否违背了《税收征管法》规定的最长追诉期限的规定。

3. 法院裁判主旨。

根据《行政处罚法》第二十九条第二款①的规定，违法行为有连续或者继续状态的，从行为终了之日起计算处罚的时效。经查，D 公司的偷税行为从 2001 年 7 月 1 日至 2014 年 12 月 31 日一直为连续状态，因此被 H 市地税局稽查局于 2014 年 11 月 20 日立案调查，并不存在违背《税收征管法》规定的最长追诉时间的情形，被上诉人作出被诉税务行政处罚决定适用法律正确。关于 M 县地税局 2008 年、2010 年对 D 公司的处罚决定：首先，根据现有证据，并无法确认 M 县地税局 2008 年对 D 公司的处罚与 H 市地税局稽查局作出的本案被诉处罚针对的是 D 公司同一违法事实；其次，经查，H 市地税局稽查局作出本案被诉税务行政处罚决定时，并未将 M 县地税局 2010 年处罚决定认定的 D 公司少缴的印花税、土地增值税重复认定在被诉税务行政处罚决定认定的违法事实中，而是作为 D 公司已缴纳的税款从中予以扣减。因此，被诉处罚决定一事二罚的上诉理由依法不能成立。

4. 案例分析借鉴。

税务执法实践中，很多纳税人的偷税和虚开等税收违法行为呈现的是一种连续的状态，税务机关一般也是多年年度一起查处。但是这里确实存在着如何认定连续的问题，是每年都要求有偷税行为呢？还是中间隔了一两年还算连续？这是一个问题。除此之外，本案给出的另外一个启示是，偷税其实是一个很复杂的行为，因为会涉及不同的税种。如果违法行为一直呈现的是连续状态，哪怕中间的个别年份被税务机关查处出偷逃部分税种的税款并处以行政处罚，只要还存在其他税种偷逃没被处罚过，也不会打断这个连续的状态。但是在后续认定偷税数额时需要将原来认定过的数

---

① 编者注：2021 年 1 月 22 日，中华人民共和国第十三届全国人民代表大会常务委员会第二十五次会议修订了《中华人民共和国行政处罚法》，自 2021 年 7 月 15 日起施行，因本案发生于 2021 年以前，故此处引用的是 2021 年以前的版本。

额予以减除。

四、税务适用操作指南

《行政处罚法》第三十六条第一款最后对行政处罚追究时效的表述是"法律另有规定的除外。"也就是说，如果其他单行法律规定的行政处罚追究时效不是 2 年，那就适用其他单行法的规定。而《税收征管法》第八十六条规定了 5 年税务行政处罚追究时效。因此，在税务行政处罚领域，一般适用 5 年的处罚追究时效规定。但是需要注意，《税收征管法》第八十六条只是明确了"违反税收法律、行政法规应当给予行政处罚的行为"，这里的"违反税收法律、行政法规应当给予行政处罚的行为"中的"行政处罚"应当理解为是税收法律、行政法规设定的行政处罚，而行政处罚种类除了法律、行政法规设定之外，规章也可以设定一部分罚款的税务行政处罚。因此，如果是违反了规章而处以其所设定的一定数额的罚款时，应该如何追究处罚时效呢？此时就不再适用《税收征管法》第八十六条 5 年期的追究时效的规定，而适用《行政处罚法》第三十六条第一款规定的 2 年的普通追究时效。

违法行为的连续状态，是指当事人基于同一个违法故意，连续实施数个独立的行政违法行为，并触犯同一个行政处罚规定的情形。[①] 行政违法行为的连续性问题总是和"一事不二罚"原则发生内在关联。而在税收违法行为连续性问题的判断上，税务实务界争议更大，这是因为税务违法行为有其自身的复杂性，比如包含多个税种，企业所得税的违法性要到第 2 年汇算清缴时才能显现等。典型案例给出的启示恰恰也是偷税连续行为认定复杂性的表现之一。

如果对税收违法行为只是因为超过了税务行政处罚追究时效而不予处罚，则该税收违法行为仍然是存在的，因此，该不予处罚的结果适用的执法文书依然是《不予税务行政处罚决定》，税务机关责令限期改正以及教育的义务也依然存在。

---

① 《国务院法制办公室对湖北省人民政府法制办公室〈关于如何确认违法行为连续或继续状态的请示〉的复函》(国法函〔2005〕442 号)。

第六节　行政处罚实体从旧兼从轻

一、《行政处罚法》的规定

第三十七条　实施行政处罚，适用违法行为发生时的法律、法规、规章的规定。但是，作出行政处罚决定时，法律、法规、规章已被修改或者废止，且新的规定处罚较轻或者不认为是违法的，适用新的规定。

二、税法及其他关联规定

（一）《立法法》

第九十三条　法律、行政法规、地方性法规、自治条例和单行条例、规章不溯及既往，但为了更好地保护公民、法人和其他组织的权利和利益而作的特别规定除外。

（二）《税务规范性文件制定管理办法》（国家税务总局令第53号修改）

第十三条　税务规范性文件不得溯及既往，但是为了更好地保护税务行政相对人权利和利益而作出的特别规定除外。

三、典型案例解析

案例4-7　F新能源有限公司与国家税务总局X市T区税务局、国家税务总局X市税务局行政处罚案[①]

1. 案件基本情况。

原告F新能源有限公司（以下简称F公司）成立于2007年12月26日，经营范围为复合柴油、复合汽油生产、销售等。原告2014年大量购入并取得增值税专用发票品名为"甲级叔丁基醚（MTBE）、异辛烷、石油苯、混合二甲苯、轻烃"等产品，以及少量购入并取得增值税专用发

[①]（2020）苏03行终322号。

票品名为"汽油、柴油、石脑油、燃料油"的产品,生产调和汽油、柴油等产品后对外销售并开具增值税专用发票。2014年1月至11月,原告申报缴纳消费税时将购入并取得的增值税专用发票品名为"甲级叔丁基醚(MTBE)、异辛烷、石油苯、混合二甲苯、轻烃"等产品视为消费税已税产品,按照"汽油、柴油、石脑油"等品目申报从消费税应纳税额中扣除。2014年12月,原告消费税申报销售数量和应扣除税额为零。2015年,原告大量购入并取得增值税专用发票品名为"甲级叔丁基醚(MTBE)、异辛烷、石油苯、混合二甲苯、轻烃"等产品及少量成品油,账上直接记入"库存商品"科目,并以"汽油、柴油"等品名对外销售且开具增值税发票,账上没有体现生产核算过程。原告购入大量"甲级叔丁基醚(MTBE)、异辛烷、石油苯、混合二甲苯、轻烃"等产品,而销售的却是汽油、柴油等消费税应税产品,应视为应税消费品的生产销售行为,应按规定征收消费税。2015年1月至12月,原告消费税申报销售数量和应扣除税额均为零。2014年、2015年,原告购入的"甲级叔丁基醚(MTBE)、异辛烷、石油苯、混合二甲苯、轻烃"等产品取得的增值税专用发票品名后均未注明"视同石脑油(或燃料油)"或"视同石脑油(或燃料油)加工"。2016年9月8日,T区稽查局针对原告逃避缴纳税款一案予以立案。2018年6月19日,T区稽查局作出《税务行政处罚决定书》,认定2014年原告共少缴纳消费税30295748.41元,2015年原告共少缴纳消费税42584150.64元,依据《税收征管法》第六十三条第一款规定,对原告2014年至2015年进行虚假纳税申报,致使少缴纳消费税税款的行为认定为偷税,除追缴税款外,对少缴的税款72879899.05元予以0.6倍罚款,计43727939.43元。

2. 案件争议焦点。

该案争议焦点众多,与本条款相关联的是,在法律适用方面,稽查局将处以行政处罚时已经废止的规范性文件作为行政处罚的依据是否合法?

3. 法院裁判主旨。

一审法院:《国家税务总局关于消费税有关政策问题补充规定的公告》(国家税务总局公告2013年第50号)第九条;《国家税务总局关于成品油消费税有关问题的公告》(国家税务总局公告2014年第65号)第一条、第二条;《国家税务总局关于进一步调整成品油消费税有关征收管理问题的公告》(国家税务总局公告2014年第71号)第一条第一款第

（一）项的相关规定，根据《国家税务总局关于成品油消费税征收管理有关问题的公告》（国家税务总局公告2018年第1号）第六条规定，已经于2018年3月1日被废止。但是，根据《立法法》第九十三条规定，法律、行政法规、地方性法规、自治条例和单行条例、规章不溯及既往，但为了更好地保护公民、法人和其他组织的权利和利益而作的特别规定除外。根据上述规定，本案中，原告抵扣消费税的时间是2014年和2015年，在该期间内《国家税务总局关于消费税有关政策问题补充规定的公告》（国家税务总局公告2013年第50号）第九条；《国家税务总局关于成品油消费税有关问题的公告》（国家税务总局公告2014年第65号）第一条、第二条；《国家税务总局关于进一步调整成品油消费税有关征收管理问题的公告》（国家税务总局公告2014年第71号）第一条第一款第（一）项是具有效力的。所以，T区税务局稽查局于2018年6月19日在作出行政处罚时，适用上述规定来进行处罚，并无不当。

二审法院：《国家税务总局关于消费税有关政策问题补充规定的公告》（国家税务总局公告2013年第50号）第九条（以下简称50号公告第九条）规定："纳税人生产、销售或受托加工本公告第八条第（一）项规定的产品，应在向购货方或委托方开具的增值税专用发票品名后注明'视同石脑油（或燃料油）'或'视同石脑油（或燃料油）加工'。购货方或委托方以该产品为原料生产应税消费品，需凭上述凭证按规定办理原料已纳消费税税款的扣除手续。"根据《国家税务总局关于成品油消费税征收管理有关问题的公告》（国家税务总局公告2018年第1号）第六条的规定，上述条文等已于2018年4月1日废止，而本案被诉《税务行政处罚决定书》仍将包括该条文在内的一系列已废止文件作为处罚依据。首先，被上诉人（T区稽查局）处罚的上诉人抵扣消费税的行为发生在2014年和2015年，此时上述文件尚未废止，仍然具有效力。其次，根据国家税务总局公告2018年第1号及法院查明事实，国家税务总局于2018年实行开具成品油发票须通过增值税发票管理新系统中成品油发票开具模块的政策，而在该政策尚未实施的2014年和2015年，相关企业仍需按照50号公告第九条的规定凭纸质增值税发票办理消费税税款扣除手续。因此，虽然在被上诉人作出涉案行政处罚决定时，50号公告第九条等规定已被废止，但涉案行政处罚适用该规定符合客观事实和时代背景，不违反立法精神。原审法院的相关认定并无不当。

4. 案例分析借鉴。

这个案例的典型之处在于三个地方：一是特别指出了法律规范废止的效力。废止和撤销不同，被撤销的法律规范，自始无效。而法律规范废止仅是面向未来无效，在其原来生效实施的期间内依然是有效的，只要违法事实发生在该时效区间范围内，即使在处罚时该规范被废止了，也依然适用。这也是实体从旧的题中之义。二是从旧兼从轻，不仅仅适用于法律、法规、规章之间的新旧关系处理，也适用于规范性文件之间的新旧关系处理。因此，如果税务行政处罚的依据是税务规范性文件且关系到实体问题的话，同样适用从旧兼从轻原则。三是如果旧法律规范废止，并且没有出台新的对应性法律规范，并不意味着对原来违反旧法律规范的行为现在就评价为不违法了，而后根据从旧兼从轻原则不再给予处罚。而是要分析旧法律规范废止的原因，比如像本案，随着2018年实行开具成品油发票须通过增值税发票管理新系统中成品油发票开具模块的政策，无须再凭纸质增值税发票办理消费税税款扣除手续，因此原来的违法行为，已经不存在实施的可能性了。此时虽然看起来将原来的法律规范废止且随后又没有出台针对此类行为的管理措施，但不是因为现在不认为原来的违法行为不违法了，而只是原来的违法行为不可能存在了，所以不能适用从旧兼从轻，而只适用实体从旧原则，依然给予相关的处罚措施。但如果是因为随着时代的发展，原来的违法行为现在已经不作为违法行为来评价了，则此时应该适用从旧兼从轻原则而不予处罚。比如原来《中华人民共和国刑法》（以下简称《刑法》）上有"投机倒把"罪，后来随着改革开放这个罪名被废止了。行为人的投机倒把行为发生在废止之前，但因为刑法后来不再对其做犯罪评价，因此就应该适用从旧兼从轻原则，而不予认定为犯罪。

四、税务适用操作指南

本条款是本次《行政处罚法》修订时新增加的条款。一是规定实体从旧原则，二是规定从轻原则。这一条其实是《立法法》第九十三条规定的法不溯及既往原则以及作为例外的有利溯及在行政处罚立法领域的具体表现，也是对《刑法》第十二条从旧兼从轻原则的借鉴。《刑法》第十二条规定："中华人民共和国成立以后本法施行以前的行为，如果当时的法律不认为是犯罪的，适用当时的法律；如果当时的法律认为是犯罪的，依照本法总则第四章第八节的规定应当追诉的，按照当时的法律追究刑事责任，但是如果本法不认为是犯罪或者处刑较轻的,适用本法。"

虽然是新规定,但是在实际执法过程中,实体从旧兼从轻也是众多行政机关都认可的法律适用规则,税务机关在进行法律适用时一般也遵守该规则。在适用本条时需要注意:①本条款表述的法律、法规和规章仅指实体性规定而言,对程序性的法律、法规和规章并不适用且正好相反。也就是说,如果在实施行政处罚时,有新的程序性规定,那么即使行政违法行为发生在旧程序法生效实施期间,也适用新的程序性规定。②实体从旧以及从旧兼从轻原则,针对的是违法行为发生时和实施行政处罚时,作为作出处罚依据的实体法律规范发生了变动的情形。既然产生了变动,就会产生新法和旧法的问题,同时也产生了变动之后法律规范的法律层级问题。从轻原则适用的前提是"法律、法规、规章已被修改或者废止",而能使得旧法被修改或者废止的,新法有可能是同位阶的法律、法规或规章,也有可能比旧法的法律位阶高,比如法律将法规修改或废止了,而不可能出现新法的法律位阶低于旧法的情形。

另外,当法律规范被废止而没有出台新的相应规范时,违法事实发生在旧法实施生效期间,没有出台新文件究竟是因为该行为不再被评价为违法还是有其他原因,需要分析清楚。如果是前者,处罚时适用从旧兼从轻原则,则该行为不应被处罚。但如果是因为一些其他原因,比如案例中显示的相对人不再有机会从事相关的违法活动了才予以废止,而不是因为现阶段对原来违法性行为评价的变化,则依然适用旧法进行处罚。

第七节　行政处罚无效

一、《行政处罚法》的规定

第三十八条　行政处罚没有依据或者实施主体不具有行政主体资格的,行政处罚无效。

违反法定程序构成重大且明显违法的,行政处罚无效。

二、税法及其他关联规定

(一)《行政诉讼法》

第七十五条　行政行为有实施主体不具有行政主体资格或者没有依据等

重大且明显违法情形，原告申请确认行政行为无效的，人民法院判决确认无效。

第七十条 行政行为有下列情形之一的，人民法院判决撤销或者部分撤销，并可以判决被告重新作出行政行为：

（一）主要证据不足的；

（二）适用法律、法规错误的；

（三）违反法定程序的；

（四）超越职权的；

（五）滥用职权的；

（六）明显不当的。

第七十四条第一款 行政行为有下列情形之一的，人民法院判决确认违法，但不撤销行政行为：

（一）行政行为依法应当撤销，但撤销会给国家利益、社会公共利益造成重大损害的；

（二）行政行为程序轻微违法，但对原告权利不产生实际影响的。

（二）《最高人民法院关于适用〈中华人民共和国行政诉讼法〉的解释》（法释〔2018〕1号）

第九十六条 有下列情形之一，且对原告依法享有的听证、陈述、申辩等重要程序性权利不产生实质损害的，属于行政诉讼法第七十四条第一款第二项规定的"程序轻微违法"：

（一）处理期限轻微违法；

（二）通知、送达等程序轻微违法；

（三）其他程序轻微违法的情形。

第九十九条 有下列情形之一的，属于行政诉讼法第七十五条规定的"重大且明显违法"：

（一）行政行为实施主体不具有行政主体资格；

（二）减损权利或者增加义务的行政行为没有法律规范依据；

（三）行政行为的内容客观上不可能实施；

（四）其他重大且明显违法的情形。

三、典型案例解析

案例4-8 D房产建设有限公司与G省G市地方税务局第一稽查局税务处理决定纠纷上诉案①

1. 案件基本情况。

2004年11月30日,D房产建设有限公司(以下简称D公司)与某拍卖行有限公司签订委托拍卖合同,委托该拍卖行拍卖其自有的某房产。委托拍卖的房产总面积为63244.7944平方米,房产估值金额为530769427.08港元。该拍卖行根据委托合同的约定,在拍卖公告中明确竞投者须在拍卖前将拍卖保证金6800万港元转到D公司指定的银行账户内。2004年12月19日,S实业有限公司(香港公司)通过拍卖,以底价1.3亿港元(按当时的银行汇率,兑换人民币为1.38255亿元)竞买了上述部分房产,面积为59907.0921平方米。上述房产拍卖后,D公司按1.38255亿元的拍卖成交价格,先后向税务部门缴付了营业税6912750元及堤围防护费124429.5元,并取得了相应的完税凭证。2006年,G市地方税务局第一稽查局(以下简称第一稽查局)在检查D公司2004年至2005年地方税费的缴纳情况时,发现D公司存在上述情况,于是展开调查。经向G市国土资源和房屋管理局调取D公司委托拍卖房产所在的周边房产的交易价格情况进行分析,第一稽查局得出当时D公司委托拍卖房产的周边房产的交易价格,其中写字楼为5500~20001元/平方米,商铺为10984~40205元/平方米,地下停车位为89000~242159元/个。因此,第一稽查局认为D公司以1.38255亿元出售上述房产,拍卖成交单价格仅为2300元/平方米,不及市场价的一半,价格严重偏低。遂于2009年8月11日根据《税收征管法》第三十五条及《税收征管法实施细则》第四十七条的规定,作出税务检查情况核对意见书,以停车位85000元/个、商场10500元/平方米、写字楼5000元/平方米的价格计算,核定D公司委托拍卖的房产的交易价格为311678775元[车位收入(85000元/个×199个)+商铺收入(10500元/平方米×7936.75平方米)+写字楼收入(5000元/平方米×42285.58平方米)],并以311678775元为标准核定应缴纳营业税及堤围防护费。D公司应缴纳营业税15583938.75元

---

① (2015)行提字第13号。

（311678775元×5%），扣除已缴纳的6912750元，应补缴8671188.75元（15583938.75元-6912750元）；应缴纳堤围防护费280510.90元，扣除已缴纳的124429.50元，应补缴156081.40元。该意见书同时载明了第一稽查局将按规定加收滞纳金及罚款的情况。D公司于2009年8月12日收到上述意见书后，于同月17日向第一稽查局提交了复函，认为第一稽查局对其委托拍卖的房产价值核准为311678775元缺乏依据。第一稽查局没有采纳D公司的陈述意见。2009年9月14日，第一稽查局作出税务处理决定，认为D公司存在违法违章行为并决定：①根据《税收征管法》第三十五条、《税收征管法实施细则》第四十七条、《营业税暂行条例》第一条、第二条、第四条的规定，核定D公司于2004年12月取得的拍卖收入应申报缴纳营业税15583938.75元，已申报缴纳6912750元，少申报缴纳8671188.75元；决定追缴D公司未缴纳的营业税8671188.75元，并根据《税收征管法》第三十二条的规定，对D公司应补缴的营业税加收滞纳金2805129.56元。②根据……核定D公司2004年12月取得的计费收入应缴纳堤围防护费280510.90元，已申报缴纳124429.50元，少申报缴纳156081.40元，决定追缴少申报的156081.40元，并加收滞纳金48619.36元。

D公司认为第一稽查局超越职权，无权核定纳税人的应纳税额。《税收征管法实施细则》第九条第一款规定："稽查局专司偷税、逃避追缴欠税、骗税、抗税案件的查处"。本案不属于"偷税、逃避追缴欠税、骗税、抗税"的情形，不属于稽查局的职权范围，无权对再审申请人拍卖收入核定应纳税额。被诉税务处理决定超出稽查局的职权范围，应属无效决定。

2. 案件争议焦点。

第一稽查局行使《税收征管法》第三十五条规定的应纳税额核定权是否超越职权而导致其作出的决定为无效决定？

3. 法院裁判主旨。

此问题涉及《税收征管法实施细则》第九条关于税务局和所属稽查局职权范围划分原则的理解和适用。《税收征管法实施细则》第九条除明确税务局所属稽查局的法律地位外，还对稽查局的职权范围作出了原则规定，即专司偷税、逃避追缴欠税、骗税、抗税案件的查处，同时授权国家税务总局明确划分税务局和稽查局的职责，避免职责交叉。国家税务总局据此于 2003 年 2 月 28 日作出的《关于稽查局职责问题的通知》(国税函〔2003〕140 号) 进一步规定:"《中华人民共和国税收征管法实施细则》第九条第二款规定'国家税务总局应当明确划分税务局和稽查局的职责,避免职责交叉。'为了切实贯彻这一规定,保证税收征管改革的深化与推进,科学合理地确定稽查局和其他税务机构的职责,国家税务总局正在调查论证具体方案。在国家税务总局统一明确之前,各级稽查局现行职责不变。稽查局的现行职责是指:稽查业务管理、税务检查和税收违法案件查处;凡需要对纳税人、扣缴义务人进行账证检查或者调查取证,并对其税收违法行为进行税务行政处理(处罚)的执法活动,仍由各级稽查局负责。"从上述规定可知,稽查局的职权范围不仅包括偷税、逃避追缴欠税、骗税、抗税案件的查处,还包括与查处税务违法行为密切关联的稽查管理、税务检查、调查和处理等延伸性职权。虽然国家税务总局没有明确各级稽查局是否具有《税收征管法》第三十五条规定的核定应纳税额的具体职权,但稽查局查处涉嫌违法行为不可避免地需要对纳税行为进行检查和调查。特别是出现《税收征管法》第三十五条规定的计税依据明显偏低的情形时,如果稽查局不能行使应纳税款核定权,必然会影响稽查工作的效率和效果,甚至对税收征管形成障碍。因此,稽查局在查处涉嫌税务违法行为时,依据《税收征管法》第三十五条的规定核定应纳税额是其职权的内在要求和必要延伸,符合税务稽查的业务特点和执法规律,符合《国家税务总局关于稽查局职责问题的通知》(国税函〔2003〕140 号)关于税务局和稽查局的职权范围划分的精神。在国家税务总局对税务局和稽查局职权范围未另行作出划分前,各地税务机关根据国税函〔2003〕140 号文件确立的职权划分原则,以及在执法实践中形成的符合税务执法规律的惯例,人民法院应予尊重。本案中,第一稽查局根据《税收征管法》第三十五条规定核定应纳税款的行为是在其对 D 公司销售涉案房产涉嫌偷税进行税务检查的过程中作出的,不违反《税收征管法实施细则》第九条的规定。D 公司以《税收征管法实施细则》第九条规定中"稽查局专司偷税、逃避追缴欠税、骗税、抗税案件的查处",本案不属于"偷税、逃避追缴欠税、骗税、抗税"的情形为由,认为第一稽查局无权依据《税收征管法》第三十五条的规定对 D 公司拍卖涉案不动产的收入重新核定应纳税额,被诉税务处理决定超出第一稽查局的职权范围应属无效决定的理由不能成立。

4. 案例分析借鉴。

本案例是最高人民法院提审的税务行政诉讼案件,虽然是针对税务处理决定的,但因为不仅仅是税务处理决定,其他一切的行政行为,如果作出主体缺乏行政主体资格,作出的行为都是无效的。所以在税务执法实践中,无论是针对税务处理决定,还是针对税务处罚决定,只要是稽查局处理的案件,原告一般都习惯性地对其职权范围提出质疑。在本案之前,虽然各地法院时有案件对稽查局职权问题进行回应,但最高人民法院还是第一次在案例中正面回应。本案之后,法院基本都认可了稽查局的职权不仅仅包括偷税、逃避追缴欠税、骗税、抗税案件的查处,也包括对一般违法案件的查处,并且可以采用核定的方式进行处理。

四、税务适用操作指南

本条最大的修改之处在于和《行政诉讼法》实现了衔接。行政处罚无效的情形有三种:①行政处罚没有依据;②行政处罚实施主体不具有行政主体资格的;③违反法定程序构成重大且明显违法的。其中②是新加入的情形,③则是将原来的"不遵守法定程序"改为了"违反法定程序构成重大且明显违法的"。

行政处罚没有依据,是指行政机关作出行政处罚时没有法律、法规、规章等规范性文件的依据,主要分以下两种情况:①行政处罚毫无依据。即行政机关在作出行政处罚时,缺乏任何法律、法规等依据;②行政处罚虽然有依据,但是其所依据的规范性文件与上位法存在直接、明显的抵触,此时也视为没有依据。①

行政处罚实施主体不具有行政主体资格。行政主体,是指具有行政管理职能,能够以自己的名义作出行政行为和独立承担法律后果的行政机关或者法律、法规、规章授权的组织。一般来说,行政机关的成立需要依照有关法律和符合有关编制,这样才具有行政主体资格。如果甲行政机关行使了乙行政机关的职权,属于"超越职权",而不能认为其没有行政主体资格。因此,实施主体不具有行政主体资格,更多的是指法律、法规、规章授权组织的行为。对于授权组织而言,法律、法规、规章赋予其特定的职权,而授权组织在授权范围内才具有行政主体资格。比如,行政机关的内设机构、派出机构或者其他组

---

① 最高人民法院行政审判庭. 最高人民法院行政诉讼法司法解释理解与适用(上)[M]. 北京:人民法院出版社,2018:457-458.

织，如果行使法律、法规、规章授权的职权，其具有行政主体资格；该组织如果超出该授权范围作出行政行为，该行政行为将被认定为无效。[①]

《税收征管法》第七十四条规定："本法规定的行政处罚，罚款额在二千元以下的，可以由税务所决定。"因此，税务所可以成为作出2000元以下罚款的行政处罚主体，如果超出2000元，则不具有主体资格，做出的处罚决定应认定为无效。在税务执法过程中，争议最多的就是稽查局的职权范围。稽查局作为其所属税务局的派出机构，其职权范围一直没有很清楚的界定，直到最高院提审上述典型案例，才算有了一个定论。该案对稽查局的行政主体问题确立了两个原则：一是稽查局具有行政主体资格；二是稽查局的职权范围不仅包括偷税、逃避追缴欠税、骗税、抗税案件的查处，还包括与查处税务违法行为密切关联的稽查管理、税务检查、调查和处理等延伸性职权。[②]

违反法定程序构成重大且明显违法。对于违反法定程序的后果，现行《行政诉讼法》根据违反程度的不同规定了三种：一是轻微违法的，法院只确认违法而不予撤销，具体情形在《最高人民法院关于适用〈中华人民共和国行政诉讼法〉的解释》（法释〔2018〕1号）第九十六条中有所界定。二是违反普通的法定程序，法院予以撤销。一般来说，违反此类程序会影响事实认定，对当事人的权利义务产生一定的影响，如听证程序。三是构成重大且明显违法的，行政处罚无效。这些重大且明显违法的程序导致行政处罚无效的，除了《最高人民法院关于适用〈中华人民共和国行政诉讼法〉的解释》（法释〔2018〕1号）第九十六条中界定的情形之外，可能还包括：①以书面形式作出但是没有注明作出机关；②违反有关地域管辖的规定；③行政行为的实施将严重损害公共利益或者他人合法权益的。[③] 因此，本次《行政处罚法》明确规定"违反法定程序构成重大且明显"的行政处罚才无效，比原来的"不遵守法定程序"就无效，更符合司法实际，也更科学合理。

[①] 最高人民法院行政审判庭. 最高人民法院行政诉讼法司法解释理解与适用（上）[M]. 北京：人民法院出版社，2018：457.
[②] 中华人民共和国最高人民法院行政判决书（2015）行提字第13号。
[③] 最高人民法院行政审判庭. 最高人民法院行政诉讼法司法解释理解与适用（上）[M]. 北京：人民法院出版社，2018：460-461.

第五章 行政处罚的调查取证

第一节 立案

一、《行政处罚法》的规定

第五十四条 除本法第五十一条规定的可以当场作出的行政处罚外，行政机关发现公民、法人或者其他组织有依法应当给予行政处罚的行为的，必须全面、客观、公正地调查，收集有关证据；必要时，依照法律、法规的规定，可以进行检查。

符合立案标准的，行政机关应当及时立案。

……

第七十六条 行政机关实施行政处罚，有下列情形之一，由上级行政机关或者有关机关责令改正，对直接负责的主管人员和其他直接责任人员依法给予处分：

（一）没有法定的行政处罚依据的；

……

行政机关对符合立案标准的案件不及时立案的，依照前款规定予以处理。

二、税法及其他关联规定

（一）《税收征管法》

第五十四条 税务机关有权进行下列税务检查：

（一）检查纳税人的账簿、记账凭证、报表和有关资料，检查扣缴义务人代扣代缴、代收代缴税款账簿、记账凭证和有关资料；

（二）到纳税人的生产、经营场所和货物存放地检查纳税人应纳税的商品、货物或者其他财产，检查扣缴义务人与代扣代缴、代收代缴税款有关的经营情况；

(三) 责成纳税人、扣缴义务人提供与纳税或者代扣代缴、代收代缴税款有关的文件、证明材料和有关资料;

(四) 询问纳税人、扣缴义务人与纳税或者代扣代缴、代收代缴税款有关的问题和情况;

(五) 到车站、码头、机场、邮政企业及其分支机构检查纳税人托运、邮寄应纳税商品、货物或者其他财产的有关单据、凭证和有关资料;

(六) 经县以上税务局 (分局) 局长批准,凭全国统一格式的检查存款账户许可证明,查询从事生产、经营的纳税人、扣缴义务人在银行或者其他金融机构的存款账户。税务机关在调查税收违法案件时,经设区的市、自治州以上税务局 (分局) 局长批准,可以查询案件涉嫌人员的储蓄存款。税务机关查询所获得的资料,不得用于税收以外的用途。

(二)《税收征管法实施细则》

第八十五条 税务机关应当建立科学的检查制度,统筹安排检查工作,严格控制对纳税人、扣缴义务人的检查次数。

税务机关应当制定合理的税务稽查工作规程,负责选案、检查、审理、执行的人员的职责应当明确,并相互分离、相互制约,规范选案程序和检查行为。

税务检查工作的具体办法,由国家税务总局制定。

(三)《税务稽查案件办理程序规定》(国家税务总局令第52号发布)

第十二条 稽查局应当加强稽查案源管理,全面收集整理案源信息,合理、准确地选择待查对象。案源管理依照国家税务总局有关规定执行。

第十三条 待查对象确定后,经稽查局局长批准实施立案检查。

必要时,依照法律法规的规定,稽查局可以在立案前进行检查。

(四)《税收违法行为检举管理办法》(国家税务总局令第49号)

第二十条 检举事项受理后,应当分级分类,按照以下方式处理:

(一) 检举内容详细、税收违法行为线索清楚、证明资料充分的,由稽查局立案检查。

……

(五)《国家税务总局关于印发〈税务稽查案源管理办法(试行)〉的通知》(税总发〔2016〕71号)

第二十三条 符合下列情形之一的,确认为需要立案检查的案源:
(一)督办、交办事项明确要求立案检查的案源;
(二)案源部门接收并确认的高风险纳税人风险信息案源,以及按照稽查任务和计划要求安排和自选的案源;
(三)举报受理部门受理的检举内容详细、线索清楚的案源;
(四)协查部门接收的协查案源信息涉及的纳税人状态正常,且存在下列情形之一的案源:委托方已开具《已证实虚开通知单》并提供相关证据的;委托方提供的证据资料能够证明协查对象存在税收违法嫌疑的;协查证实协查对象存在税收违法行为的;
(五)转办案源涉及的纳税人状态正常,且税收违法线索清晰的案源;
(六)经过调查核实(包括协查)发现纳税人存在税收违法行为的案源;
(七)其他经过识别判断后应当立案的案源;
(八)上级稽查局要求立案检查的案源。

三、税务适用操作指南

(一)检查与调查

从《行政处罚法》第五十四条的规定来看,行政调查和行政检查并不相同。行政调查是行政处罚的必经程序,泛指调查取证,不需要单行法特别授权。但行政检查是行政机关履行行政监管职责的重要方式,是对监管领域和范围内的公民、法人和其他组织是否遵守法律法规开展的检查、监督管理的行政活动,因此需要法律、法规的授权。比如《税收征管法》第五十四条就赋予了税务机关在税收征管过程中的检查权限。立案则是更为正式的程序,需要满足一定的标准。对税务检查、税务调查来讲,立案不是必经程序。但是对于税务稽查来讲,如果要继续进行检查,立案则是必经程序,且由稽查局局长批准。税务稽查的立案标准规定在《国家税务总局关于印发〈税务稽查案源管理办法(试行)〉的通知》(税总发〔2016〕71号)第二十三条中。

(二)立案前检查

根据《行政处罚法》的规定,处罚前必须进行调查,有法律、法规规定检查的则可以进行检查。至于立案，并不是必经程序。符合立案标准的，可以立案，不符合立案标准的，可以不立案。由此可见，《行政处罚法》对立案前的调查或检查采取的是默认的态度。《税务稽查案件办理程序规定》（国家税务总局令第 52 号发布）第十三条第二款规定："必要时，依照法律法规的规定，稽查局也可以在立案前进行检查。"立案前检查，是指检查部门接到案源部门传递的检查任务通知书等文书、资料后，根据检查任务通知书要求，及时安排检查人员实施案件检查、制作检查报告，并在检查期限内将相关证据材料移交案源部门进行案源分析的业务处理过程。立案前检查应当自实施检查之日起 30 日内完成，确需延长检查时间的，经稽查局局长批准，可以延期检查一次，延长的时限不得超过 30 日。立案前检查结束后，对于不需要立案检查的，案源撤销；经批准立案检查的，不再送达税务检查通知书，已取得的证据资料可以作为立案后检查的证据资料使用。

（三）立案程序的外部化

立案规定在稽查的选案部分，因此是选案处理的一种方式，原来只是稽查局的内部行政行为，现在《行政处罚法》规定了立案程序，该程序同样成为外部程序。但因为其本身属于阶段性行政行为，对当事人的权利义务也没有产生最终的实质性影响，应该仍然认为立案的行为不可诉。但是要注意的是，如果案源来自实名检举，则根据《税收违法行为检举管理办法》（国家税务总局令第 49 号）第三十条第一款的规定，实名检举人可以要求答复检举事项的处理情况与查处结果；第三十一条第一款规定，实名检举事项的处理情况，由作出处理行为的税务机关的举报中心答复。因此，如果实名举报人要求答复处理情况的，稽查局需要将立案或者其他处理方式答复给实名举报人。

（四）税务稽查立案审批表及其填写

税务稽查立案审批表虽然是税务稽查的内部管理文件，但一般也会在庭审过程中予以出示作为证据来证明稽查局经过了立案的法定程序。税务稽查的立案审批表如表 5-1 所示。其中，"案件编号"栏在稽查局局长审批同意后依照《国家税务总局关于印发〈税收业务分类代码〉的通知》（国税发〔1999〕54 号）相关规则顺序编号；"选案分析及立案依据"栏填写选案部门对案源信息进行分析筛选的方法（包括：计算机分析、人工分析、人机结合分析等）、经分析筛选认为存在税收违法嫌疑的项目或者情形，以及据以进行立案的法律、行政法规、规章及其他规范性文件依据。这一部分要进行一定的说理,以利于检查部门工作人员了解立案的原因和案件的特点,便于检查工作的顺利进行。"选案部门审核意见"栏填写选案部门的审核意见,并提出由稽查局某一检查部门实施检查的建议。该表格一式一份,装入卷宗。

表 5-1　　　　　　　　税务稽查立案审批表

编号:×××

案件编号		纳税人识别号	
待查对象名称			
地　　　址			
法定代表人（负责人）		案件来源	
检查所属期间		涉嫌税收违法性质	
选案分析及立案依据	经办人（签名）:　　　　　　　　　　年　月　日		
选案部门审核意见	部门负责人（签名）:　　　　　　　　　年　月　日		
稽查局分管领导意见	（签名）　　　　　　　　　　　　　　年　月　日		
稽查局局长审批	（签名）　　　　　　　　　　　　　　年　月　日		

第二节　表明身份与检查通知

一、《行政处罚法》的规定

第四十二条　行政处罚应当由具有行政执法资格的执法人员实施。执法人员不得少于两人,法律另有规定的除外。

执法人员应当文明执法,尊重和保护当事人合法权益。

第五十二条第一款　执法人员当场作出行政处罚决定的,应当向当事人出示执法证件,填写预定格式、编有号码的行政处罚决定书,并当场交付当事人。当事人拒绝签收的,应当在行政处罚决定书上注明。

第五十五条第一款 执法人员在调查或者进行检查时,应当主动向当事人或者有关人员出示执法证件。当事人或者有关人员有权要求执法人员出示执法证件。执法人员不出示执法证件的,当事人或者有关人员有权拒绝接受调查或者检查。

二、税法及其他关联规定

(一)《税收征管法》

第五十四条 税务机关有权进行下列税务检查:

(一)检查纳税人的账簿、记账凭证、报表和有关资料,检查扣缴义务人代扣代缴、代收代缴税款账簿、记账凭证和有关资料;

……

第五十七条 税务机关依法进行税务检查时,有权向有关单位和个人调查纳税人、扣缴义务人和其他当事人与纳税或者代扣代缴、代收代缴税款有关的情况,有关单位和个人有义务向税务机关如实提供有关资料及证明材料。

第五十九条 税务机关派出的人员进行税务检查时,应当出示税务检查证和税务检查通知书,并有责任为被检查人保守秘密;未出示税务检查证和税务检查通知书的,被检查人有权拒绝检查。

(二)《税收征管法实施细则》

第八十九条 税务机关和税务人员应当依照税收征管法及本细则的规定行使税务检查职权。

税务人员进行税务检查时,应当出示税务检查证和税务检查通知书;无税务检查证和税务检查通知书的,纳税人、扣缴义务人及其他当事人有权拒绝检查。税务机关对集贸市场及集中经营业户进行检查时,可以使用统一的税务检查通知书。

税务检查证和税务检查通知书的式样、使用和管理的具体办法,由国家税务总局制定。

(三)《税务稽查案件办理程序规定》(国家税务总局令第52号发布)

第十五条 检查前,稽查局应当告知被查对象检查时间、需要准备的资料等,但预先通知有碍检查的除外。

检查应当由两名以上具有执法资格的检查人员共同实施,并向被查对象出示税务检查证件、出示或者送达税务检查通知书,告知其权利和义务。

(四)《税务检查证管理办法》(国家税务总局公告2018年第44号发布)

第二条 税务检查证是具有法定执法权限的税务人员,对纳税人、扣缴义务人及其他当事人进行检查时,证明其执法身份、职责权限和执法范围的专用证件。

税务检查证的名称为《中华人民共和国税务检查证》。

第五条 税务检查证分为稽查部门专用税务检查证和征收管理部门专用税务检查证。

稽查部门专用税务检查证,适用于稽查人员开展稽查工作,由稽查部门归口管理。

征收管理部门专用税务检查证,适用于征收、管理人员开展日常检查工作,由征收管理部门归口管理。

第十一条第二款 首次申领税务检查证的,应当取得税务执法资格。

第十五条 税务人员进行检查时,应当出示税务检查证和税务检查通知书,可以以文字或音像形式记录出示情况。

第十六条 税务人员出示税务检查证时,可以告知被检查人或其他当事人通过扫描二维码查验持证人身份。

三、典型案例解析

案例5-1 K市果酒厂与国家税务总局H州税务局第三稽查局税务行政处罚纠纷案[①]

1. 案件基本情况。

2018年12月6日,H州税务局第三稽查局根据《关于移交反映K市果酒厂涉嫌逃税违法问题的函》对K市果酒厂2013年至2017年涉嫌偷税行为进行立案调查,在调查中发现税收违法问题涉及以前年度,于2018年12月27日将稽查所属期间从2013年至2017年变更为2008年至2017

---

① (2020)云7102行初11号。

年。通过调账检查、询问相关人员、检查相关存款账户等方式查清原告偷税等事实后，于 2019 年 10 月 10 日，H 州税务局第三稽查局作出《税务处理决定书》和《税务行政处罚决定书》，决定对 K 市果酒厂处以涉案少缴增值税 1003147.63 元、消费税 590086.84 元、城市维护建设税 111526.41 元，50%的罚款 852380.44 元。K 市果酒厂对税务行政处罚决定不服，遂提起诉讼。在诉讼过程中，K 市果酒厂提出，税务检查人员的执法资质和执法检查证在检查时和诉讼时不一致，因此对税务检查人员的身份存在怀疑。

法院查明，H 州税务局第三稽查局工作人员王某持有国家税务总局制发的中华人民共和国税收执法资格证、Y 省国家税务局制发的税务检查证（证号为：Y 国税稽 06000011）和国家税务总局 Y 省税务局制发的税务检查证（证号为：D 税稽 5325190005）；陈某持有国家税务总局制发的中华人民共和国税收执法资格证、Y 省国家税务局制发的税务检查证（证号为：Y 国税稽 06020001）和国家税务总局 Y 省税务局制发的税务检查证（证号为：D 税稽 5325193002）；沐某持有国家税务总局制发的中华人民共和国税收执法资格证、Y 省地方税务局制发的税务检查证（证号为：Y 地税稽 25020001）和国家税务总局 Y 省税务局制发的税务检查证（证号为：D 税稽 5325193004）。

2. 案件争议焦点。

检查人员执法时持有的税务检查证的证号与其之后持有的税务检查证的证号不一致，其执法资格是否真实存在。

3. 法院裁判主旨。

关于被告提出的税务检查人员执法资质和税务检查证前后不一致，税务检查人员身份存疑的问题。《税收征管法》第五十九条规定，税务机关派出的人员进行税务检查时，应当出示税务检查证和税务检查通知书，并有责任为被检查人保守秘密；未出示税务检查证和税务检查通知书的，被检查人有权拒绝检查。经审查，负责本案税务稽查工作的王某、陈某、沐某三人，系 H 州税务局第三稽查局工作人员，三人均持有税收执法资格证，具有税收执法资质。在对原告开展税务检查时，出具了税务检查证和 H 税稽三检通一〔2018〕3 号规定的税务检查通知书，程序符合法律规定。由于国税地税机构改革的原因，在机构改革完成后国家税务总局 Y 省税务局统一重新制发了税务检查证，从而出现了税务检查时和诉讼过程中，三人证件不一致的情况。因此，原告提出的税务检查人员执法资质和税务检查证前后不一致，税务检查人员身份存疑的意见，法院不予支持。

4. 案例分析借鉴。

税务执法过程中，一般在执法人数、执法资格和证件出示问题上不会出现差错，但本案例也提醒广大税务执法干部在上述三个问题上一定要细心，因为这是涉税当事人很容易提出质疑的地方，而且这些细节没有做到位，会产生一些不利的法律后果。

四、税务适用操作指南

（一）税务执法资格

税务行政执法的整个执法过程，都应当由具有税务执法资格的人员实施，且不少于两人，这个执法主体资格的要求和人数的要求是贯穿于整个税务行政处罚过程之中的，不限于税务检查环节，也包括执行等环节。因此，作为对外执法活动的税务检查和税务调查，当然应由两名以上具有税务执法资格的人员实施。根据国家税务总局的规定，税务执法资格是指通过全国统一的税务执法资格考试并取得税务执法资格证。

（二）税务检查证和《税务检查通知书》的出示

税务执法人员在实施检查之前，还应当表明身份，即出示税务检查证。根据《税务检查证管理办法》（国家税务总局公告2018年第44号发布）第十一条第二款的规定，能出示检查证的，意味着取得了税务执法资格，也就自然符合《行政处罚法》关于主体资格的规定，因此无须另外证明税务执法人员具有执法主体资格。通常税务检查证和《税务检查通知书》一起出示，未出示税务检查证和《税务检查通知书》的，被检查人有权拒绝检查。检查人员可以通过要求被查对象在《税务文书送达回证》上注明"检查人员已出示税务检查证，证件编号×××，并已告知权利和义务"，或者通过制作现场笔录、音像记录等适当方式记录税务检查证件和《税务检查通知书》的出示情况。

需要说明的是，根据《税收征管法》第五十四条的规定，税务检查的对象是特定的，即纳税人和扣缴义务人。而税务机关根据《税收征管法》第五十七条的规定,向与案件相关的有关单位和个人调查取证、协查案件,属于税务调查的范畴。两者的对象不同,出具的通知文书也是不一样的。前者使用的文书是《税务检查通知书》,后者使用的是《税务协助检查通知书》。两文书都与《税务文书送达回证》一并使用,且一式两份,一份送达被查或调查对象,一份装入卷宗。两份文书式样如图5-1、图5-2所示。

_____税务局(稽查局)
税务检查通知书
_____税检通〔 〕号

_____:(纳税人识别号:_____)

根据《中华人民共和国税收征收管理法》第五十四条规定,决定派___等人,自___年___月___日起对你(单位)___年___月___日至___年___月___日期间(如检查发现此期间以外明显的税收违法嫌疑或线索不受此限)涉税情况进行检查。届时请依法接受检查,如实反映情况,提供有关资料。

税务机关(印章)
年 月 日

告知:税务机关派出的人员进行税务检查时,应当出示税务检查证和《税务检查通知书》,并有责任为被检查人保守秘密;未出示税务检查证和《税务检查通知书》的,被检查人有权拒绝检查。

图5-1 《税务检查通知书》式样

_____税务局(稽查局)
税务协助检查通知书
_____税协通〔 〕号

_____:

根据《中华人民共和国税收征收管理法》第五十七条规定,现派___等___人,前往你处对_____进行调查取证,请予支持,并依法如实提供有关资料及证明材料。

税务机关(印章)
年 月 日

告知:税务机关派出的人员进行税务调查时,应当出示税务检查证和《税务协助检查通知书》。未出示税务检查证和《税务协助检查通知书》的,被调查人有权拒绝为税务机关提供有关资料及证明材料;有权拒绝协助税务机关调查取证。

图5-2 《税务协助检查通知书》式样

(三)执法主体资格瑕疵

执法主体资格瑕疵是指执法人数不足两个人,执法人员没有执法主体资格,或者执法人员没有表明身份就进行税务检查或者税务调查。《行政诉讼法》第四十三条第三款规定："以非法手段取得的证据，不得作为认定案件事实的根据。"《最高人民法院关于适用〈中华人民共和国行政诉讼法〉的解释》（法释〔2018〕1号）第四十三条规定："有下列情形之一的，属于行政诉讼法第四十三条第三款规定的'以非法手段取得的证据'：（一）严重违反法定程序收集的证据材料；（二）以违反法律强制性规定的手段获取且侵害他人合法权益的证据材料；（三）以利诱、欺诈、胁迫、暴力等手段获取的证据材料。"其中，严重违反法定程序主要是指违反了最基本的正当程序收集的证据，实务中的情形主要包括：①在作出裁决后收集的证据；②只有一名执法人员收集的证据；③执法人员未取得相应执法资格……因此，如果违反了人数和主体资格的要求，会导致调查取证所获得的证据都不被法院认可。而如果没有表明身份，因为没有对当事人的权利义务产生实质上的影响，因此属于轻微违反法定程序，虽然检查阶段不至于被排除出证据范畴，但法院也会对此种违法行为予以纠正。而根据《税收征管法》的规定，未出示税务检查证和《税务检查通知书》的最直接的后果，则是被检查人有权拒绝检查，造成检查无法进行。

第三节　回避

一、《行政处罚法》的规定

第四十三条　执法人员与案件有直接利害关系或者有其他关系可能影响公正执法的，应当回避。

当事人认为执法人员与案件有直接利害关系或者有其他关系可能影响公正执法的，有权申请回避。

当事人提出回避申请的，行政机关应当依法审查，由行政机关负责人决定。决定作出之前，不停止调查。

二、税法及其他关联规定

（一）《税收征管法》

第十二条　税务人员征收税款和查处税收违法案件，与纳税人、扣缴义务人或者税收违法案件有利害关系的,应当回避。

第八十五条 税务人员在征收税款或者查处税收违法案件时,未按照本法规定进行回避的,对直接负责的主管人员和其他直接责任人员,依法给予行政处分。

(二)《税收征管法实施细则》

第八条 税务人员在核定应纳税额、调整税收定额、进行税务检查、实施税务行政处罚、办理税务行政复议时,与纳税人、扣缴义务人或者其法定代表人、直接责任人有下列关系之一的,应当回避:

(一) 夫妻关系;

(二) 直系血亲关系;

(三) 三代以内旁系血亲关系;

(四) 近姻亲关系;

(五) 可能影响公正执法的其他利害关系。

(三)《税务稽查案件办理程序规定》(国家税务总局令第 52 号发布)

第八条 税务稽查人员具有税收征管法实施细则规定回避情形的,应当回避。

被查对象申请税务稽查人员回避或者税务稽查人员自行申请回避的,由稽查局局长依法决定是否回避。稽查局局长发现税务稽查人员具有规定回避情形的,应当要求其回避。稽查局局长的回避,由税务局局长依法审查决定。

三、典型案例解析

案例 5-2 N 市 Y 工程有限公司与 N 市人民政府、N 市地方税务局稽查局、N 市地方税务局税务行政处理及行政复议纠纷案[①]

1. 案件基本情况。

2014 年 7 月 21 日,N 市地方税务局稽查局(以下简称地税稽查局)制作《税务稽查立案审批表》,决定对 N 市 Y 工程有限公司(以下简称 Y 公司)2011 年 1 月 1 日至 2013 年 12 月 31 日期间涉税情况进行立案检查。7 月 28 日,地税稽查局作出《税务检查通知书》并于次日向 Y 公司送达。

---

① (2017) 苏 01 行终 1120 号。

该案件经过听证、集体审理和重大案件审理之后，地税稽查局作出《税务处理决定书》和《税务处罚决定书》并送达。原告不服，针对地税稽查局作出的税务处理决定，提起了复议和诉讼。

2. 案件争议焦点。

在上诉过程中，上诉人提出，地税稽查局未告知上诉人有申请回避的权利，违反回避的规定，程序违法。

3. 法院裁判主旨。

上诉人提出地税稽查局未告知其申请回避权的问题。法院认为，《税收征管法》第十二条规定："税务人员征收税款和查处税收违法案件，与纳税人、扣缴义务人或者税收违法案件有利害关系的，应当回避。"《税收征管法实施细则》第八条规定，税务人员在核定应纳税额、调整税收定额、进行税务检查、实施税务行政处罚、办理税务行政复议时，与纳税人、扣缴义务人或者其法定代表人、直接责任人有夫妻关系、直系血亲关系、三代以内旁系血亲关系、近姻亲关系、可能影响公正执法的其他利害关系的，应当回避。《税务稽查工作规程》（国税发〔2009〕157号）[①]第七条规定："税务稽查人员有《税收征管法实施细则》规定回避情形的，应当回避。被查对象要求税务稽查人员回避的，或者税务稽查人员自己提出回避的，由稽查局局长依法决定是否回避。稽查局局长发现税务稽查人员有规定回避情形的，应当要求其回避。稽查局局长的回避，由所属税务局领导依法审查决定。"上述法律、法规、规范性文件是关于税务稽查人员应当主动申请回避的范围及被查对象要求回避时应当履行程序的规定，并未要求税务人员在查处税收违法案件中必须履行回避告知义务。且上诉人直至本案诉讼时亦未指出本案税务稽查人员存在法定回避情形，因此，即使地税稽查局未告知申请回避权构成程序瑕疵，亦不足以导致《税务处理决定书》应被撤销的法律后果。

4. 案例分析借鉴。

本案例澄清了一个问题，如果存在回避的情形，行政执法人员应当主动提出回避的请求，行政相对人也可以提出回避的申请，但是行政执法人员并没有义务告知行政相对人有提出回避申请的权利。

---

① 编者注：该文件已于2021年8月11日起废止。《税务稽查案件办理程序规定》（国家税务总局令第52号）于同日起施行。

四、税务适用操作指南

回避是程序正当的基本要求。税务机关工作人员在进行税务检查、实施税务行政处罚时，与税务行政相对人存在利害关系的，应当回避。应当回避没有回避的，属于程序违法，行政处罚决定可撤销。在实施检查程序中，应回避而未回避所获得的证据，属于严重违反法定程序所获得的证据，适用非法证据排除规则，不得作为定案的事实依据。回避又分为税务机关工作人员主动申请回避和相对人申请税务执法人员回避两种情形。在处理税务行政处罚的回避时，应当注意以下三个问题。

（一）应当回避的情形

《行政处罚法》并未对应当回避的具体情形进行列举，只是笼统地的规定"执法人员与案件有直接利害关系或者有其他关系可能影响公正执法的"。《税收征管法实施细则》第八条对应当回避的具体情形进行了详细的规定，主要包括五种情形：税务人员与税务行政相对人有夫妻关系、直系血亲关系、三代以内旁系血亲关系、近姻亲关系、可能影响公正执法的其他利害关系。

血亲，是指因自然的血缘关系而产生的亲属关系，也包括因法律拟制而产生的血亲关系。有自然血缘联系的亲属，称为自然血亲；因法律拟制的抚养关系而形成的亲属，称为拟制血亲。拟制血亲是社会的需要，其与自然血亲的社会关系属性几乎没有差别，所以需要法律的认可与规范。直系血亲，是指彼此之间有着直接血缘联系的血亲，己身所出和己身所从出的亲属，即生育自己和自己所生育的上下各代亲属，亲生父母子女、祖孙、曾祖孙等之间，为直系血亲。养父母子女、有抚养关系的继父母子女之间，为拟制直系血亲。旁系血亲，是指与自己有着共同血缘，但彼此之间没有直接生育关系的血亲，如同胞兄弟姐妹之间，堂、表兄弟姐妹之间，伯、叔、姑与侄之间，舅、姨与甥之间。拟制直系血亲关系的一方与对方的旁系血亲之间，为拟制旁系血亲。三代以内旁系血亲关系，这个"代"是指世代，或者称"辈"。一类是己身与伯、叔、姑、舅、姨等，另一类是己身与堂、表兄弟姐妹等。姻亲是以婚姻为中介形成的亲属，但不包括己身的配偶。一类是配偶的血亲，如岳父母、公婆；另一类是血亲的配偶，如儿媳、女婿、嫂、弟媳、姐夫、妹夫。在我国，除特殊情况外，婚姻当事人一方死亡，姻亲关系不终止。离婚或婚姻被撤销，姻亲关系终止。①

通过以上分析可以看出，虽然《税收征管法实施细则》第八条规定的比较详细，但也较为笼统，在理解和适用中仍然会存在争议，《中华人民共和国民法典》（以下简称《民法典》），对近亲属的定义更准确、更具可识别性。《民法典》第一千零四十五条规定："亲属包括配偶、血亲和姻亲。配偶、父母、子女、兄弟姐妹、祖父母、外祖父母、孙子女、外孙子女为近亲属。配偶、父母、子女和其他共同生活的近亲属为家庭成员。"另外，除近亲属的客观判断标准以外，还有"可能影响公正执法的其他利害关系。"这是需要主观判断的一条标准，行政机关与相对人很有可能对这一条标准发生争议。

（二）回避的批准权限

《行政处罚法》仅对当事人提出回避申请的，是否回避需要行政机关负责人决定的情形做了规定，但并未对执法人员主动提出回避申请的由谁决定作出规定。《税务稽查案件办理程序规定》（国家税务总局令第52号发布）对此作出了详细规定，即稽查人员的回避问题，由稽查局局长依法决定；稽查局局长的回避，由税务局局长依法审查决定。

在税收征管实务中，除稽查局外，其他税务机关也有可能对税务行政相对人作出行政处罚决定。此时的回避批准权限，不能直接适用《税务稽查案件办理程序规定》（国家税务总局令第52号发布），但建议参照其规定，对一般税务人员的回避，由其所在单位的主要负责人决定；对税务机关负责人的回避，由上级机关的主要负责人决定。

另外，关于《行政处罚法》规定"行政机关负责人决定"中的"行政机关负责人"，可参照《最高人民法院关于适用〈中华人民共和国行政诉讼法〉的解释》（法释〔2018〕1号）第一百二十八条的规定，将行政机关负责人界定为行政机关的正职、副职负责人及其他参与分管的负责人。

（三）回避的效力

为了保证行政效率，确保回避程序不被滥用，《行政处罚法》还对回避的效力问题作出了规定。当事人提出回避申请的，在行政机关负责人作出决定前，不停止调查。虽然《税收征管法》及其实施细则、《税务稽查案件办理程序规定》（国家税务总局令第52号发布）并未对回避决定期间的效力进行明

---

① 黄薇. 中华人民共和国民法典释义 [M]. 北京：法律出版社，2020.

确,但对于税务行政处罚程序来说,此时应当适用《行政处罚法》的规定。即,在税务机关的负责人未作出是否回避的决定前,不停止检查和调查。

第四节 证据

一、行政处罚中的证据种类

(一)《行政处罚法》的规定

第四十六条第一款 证据包括:
(一)书证;
(二)物证;
(三)视听资料;
(四)电子数据;
(五)证人证言;
(六)当事人的陈述;
(七)鉴定意见;
(八)勘验笔录、现场笔录。

(二)税法及其他关联规定

《行政诉讼法》第三十三条第一款 证据包括:
(一)书证;
(二)物证;
(三)视听资料;
(四)电子数据;
(五)证人证言;
(六)当事人的陈述;
(七)鉴定意见;
(八)勘验笔录、现场笔录。

(三) 典型案例解析

案例5-3 N市Y工程有限公司与N市人民政府、N市地方税务局稽查局、N市地方税务局税务行政处理及行政复议纠纷案①

1. 案件基本情况。

略,参见案例5-2。

2. 案件争议焦点。

地税稽查局调取上诉人电子账册是否程序违法?

3. 法院判决主旨。

关于上诉人提出地税稽查局调取上诉人电子账册程序违法的问题。法院认为,《税收征管法实施细则》第二十六条规定:"纳税人、扣缴义务人会计制度健全,能够通过计算机正确、完整计算其收入和所得或者代扣代缴、代收代缴税款情况的,其计算机输出的完整的书面会计记录,可视同会计账簿。"本案中,地税稽查局复制的电子数据并非书面会计记录,不应视为会计账簿,故不适用《税务稽查工作规程》(国税发〔2009〕157号)②第二十五条关于调取账簿、记账凭证、报表和其他材料时应履行的法定程序及返还期限的规定。

4. 案例分析借鉴。

这个案例说明,不同的证据种类有着不同的取证要求。因此税务机关在执法过程中,首先要对欲取得的证据材料归属于哪一类了然于心,然后才能在具体的取证环节做到按照法定要求。本案中,如果是会计账簿从计算机中输出打印,那么按照《税收征管法实施细则》的规定,可以视同会计账簿,其取证要求就要遵循《税务稽查案件办理程序规定》(国家税务总局令第52号发布)第十八条(本案例发生时为《税务稽查工作规程》第二十五条)的要求。如果企业采用的是ERP、SAP等软件进行的财务管理,稽查局从中拷贝电子账册,在证据分类上就应该归属于电子数据,其取证要求遵循的是《税务稽查案件办理程序规定》(国家税务总局令第52号发布)第十六条和第二十三条。

---

① (2017)苏01行终1120号。
② 该文件已于2021年8月11日废止,但该条款被《税务稽查案件办理程序规定》(国家税务总局令第53号)第十八条吸收。

(四) 税务适用操作指南

税法并没有规定税务行政证据类型,但调查取证在税务执法中一直是执法的核心工作。因为税务机关的调查取证就是在收集证据。所以税务机关收集到用以证明违法事实的证据,都要归集为上述八类法定证据。之所以对证据进行上述八种分类,是因为每类证据法律都规定了不同的取证要求。因此准确识别八大证据种类,并在税务执法过程中将收集到的证据材料归集到相应门类之下,就显得尤为重要。

1. 书证。

书证,是指用文字、符号、图表、图画甚至是密码等形式表达一定的思想或行为,其内容能证明案件真实情况的证据。其物质载体通常是纸张,但也有其他物质。书证在各类税务行政处罚证据中是最重要的、最常见的一种证据形式。税务行政处罚案件中大量的待证事实需要通过书证加以证实和固定。税务行政处罚案件中书证主要有三类:第一类是证明税务行政处罚案件当事人主体身份、资格的书证,特殊行业还应取得特许经营批准文书。比如,纳税人中企业法人的营业执照或者自然人的居民身份证、税务登记证、出口企业退税登记证等。第二类是证明税务行政处罚案件当事人违法事实的书证。该类书证主要有账簿资料、凭证、合同、销货清单、银行账单、纳税申报表、财务会计报表、发票等。第三类是证明税务机关具体行政行为的书证。具体包括《税务稽查通知书》《询问通知书》《调取账簿资料清单》《冻结存款决定书》《查封商品、货物、财产清单》《扣押商品、货物、财产专用收据》《税务行政处罚事项告知书》《税务处理决定书》《税务行政处罚决定书》等。

2. 物证。

物证,是指以物品的客观存在、外部形态、质量、规格、特征等证明案件事实的证据。税务行政处罚案件中的物证通常包括伪造、变造的发票,伪造的发票防伪标志,伪造的发票监制章,伪造的财务专用章,用来伪造、变造证件和发票的机器设备等;抗税案件中使用的木棍、砖块及行凶的刀具等;虚开发票的实物原物及打印机、计算机、复印机等。在税务行政处罚案件中,通常使用物证的情形不是太多,但这并不代表物证这种证据形式对于税务行政处罚不重要。在某些案件无法取得其他证据的情况下,物证会对案件的认定起到至关重要的作用。由于物证一般都具有较强的客观性和稳定性,所以物证往往比其他证据更为可靠,具有较高的证明价值。

3. 视听资料。

视听资料，是指以录音、录像等形式所记录的声音、图像、数据、行为等信息及电子计算机和其他高科技设备储存的信息来证明案件事实的证据。从载体上看，视听资料中的声音、图像、数据、信息是以声、光、电、磁及其他粒子形式存在的，这种声、光、电、磁及其他粒子必须通过音像技术设备还原成可以视听的资料。在税务行政处罚案件中通常包括各种录音、录像等。随着视听资料在证明案件事实过程中的作用和地位的不断提高，它在税务行政处罚中的运用也从逐步接受、认可直至大量运用，在某些税务行政处罚案件中，视听资料往往会起到至关重要的作用。

4. 电子数据。

电子数据是由电子手段、光学手段或类似手段生成的传送、接收或存储的信息。电子数据需要存储在电子介质上。电子证据具有稳定性和安全性的特点，对其修改、复制或者删除能够通过技术手段认定和识别。电子证据的审查要注意对电子证据原件的识别，以及对电子证据完整性的认定。随着大量财务软件在企业中的运用，在税务检查过程中，电子数据的获得变得越来越重要。

5. 证人证言和当事人陈述。

证人证言，是非案件参与人关于案件事实的陈述，可以分为口头形式或者书面形式。因生理上、精神上有缺陷或者年幼，而不能辨别是非、不能正确表达的人，不能作为证人。证人应当陈述其亲历的具体事实。证人根据其经历所作的判断、推测或者评论，不能作为定案的依据。当事人的陈述，是案件当事人关于案件事实的自我叙述、承认、反驳、辩解和陈词。涉税案件的证人证言和当事人陈述，形式主要包括两种：一是以书面方式向税务机关提供的说明、介绍、证明等材料；二是税务机关通过询问方式制作的询问笔录。

作为纳税人的自然人，企业的法定代表人，其他组织的负责人所作的询问笔录，纳税人所作的自书材料，属于当事人陈述。对同一案件中的其他人（如财务会计、出纳人员、仓库保管人员、业务员等）进行询问调查所制作的笔录属于证人证言。

6. 鉴定意见。

鉴定意见，是指接受委托的鉴定人运用自己的专业知识和技能，对需要鉴定的专业性问题进行分析、鉴别和判断之后出具的专业意见。鉴定意见应当载明委托人和委托鉴定的事项、向鉴定部门提交的相关材料、鉴定的依据和使用的科学技术手段、鉴定部门和鉴定人鉴定资格的说明,并应有鉴定人的签名和鉴定部门的盖章。通过分析获得的鉴定意见,应当说明分析过程。

在税务行政处罚案件办理过程中,对于一些生产工艺、流程等专业性很强的问题,如是否涉嫌无生产能力或者通过不具合理性的生产工艺、流程而虚开发票、隐瞒收入或者多列成本,税务机关可依法委托或者指定鉴定人,运用其专门知识对案件中的专门性问题进行分析、鉴别和判断并出具意见。

7. 现场笔录和勘验笔录。

现场笔录,是指税务人员在税务行政处罚中对某些事项当场进行调查、处理所制作的能够证明案件事实的文字记载材料。现场笔录应当对正在发生的纳税人及其他税务当事人有关涉税事实的具体情况如实记载,因此,现场笔录必须将制作的时间、地点、事件及现场的其他情况无一遗漏地载明,以反映制作笔录时的情况,记录税务机关执法现场当时的情况,现场笔录一般是动态的事实。勘验笔录,是指执法人员对物品、现场进行勘查、检验后所做的能够证明案件情况的记录。勘验笔录应当载明时间、地点和勘验情况等内容。

综上,由于税务行政处罚执法过程中证据繁杂,而税法对各法定证据类型又没有规定,这就需要执法者自己在收集证据的过程中,自动提前做好证据的归属,由此才能使取得的证据真实、合法、有效。至于取证的要求,本书后面再阐述。

二、定案证据的基本条件

(一)《行政处罚法》的规定

第四十六条第二款 证据必须经查证属实,方可作为认定案件事实的根据。

第四十六条第三款 以非法手段取得的证据,不得作为认定案件事实的根据。

(二) 税法及其他关联规定

1.《行政诉讼法》

第三十三条第二款 以上证据经法庭审查属实,才能作为认定案件事实的根据。

第四十三条第三款 以非法手段取得的证据,不得作为认定案件事实的根据。

2.《最高人民法院关于适用〈中华人民共和国行政诉讼法〉的解释》(法释〔2018〕1号)

第四十二条 能够反映案件真实情况、与待证事实相关联、来源和形式符合法律规定的证据,应当作为认定案件事实的根据。

第四十三条 有下列情形之一的,属于行政诉讼法第四十三条第三款规定的"以非法手段取得的证据":

(一) 严重违反法定程序收集的证据材料;

(二) 以违反法律强制性规定的手段获取且侵害他人合法权益的证据材料;

(三) 以利诱、欺诈、胁迫、暴力等手段获取的证据材料。

3.《税务稽查案件办理程序规定》(国家税务总局令第52号发布)

第十七条 检查应当依照法定权限和程序收集证据材料。收集的证据必须经查证属实,并与证明事项相关联。

不得以下列方式收集、获取证据材料:

(一) 严重违反法定程序收集;

(二) 以违反法律强制性规定的手段获取且侵害他人合法权益;

(三) 以利诱、欺诈、胁迫、暴力等手段获取。

(三) 税务适用操作指南

能够反映案件真实情况、与待证事实相关联、来源和形式符合法律规定的证据,应当作为认定案件事实的根据。按照通常理解,证据具有真实性、关联性、合法性三个特征。《行政处罚法》对证据"三性"没有做正面要求,只是规定了部分的证据排除规则。

1. 真实性。

真实性,是指证据必须能够反映客观存在的真实情况,而不是臆造、猜测的主观之物。证据必须经过查证属实才能作为定案依据,《行政处罚法》和《行政诉讼法》做了同样的规定,因此,不能正确表达意志的证人提供的证言、被进行技术处理而无法辨明真伪的证据材料,因无法确定真实性而不能作为定案证据。对证据真实性的审查,既包括证据内容真实性的审查,也包括证据来源真实性的审查。前者通常需要运用日常经验法则和逻辑推理进行综合判断,后者主要是形式上的审查。根据《最高人民法院关于行政诉讼证据若干问题的规定》(法释〔2002〕21号)第五十六条的规定,真实性可以从以下方面查证；证据形成的原因，发现证据时的客观环境；证据是否为原件、原物，复制件、复制品与原件、原物是否相符；提供证据的人或者证人与当事人是否具有利害关系等。

真实性无法得到证明的证据材料，一般会排除在证据范围之外。比如，《最高人民法院关于行政诉讼证据若干问题的规定》（法释〔2002〕21号）第五十七条就规定，下列证据材料不能作为定案依据：当事人无正当理由拒不提供原件、原物，又无其他证据印证，且对方当事人不予认可的证据的复制件或者复制品；被当事人或者他人进行技术处理而无法辨明真伪的证据材料；不能正确表达意志的证人提供的证言；不具备合法性和真实性的其他证据材料。

2. 关联性。

关联性，是指证据必须同证明对象之间存在某种内在联系，能够说明证明对象的真实情况，或者由于这些材料的存在，使证明对象的真实与虚假比在没有这些材料的情况下更为清楚。因此，一个证据具有关联性需要满足两个条件：一是该证据试图证明的是行政机关所指向的待证事实；二是该证据对结果事实的证明有一定的影响力，理论上称其为"证明力"。可见，关联性是事实材料作为证据的必要条件，不具有关联性的证据材料应当予以排除。但具备关联性并不意味着待证事实成立，而仅仅是有助于证明待证事实。关联性解决的是证据支撑待证事实的倾向性和可能性，而非确定性。一般的案件中，如果确定某一证据是真实且合法的，剩下的唯一证明目的就是和待证事实之间的关联度。如果影响力不足以达到证明标准，那么仍然会导致事实不清。

3. 合法性。

合法性，是指证据的来源和形式符合法律规定。主要包括以下四个方面：①证据主体合法，即形成证据的主体必须符合法律的要求；②证据形式合法，如公文书证应当加盖单位印章、鉴定报告要有鉴定人本人签名等；③证据取得方法合法，如一个执法人员调查取证，即使取得的证据是真实的，但其违反了法定程序，因此也应该排除在证据范围之外；④证据程序合法，如要质证等。

以非法手段取得的证据，不得作为认定案件事实的根据。"以非法手段取得的证据"包括以下三种情形：①严重违反法定程序收集的证据材料。这里要正确区分"严重违反"和"轻微违反"。实践中，严重违反法定程序一般包括：先裁决后取证的证据；只有一名执法人员收集的证据；执法人员未取得相应的执法资格；执法人员应当回避而未回避；刑讯逼供取得的证据；收集证据时未依法告知相对人相关权利;未全面、客观、公正地调查收集证据;非法搜查;钓鱼执法;应当在听证程序中接受相对人申辩、质证但未经过申辩和质证的证据;采取利诱、欺诈、威胁、暴力等不正当手段;其他严重违反法定程序的证据。而诸如证人证言未附有证人的居民身份证复印件等证明证人身份的文件、检查询问时未出示证件表明身份、登记保存证据的手续不齐全但不影响证据的真实性、证据复印件漏掉原件持有人的签名盖章、检查勘验人笔录没有见证人签名、询问笔录漏掉询问人或记录人签名等均属于轻微违反法定程序,不予排除。②以违反法律强制性规定的手段获取且侵害他人合法权益的证据材料。③以利诱、欺诈、胁迫、暴力等手段获取的证据材料。以上三类证据即使具有真实性,也会因为合法性问题而被排除在证据之外。

在行政诉讼的法庭质证环节,法院就是围绕证据的"三性"来展开质证,任何一组证据如果不具备真实性、关联性或者存在非法证据排除规则适用的情形,都会直接被排除在证据之外,得不到法院的认可。

三、证据的收集与保存

(一)《行政处罚法》的规定

第四十条 公民、法人或者其他组织违反行政管理秩序的行为,依法应当给予行政处罚的,行政机关必须查明事实;违法事实不清、证据不足的,不得给予行政处罚。

第四十一条 行政机关依照法律、行政法规规定利用电子技术监控设备收集、固定违法事实的,应当经过法制和技术审核,确保电子技术监控设备符合标准、设置合理、标志明显,设置地点应当向社会公布。

电子技术监控设备记录违法事实应当真实、清晰、完整、准确。行政机关应当审核记录内容是否符合要求;未经审核或者经审核不符合要求的,不得作为行政处罚的证据。

行政机关应当及时告知当事人违法事实,并采取信息化手段或者其他措施,为当事人查询、陈述和申辩提供便利。不得限制或者变相限制当事人享有的陈述权、申辩权。

第五十六条 行政机关在收集证据时,可以采取抽样取证的方法;在证据可能灭失或者以后难以取得的情况下,经行政机关负责人批准,可以先行登记保存,并应当在七日内及时作出处理决定,在此期间,当事人或者有关人员不得销毁或者转移证据。

第四十七条 行政机关应当依法以文字、音像等形式,对行政处罚的启动、调查取证、审核、决定、送达、执行等进行全过程记录,归档保存。

(二) 税法及其他关联规定

1.《税收征管法》

第五十四条 税务机关有权进行下列税务检查:

(一) 检查纳税人的账簿、记账凭证、报表和有关资料,检查扣缴义务人代扣代缴、代收代缴税款账簿、记账凭证和有关资料;

(二) 到纳税人的生产、经营场所和货物存放地检查纳税人应纳税的商品、货物或者其他财产,检查扣缴义务人与代扣代缴、代收代缴税款有关的经营情况;

(三) 责成纳税人、扣缴义务人提供与纳税或者代扣代缴、代收代缴税款有关的文件、证明材料和有关资料;

(四) 询问纳税人、扣缴义务人与纳税或者代扣代缴、代收代缴税款有关的问题和情况;

(五) 到车站、码头、机场、邮政企业及其分支机构检查纳税人托运、邮寄应纳税商品、货物或者其他财产的有关单据、凭证和有关资料;

(六) 经县以上税务局(分局)局长批准,凭全国统一格式的检查存款账户许可证明,查询从事生产、经营的纳税人、扣缴义务人在银行或者其他金融机构的存款账户。税务机关在调查税收违法案件时,经设区的市、自治州以上税务局(分局)局长批准,可以查询案件涉嫌人员的储蓄存款。税务机关查询所获得的资料,不得用于税收以外的用途。

第五十六条 纳税人、扣缴义务人必须接受税务机关依法进行的税务检查,如实反映情况,提供有关资料,不得拒绝、隐瞒。

第五十七条 税务机关依法进行税务检查时,有权向有关单位和个人调查纳税人、扣缴义务人和其他当事人与纳税或者代扣代缴、代收代缴税款有关的情况,有关单位和个人有义务向税务机关如实提供有关资料及证明材料。

第五十八条 税务机关调查税务违法案件时,对与案件有关的情况和资料,可以记录、录音、录像、照相和复制。

2.《税收征管法实施细则》

第八十六条 税务机关行使税收征管法第五十四条第(一)项职权时,

可以在纳税人、扣缴义务人的业务场所进行；必要时，经县以上税务局（分局）局长批准，可以将纳税人、扣缴义务人以前会计年度的账簿、记账凭证、报表和其他有关资料调回税务机关检查，但是税务机关必须向纳税人、扣缴义务人开付清单，并在3个月内完整退还；有特殊情况的，经设区的市、自治州以上税务局局长批准，税务机关可以将纳税人、扣缴义务人当年的账簿、记账凭证、报表和其他有关资料调回检查，但是税务机关必须在30日内退还。

第八十七条 税务机关行使税收征管法第五十四条第（六）项职权时，应当指定专人负责，凭全国统一格式的检查存款账户许可证明进行，并有责任为被检查人保守秘密。

检查存款账户许可证明，由国家税务总局制定。

税务机关查询的内容，包括纳税人存款账户余额和资金往来情况。

3.《税务稽查案件办理程序规定》（国家税务总局令第52号发布）

第十八条 调取账簿、记账凭证、报表和其他有关资料时，应当向被查对象出具调取账簿资料通知书，并填写调取账簿资料清单交其核对后签章确认。

调取纳税人、扣缴义务人以前会计年度的账簿、记账凭证、报表和其他有关资料的，应当经县以上税务局局长批准，并在3个月内完整退还；调取纳税人、扣缴义务人当年的账簿、记账凭证、报表和其他有关资料的，应当经设区的市、自治州以上税务局局长批准，并在30日内退还。

退还账簿资料时，应当由被查对象核对调取账簿资料清单，并签章确认。

第十九条 需要提取证据材料原件的，应当向当事人出具提取证据专用收据，由当事人核对后签章确认。对需要退还的证据材料原件，检查结束后应当及时退还，并履行相关签收手续。需要将已开具的纸质发票调出查验时，应当向被查验的单位或者个人开具发票换票证；需要将空白纸质发票调出查验时，应当向被查验的单位或者个人开具调验空白发票收据。经查无问题的，应当及时退还，并履行相关签收手续。

提取证据材料复制件的，应当由当事人或者原件保存单位（个人）在复制件上注明"与原件核对无误"及原件存放地点，并签章。

第二十条 询问应当由两名以上检查人员实施。除在被查对象生产、经营、办公场所询问外，应当向被询问人送达询问通知书。

询问时应当告知被询问人有关权利义务。询问笔录应当交被询问人核对或者向其宣读；询问笔录有修改的，应当由被询问人在改动处捺指印；核对无误后，由被询问人在尾页结束处写明"以上笔录我看过（或者向我宣读过），与我说的相符"，并逐页签章、捺指印。被询问人拒绝在询问笔录上签章、捺指印的，检查人员应当在笔录上注明。

第二十一条 当事人、证人可以采取书面或者口头方式陈述或者提供证言。当事人、证人口头陈述或者提供证言的，检查人员应当以笔录、录音、录像等形式进行记录。笔录可以手写或者使用计算机记录并打印，由当事人或者证人逐页签章、捺指印。

当事人、证人口头提出变更陈述或者证言的，检查人员应当就变更部分重新制作笔录，注明原因，由当事人或者证人逐页签章、捺指印。当事人、证人变更书面陈述或者证言的，变更前的笔录不予退回。

第二十二条 制作录音、录像等视听资料的，应当注明制作方法、制作时间、制作人和证明对象等内容。

调取视听资料时，应当调取有关资料的原始载体；难以调取原始载体的，可以调取复制件，但应当说明复制方法、人员、时间和原件存放处等事项。

对声音资料，应当附有该声音内容的文字记录；对图像资料，应当附有必要的文字说明。

第二十三条 以电子数据的内容证明案件事实的，检查人员可以要求当事人将电子数据打印成纸质资料，在纸质资料上注明数据出处、打印场所、打印时间或者提供时间，注明"与电子数据核对无误"，并由当事人签章。

需要以有形载体形式固定电子数据的，检查人员应当与提供电子数据的个人、单位的法定代表人或者财务负责人或者经单位授权的其他人员一起将电子数据复制到存储介质上并封存，同时在封存包装物上注明制作方法、制作时间、制作人、文件格式及大小等，注明"与原始载体记载的电子数据核对无误"，并由电子数据提供人签章。

收集、提取电子数据，检查人员应当制作现场笔录，注明电子数据的来源、事由、证明目的或者对象，提取时间、地点、方法、过程，原始存储介质的存放地点以及对电子数据存储介质的签封情况等。进行数据压缩的，应当在笔录中注明压缩方法和完整性校验值。

第十六条第二款 对采用电子信息系统进行管理和核算的被查对象，检查人员可以要求其打开该电子信息系统，或者提供与原始电子数据、电子信息系统技术资料一致的复制件。被查对象拒不打开或者拒不提供的，经稽查局局长批准，可以采用适当的技术手段对该电子信息系统进行直接检查，或者提取、复制电子数据进行检查，但所采用的技术手段不得破坏该电子信息系统原始电子数据，或者影响该电子信息系统正常运行。

第二十四条 检查人员实地调查取证时，可以制作现场笔录、勘验笔录，对实地调查取证情况予以记录。

制作现场笔录、勘验笔录，应当载明时间、地点和事件等内容，并由检查人员签名和当事人签章。

当事人经通知不到场或者拒绝在现场笔录、勘验笔录上签章的，检查人员应当在笔录上注明原因；如有其他人员在场，可以由其签章证明。

第二十五条 检查人员异地调查取证的，当地税务机关应当予以协助；发函委托相关稽查局调查取证的，必要时可以派人参与受托地稽查局的调查取证，受托地稽查局应当根据协查请求，依照法定权限和程序调查。

需要取得境外资料的，稽查局可以提请国际税收管理部门依照有关规定程序获取。

4.《最高人民法院关于行政诉讼证据若干问题的规定》（法释〔2002〕21号）

第十条 根据行政诉讼法第三十一条第一款第（一）项的规定，当事人向人民法院提供书证的，应当符合下列要求：

（一）提供书证的原件，原本、正本和副本均属于书证的原件。提供原件确有困难的，可以提供与原件核对无误的复印件、照片、节录本；

（二）提供由有关部门保管的书证原件的复制件、影印件或者抄录件的，应当注明出处，经该部门核对无异后加盖其印章；

（三）提供报表、图纸、会计账册、专业技术资料、科技文献等书证的，应当附有说明材料；

（四）被告提供的被诉具体行政行为所依据的询问、陈述、谈话类笔录，应当有行政执法人员、被询问人、陈述人、谈话人签名或者盖章。

法律、法规、司法解释和规章对书证的制作形式另有规定的，从其规定。

第十一条 根据行政诉讼法第三十一条第一款第（二）项的规定，当事人向人民法院提供物证的，应当符合下列要求：

（一）提供原物。提供原物确有困难的，可以提供与原物核对无误的复制件或者证明该物证的照片、录像等其他证据；

（二）原物为数量较多的种类物的，提供其中的一部分。

第十二条 根据行政诉讼法第三十一条第一款第（三）项的规定，当事人向人民法院提供计算机数据或者录音、录像等视听资料的，应当符合下列要求：

（一）提供有关资料的原始载体。提供原始载体确有困难的，可以提供复制件；

（二）注明制作方法、制作时间、制作人和证明对象等；

（三）声音资料应当附有该声音内容的文字记录。

第十三条 根据行政诉讼法第三十一条第一款第（四）项的规定，当事人向人民法院提供证人证言的，应当符合下列要求：

（一）写明证人的姓名、年龄、性别、职业、住址等基本情况；

（二）有证人的签名，不能签名的，应当以盖章等方式证明；

（三）注明出具日期；

（四）附有居民身份证复印件等证明证人身份的文件。

第十四条 根据行政诉讼法第三十一条第一款第（六）项的规定，被告向人民法院提供的在行政程序中采用的鉴定结论，应当载明委托人和委托鉴定的事项、向鉴定部门提交的相关材料、鉴定的依据和使用的科学技术手段、鉴定部门和鉴定人鉴定资格的说明，并应有鉴定人的签名和鉴定部门的盖章。通过分析获得的鉴定结论，应当说明分析过程。

第十五条 根据行政诉讼法第三十一条第一款第（七）项的规定，被告向人民法院提供的现场笔录，应当载明时间、地点和事件等内容，并由执法人员和当事人签名。当事人拒绝签名或者不能签名的，应当注明原因。有其他人在现场的，可由其他人签名。法律、法规和规章对现场笔录的制作形式另有规定的，从其规定。

第十六条 当事人向人民法院提供的在中华人民共和国领域外形成的证据，应当说明来源，经所在国公证机关证明，并经中华人民共和国驻该国使领馆认证，或者履行中华人民共和国与证据所在国订立的有关条约中规定的证明手续。

当事人提供的在中华人民共和国香港特别行政区、澳门特别行政区和台湾地区内形成的证据，应当具有按照有关规定办理的证明手续。

第十七条 当事人向人民法院提供外文书证或者外国语视听资料的，应当附有由具有翻译资质的机构翻译的或者其他翻译准确的中文译本，由翻译机构盖章或者翻译人员签名。

（三）典型案例解析

案例 5-4 S 市国家税务局第二稽查局与 L 省 W 药业有限公司行政处罚纠纷案①

1. 案件基本情况。

L 省 W 药业有限公司（一审原告，二审被上诉人，以下简称 W 药业）成立于 1999 年 11 月，主要经营药品批发。S 市国家税务局第二稽查局（一审被告，二审上诉人，以下简称稽查局）根据国家税务总局有关工作安排意见，就审计部门转来的相关证据及移交的审计工作底稿、企业账簿及原始凭证，以及某市公安局经济犯罪侦查支队调查核实的证据，并经稽查局调查取证，认定 W 药业于 2010 年 1 月至 2012 年 3 月期间未从 J 公司购进由 X 公司生产的开顺（注：开顺是一种药品名称），但却接受 J 公司开具的货物名称为开顺的增值税专用发票 701 组，不含税金额为 66251950.73 元，税额 11262831.87 元，价税合计 77514782.60 元。2017 年 3 月 1 日，稽查局向 W 药业作出国税稽二罚（2017）11 号税务行政处罚决定书，对 W 药业处以 11262831.87 元的罚款。W 药业不服，于 2017 年 4 月 1 日诉至法院。

（1）稽查局向一审法院提交的证据。

第一组证据：关于程序合法的证据……

第二组证据：关于事实认定的证据……

关于货物流和票流的证据。证据 34：审计工作底稿，证明审计人员通过采集该市医药采购平台的数据和该市食品药品监督管理局的药品检测数据、该省国家税务局的进项认证数据和销项发票数据进行分析，发现该市食品药品监督管理局数据中 J 公司未购进也未销售过开顺。同期开顺主要由 X、Y、D 三家公司控制货源。其中 X 公司、Y 公司未向 J 公司销售开顺，D 公司仅向 J 公司开过 237.5 万元发票。证实 J 公司 2010 年至 2012 年 2 月末未购进开顺，却向 W 药业开具货物名称为开顺的发票 7751.48 万元（含税金额），因此认定 W 药业通过 J 公司取得虚开增值税发票。证据 35：审计工作底稿，证明审计人员通过采集该市医药采购平台的数据和该市食品药品监督管理局的药品检测数据、国家税务局的进项认证数据

---

① （2017）辽 01 行终 838 号。

和销项发票数据,发现 2010 年至 2012 年 2 月末 X 公司将生产的开顺全部销售给了 Y 公司,而同期 Y 公司将大部分药品销售给 D 公司,D 公司同期开给该省药品销售公司的发票中大部分开给了 B 公司。证据 36:审计工作底稿附表,J 上报采购数据里没有 X 公司生产的注射用盐酸氨溴索,证明该市食品药品监督管理局的药品检测数据反映 J 公司 2010 年至 2012 年未购进 X 公司生产的开顺,因此 W 药业不可能从 J 公司处购得该药品,J 公司与 W 药业之间无真实交易。证据 37:审计工作底稿附表,D 公司开给 J 公司发票明细,证明 D 公司系 M 公司开顺产品的主要经销商。2010 年至 2012 年,D 公司仅向 J 公司开过 237.5 万元的发票,证实在此期间,J 公司未从 D 公司购得 7000 余万元的开顺。证据 38:审计工作底稿附表,2010 年至 2012 年 2 月销项占比分析,证明此期间 X 公司销项数据中没有 J 公司,J 公司未从 X 公司购得 7000 余万元的开顺。X 公司销项数据显示,Y 公司占其销项比例的 88.06%,证实 Y 公司为 X 公司产品的主要经销商,即控制开顺货源的三家公司之一。证据 39:审计工作底稿附表,2010 年至 2012 年 2 月末,S 公司(注:Y 公司后更名为 S 公司)销项分析证明 Y 公司为 X 公司产品的主要经销商。2010 年至 2012 年 2 月末,Y 公司销项数据中没有 J 公司,证实在此期间,J 公司未从 Y 公司购得 7000 余万元的开顺。Y 公司销项数据显示,D 公司占其销项比例的 90.22%,证实 D 公司为 X 公司产品的主要经销商,即控制开顺货源的三家公司之一。证据 40:审计工作底稿附表,2010 年至 2012 年 2 月末 D 公司开到该省的发票,证明此期间 D 公司向该省企业共开具发票总额 429655635.40 元,其中向 J 公司开具发票金额 2375000.00 元,占比 0.55%。证据 41:《关于进一步规范药品经营行为的通知》。证据 42:该市食品药品监督管理局药品批发环节电子化监管系统建设实施方案证明,根据规定,药品经营企业必须保证上报至电子化监管系统的药品购销存数据真实、完整、及时、准确,因此,该市食品药品监督管理局规定药品批发企业上传的 GSP(药品经营质量管理规范)数据中企业的药品采购、销售数据,可以作为认定 J 公司与 W 药业真实交易情况的事实依据。证据 44:情况说明,证明经申报认证系统查询,2010 年至 2012 年 2 月 X 公司与 S 公司有业务往来,与 J 公司无业务往来,证实 J 公司在此期间未从 X 公司购进开顺。经申报认证系统核实,2010 年至 2012 年 2 月 X 公司向 Y 公司开具销售发票金额占 X 公司销售发票总额的 87.44%。证据 51:记账凭证及原始凭证，证明 2010 年至 2012 年，D 公司向 J 公司开过 2375000.00 元的发票，但向 J 公司销售的药品中并不包含开顺。证实在此期间，J 公司未从 D 公司购得开顺。证据 52：J 公司为 W 药业开具发票统计表。证据 53：从 W 药业凭证整理出的 J 公司开票明细……

关于资金流的证据。证据 57：应付账款三栏明细账（2010 年 1 月至 2012 年 12 月），证明 W 药业账面显示，2010 年向 J 公司总计支付购买开顺的货款 55084485.59 元。证据 68：招商银行账户往来明细，证明 W 药业账面向 J 公司支付的 55084485.59 元货款并未实际全额支付给 J 公司。通过对银行账户交易情况核查，13182178.00 元通过招商银行转账支票支付给 Y 公司；6177000.00 元通过华夏银行转账支票支付给 Y 公司。实际转入 J 公司的货款只有通过华夏银行转账支票结算的 500000.00 元和通过现金支付的 647360.00 元。证实 J 公司与 W 药业之间没有真实交易。

关于关联关系的证据。证据 69：审计工作底稿。证据 70：W 药业、X 公司、Y 公司、B 公司工商档案，证明 W 药业、X 公司、Y 公司、B 公司均为关联公司。W 药业账面显示付给 J 公司的钱实际付给了 W 药业的关联公司 Y 公司。

其他相关证据。证据 71：情况说明。证据 72：询问（调查）笔录，证明稽查局另案向 X 公司进行税务检查时，X 公司称 2012 年底全厂停工，部分公司档案、账务等资料无法查找。听证期间 W 药业提供证据，X 公司称补齐 J 公司货物，但该主张没有任何凭证可证实。证据 73：省国家税务局稽查局转发的相关文件，证明国家税务总局稽查局提出督导意见，要求对包括本案 W 药业在内的相关案件主体企业实施全面查处。国家税务总局稽查局对于相关案件违法事实认定提出指导意见。虚开发票的违法事实包括：利用银行账户回流资金、大宗交易未付款或虚假现金支付的，认定为交易资金信息不真实；以审计部门移送的 GSP 系统记录的购销数据信息作为进销存数据的主要依据，票载信息与 GSP 系统记录的购销信息不一致的。凡涉案企业具有上述两项及以上虚开发票违法事实，能够证实票载事实与实际经营业务不符，应认定其虚开发票。根据该指导意见，W 药业存在交易资金信息不真实、票载信息与 GSP 系统记录的购销信息不一致等多项违法事实，足以认定接受虚开发票的违法事实。

（2）W 公司向一审法院提交的证据。

第一组证据（包括①-④）：①W 药业与 J 公司的销售合同（2 份）；

②付款凭证；③增值税专用发票；④入库单，证明2010年至2012年W药业从J公司购买开顺产品，向J公司支付货款，J公司向W药业交付药品。W药业与J公司之间存在真实的交易关系。本组证据法院予以认可。

第二组证据（包括⑤-⑦）：⑤收款凭证；⑥增值税专用发票；⑦出库单，证明2010年至2012年W药业将购入的开顺产品销售给下游经销商等，W药业存在真实的开顺产品销售行为。

第三组证据（包括⑧-⑭）：本组证据法院未予以认可。

第四组证据：⑮律师询证函、情况说明，证明根据S市食品药品监督管理局出具的情况说明，其将药品批发企业上传的电子数据作为监管的补充手段，企业上传的电子数据未经监督检查核实，不直接作为定案依据使用，稽查局到食品药品监督管理局索取数据时，食品药品监督管理局已声明对提取的数据未进行核实查证，不能作为执法证据直接使用。故在本案中，电子数据不能作稽查局执法证据直接使用。本组证据法院予以认可。

第五组证据：本组证据法院未予以认可。

第六组证据：⑰会计师事务所有限公司《关于W药业2010—2011年期间开顺产品购销的数据整理情况说明》[附开顺产品购销单据（光盘方式）]，证明经第三方机构对W药业在2010年至2011年从J公司采购的注射用盐酸氨溴索（开顺产品）的购销情况进行取样整理，共整理开顺产品批号1591个，其中，购销数量核对完全相符的批号共计1555个，占总数量的97.74%。在这1555个批号中，开顺30mg有847个，占开顺30mg总数量的96.25%；开顺15mg有708个，占开顺15mg总数量的99.58%。以上数据足以说明W药业与J公司之间存在真实的开顺产品交易关系。本组证据法院予以认可。

2. 案件争议焦点。

本案证据众多，哪些证据被法院认可？认可的证据能否证明待证事实？

3. 法院裁判主旨。

（1）一审法院经质证对双方提供的证据作如下确认：对W药业提供的第一组、第二组、第四组、第六组证据予以确认，能够达到证明目的，对其他证据不予采信；对稽查局提供的证据43—证据44能够说明S公司有业务往来，此期间X公司没有给J公司开具过销售发票及X公司向Y

公司开具销售发票金额占 X 公司销售发票总额的比例,对该证明目的予以采信,但不能说明 J 公司在此期间没有从 X 公司取得开顺货源;对证据 45—证据 51 能够证明所要证明的问题予以采信;证据 52—证据 56 能够说明 2010 年至 2012 年 2 月末,W 药业接受 J 公司开具货物名称为开顺的发票的数量及金额,并对上述发票进行进项抵扣的事实,但不能说明上述发票属于虚开;证据 57—证据 68 能够说明上述证据中资金的流向,但不能以此说明 W 药业与 J 公司之间没有真实交易关系;证据 71—证据 72 能够说明 X 公司的经营状态,但不能证明 X 公司不欠 J 公司开顺货物,对其他证据不予采信。

(2) 法院判决。一审法院认为,本案中,W 药业是否于 2010 年至 2012 年 3 月期间从 J 公司购进 X 公司生产的开顺药品是认定本案是否构成接受虚开的关键。稽查局依据 CTAIS 系统数据,认定 2010 年至 2012 年 3 月期间,X 公司向 Y 公司开具销售货物发票金额占 X 公司销售发票总额的 87.44%,Y 公司向 D 公司开具销售货物发票总额占其销售发票总额的 90.22%,而同期 X 公司、Y 公司、D 公司均未向 J 公司销售过开顺,以此认定 J 公司不具有开顺货源不能成立。因药品具有流通性,稽查局在未取得 J 公司的财务凭证,未核实 J 公司开顺药品业务往来的前提下,即未排除 J 公司通过其他公司购进开顺药品的可能性,仅以上述三家公司的开票信息中无 J 公司,而否定 J 公司具有开顺货源,不能向 W 药业提供开顺药品的结论不能成立。如果稽查局认为 W 药业与 J 公司之间没有真实的货物交易关系,稽查局应当查清 2010 年至 2012 年 3 月期间 W 药业购进的开顺药品的来源。故稽查局在没有充分证据证明 W 药业与 J 公司之间不存在真实的开顺药品交易关系的情况下,属于未查清基本的案件事实就认定 W 药业接受虚开,应予撤销。判决撤销稽查局于 2017 年 3 月 1 日作出的国税稽二罚〔2017〕11 号税务行政处罚决定书。

二审法院认为,依据上诉人提供的现有证据不足以证明其认定的处罚事实,因此一审法院以被诉处罚决定认定事实不清,证据不足,予以撤销涉案处罚决定结论正确。判决驳回上诉,维持原判。

4. 案例分析借鉴。

本案的争议问题是,W 药业是否于 2010 年至 2012 年 3 月期间从 J 公司购进 X 公司生产的开顺药品。J 公司是否具有开顺药品货源成为认定 W 药业构成接受虚开的关键。稽查局取得的主要证据为开顺药品发票流向的系列数据。同期开顺主要由 X、Y、D 三家公司控制货源。其中 X 公司、Y 公司未向 J 公司销售开顺，D 公司仅向 J 公司开过 237.50 万元发票。稽查局依据上述三家公司的开票信息中无 J 公司，而否定 J 公司具有开顺货源，从而认定 W 药业与 J 公司的开顺货物交易为虚假交易。但法院认为，因药品具有流通性，J 公司完全有可能从 Y 公司的客户，或者客户的客户等处获得开顺货源。稽查局仅以 X 公司为源头调查其他三家与 X 公司有密切接触的公司，并仅凭借 S 市食品药品监督管理局的药品检测数据、省国家税务局认证数据和销项发票数据及 CTAIS 系统数据报告得出 J 公司不具有开顺货源的结果。以上证据并不能得到"排除合理怀疑"的唯一结论，不能排除 J 公司通过其他公司购进开顺药品的可能性。

纵观本案，税务机关收集的证据数量不可谓不丰富、质量不可谓不扎实，可仍然被一审法院和二审法院因证据不足而判决败诉。究其原因，这是由于对各方税务证据的证明标准认识不一致造成的。税务机关和法院采取不同的证据证明标准，税务机关基于行政效率，采取了较低的证据证明标准，而法院采取了"排除合理怀疑"这一刑事案件中采用的较为严格的证据证明标准，将举证责任完全归属于税务机关。

（四）税务适用操作指南

1. 证据的收集。

在证据的收集方面，《行政处罚法》规定甚少，只是强调了利用电子技术监控设备进行取证时的双审核要求，主要针对的是非现场执法。由于税务检查对象的特定性，税务机关几乎不采用这种方式调查取证，《税收征管法》也未规定此类方式的税务检查。

《行政处罚法》规定了抽样取证。一般来讲，抽样取证针对的是种类物，但税务证据为种类物的很少，因此此种方法要慎用。虽然对大量同类的原始凭证，税务机关可以采取汇总统计并交纳税人确认的方法，对账簿资料进行复印，对所有的原始凭证的载入进行拍照录像，并选择部分原始凭证复印确认，以达到各种证据能够相互印证的目的。但是，有争议的或者其他证据难以有效证明案件事实的，还是要全部复印确认。

对于证据先行登记保存制度，属于证据保全措施，同样适用于税务行政处罚的执法过程。

2. 税务行政执法收集证据的具体要求。

税务行政处罚过程中的执法因主体不一样，遵循的具体规定也略有差异。如果是税务局在日常行政管理过程中进行处罚的调查取证，则根据不同种类遵循《最高人民法院关于行政诉讼证据若干问题的规定》（法释〔2002〕21号）中的要求。如果是稽查局进行处罚的调查取证，还要遵循《税务稽查案件办理程序规定》（国家税务总局令第52号发布）的具体要求。从《税务稽查案件办理程序规定》的内容来看，其充分吸收了《最高人民法院关于行政诉讼证据若干问题的规定》中的要求，属于该司法解释的具体化，因此稽查局执法人员实际执法过程中对涉税相对人的调查取证只需要根据《税务稽查案件办理程序规定》的要求来进行调查取证就足够，但其他的证据获得仍然要遵守《最高人民法院关于行政诉讼证据若干问题的规定》。在Y公司与国家税务总局F市税务局第一稽查局税务行政管理（税务）再审行政判决书[1]中，再审法院就认为："第四，F市第一稽查局还主张Y公司的法定代表人已在'工作底稿'上签字确认应补增值税及各项附加，从而证明Y公司在行政程序中已认可其偷税的事实。但F市第一稽查局向原二审法院提供的7号证据中所谓的'工作底稿'仅为单独一页书证，没有任何关于'工作底稿'注明，也没有载明该页书证中多项数据的形成依据，不能证明该份证据即为税务稽查工作底稿，且该页书证中载明的2017年收入为3950299.62元，与被诉税务处罚决定认定的2794574.60元并不一致，故F市第一稽查局主张Y公司对其偷税事实予以认可亦缺乏证据支持。"也就是说，属于书证的稽查工作底稿，因为没有满足书证的取证要求，使法院否认了其真实性，其因内容与待证事实之间不一致，在真实性和关联性上都受到了法院的质疑，从而被认为对待证事实均不具有支持力。

需要补充说明的是：①稽查局取得电子证据除应当按《税务稽查案件办理程序规定》第二十三条规定办理外，还应当注意以下事项。第一，无法提取电子数据原始载体或者提取确有困难的，可以提供电子数据复制件，但必须附有不能或者难以提取原始载体的原因、复制过程及原始载体存放地点或者电子数据网络地址的说明，并由复制件制作人和原始电子数据持有人签名或者盖章，或者以公证等其他有效形式证明电子数据与原始载体的一致性和完整性。第二，收集的电子数据应当使用光盘或者其他数字存储介质备份。检查人员可以把检索到的涉税电子数据信息复制、备份到2个以上有足够存储容量的有形

---

[1]（2020）辽行再24号。

存储介质中,分别用于检查和证据备份。应当妥善保存至少一份封存状态的电子数据备份件。第三,提供通过技术手段恢复或者破解与案件有关的光盘或者其他数字存储介质、电子设备中被删除的数据、隐藏或者加密的电子数据,必须附有恢复或破解对象、过程、方法和结果的专业说明。第四,被查对象拒不打开涉税电子信息系统,拒不提供系统登录密码,恶意删除、篡改、转移数据,或者以其他方式拒不配合检查、拒不提供相关电子数据的,检查人员应当制作《检查纳税人电子信息系统审批表》,经稽查局局长批准,可以采用适当的技术手段对该电子信息系统进行直接检查,或者恢复、解密、提取、复制电子数据进行检查,但所采用的技术手段不得破坏该电子信息系统原始电子数据,或者影响该电子信息系统正常运行。②证人证言和当事人的陈述除应当按《税务稽查案件办理程序规定》第二十条和第二十一条规定办理外,还应当注意以下事项:第一,写明证人或当事人的姓名、年龄、性别、职业、住址等基本情况;第二,有证人或当事人的签名,不能签名的,应当以盖章等方式证明;第三,注明出具证言或陈述的日期。

3. 税务证据的证明标准。

在税务行政执法过程中,税务机关是证据的收集主体,纳税人一般负担证据收集的协力义务。税务机关对自身收集的或者纳税人提供的证据所作的评价,直接决定了税务案件的处理结果,而在这个评价过程中,税务机关如何通过"自由心证"达到证明事实是值得研究的。也就是说,即使收集的证据全部是合法的、真实的、有关联的,但未必充足到能够证明违法事实,这就涉及证明标准的问题。税务执法人员只有事先对证明标准了然于心,才能在事先规划好需要调取哪些证据。

证明标准,又称证明度,是指负有举证责任的一方提供证据证明案件事实所应达到的最低证明程度,亦即事实裁决主体运用证据证明待证事实所须达到的证明程度。对于证据证明标准的分类,当前并无准确而统一的说法。通说认为,民事证据要求达到高度盖然性标准,只要具有一定的合理性即可,要求最低;行政证据要求达到优势证据标准,要求事实清楚、主要证据充足,要求居中,《行政处罚法》第四十条即体现了该项要求;而刑事证据要求排除合理怀疑,要达到能够排除掉合理前提下可提出其他任何可能性,要求最高。

从理论上来讲,税务行政处罚属于典型的具体行政行为,那么税务机关调查取证只要达到优势证据证明标准即可,这完全适用于一般税收违法行为所导致的税务行政处罚案件。但是对于虚开、逃税、骗税等涉嫌刑事犯罪的案件,如同典型案例中所分析的,已有多个法院采用"排除合理怀疑"的标准要求稽查局提供证据来证明违法事实。因此,对此类涉及行刑衔接的税收违法行为,税务机关(主要是稽查局)在一开始调查取证之前就要把握好证据的收集方向,避免最后做了很多工作还被法院撤销处罚决定。

4. 全过程记录制度。

把全过程记录制度放在税务证据的取证部分,是因为全过程记录形成的证据材料是证明税务机关程序合法性的重要证据,无论该证据最后是以书证还是视听资料呈现。国家税务总局在《优化税务执法方式全面推行"三项制度"实施方案》(税总发〔2019〕31号印发)中要求,税务机关采取以文字记录为主、音像记录为辅的形式,对税务执法的启动、调查取证、审核决定、送达执行等全部过程进行记录,并全面系统归档保存,做到执法全过程留痕和可回溯管理。对文字记录能够全面有效记录执法行为的,可以不进行音像记录;对查封扣押财产等直接涉及重大财产权益的现场执法活动,要推行全程音像记录;对现场检查、调查取证、举行听证、留置送达和公告送达等容易引发争议的执法过程,根据实际情况进行音像记录。

税务机关执法,不仅关注对涉税当事人税收违法证据的调查取证,同时也要关注自身执法的合法性证明。如在S省A科技有限公司与J市地方税务局稽查局行政处罚纠纷案中,J市地方税务局稽查局就因为没有做好复核程序的记录而导致在庭审中缺乏证据,被法院认定为违反法定程序导致事实不清而败诉。同样地,在上述提到过的Y公司与F市税务局第一稽查局税务行政管理(税务)再审行政判决书中,再审法院认为:"本案中,F市第一稽查局一直未向人民法院提供《税务稽查任务通知书》《税务稽查工作底稿》《税务稽查报告》《税务稽查审理报告》等证据证明其已经按照《税务稽查工作规程》的规定履行法定程序;其虽主张上述证据存在涉密情形,但亦未能提供有效依据予以证明……F市第一稽查局向原二审法院提供的证据不足以证明其作出被诉税务处罚决定前依法履行了立案、检查、审理的法定程序,应认定被诉税务处罚决定的程序严重违法。"这些案件说明,全过程记录制度所形成的证据对税务机关证明自身程序合法的重要性。

第六章　行政处罚的听取意见

第一节　一般程序

一、行政机关的告知程序

(一)《行政处罚法》的规定

第四十四条　行政机关在作出行政处罚决定之前,应当告知当事人拟作出的行政处罚内容及事实、理由、依据,并告知当事人依法享有的陈述、申辩、要求听证等权利。

第六十三条　行政机关拟作出下列行政处罚决定,应当告知当事人有要求听证的权利,当事人要求听证的,行政机关应当组织听证……

第六十二条　行政机关及其执法人员在作出行政处罚决定之前,未依照本法第四十四条、第四十五条的规定向当事人告知拟作出的行政处罚内容及事实、理由、依据,或者拒绝听取当事人的陈述、申辩,不得作出行政处罚决定;当事人明确放弃陈述或者申辩权利的除外。

(二)税法及其他关联规定

1.《税务稽查案件办理程序规定》(国家税务总局令第52号发布)

第三十九条　拟对被查对象或者其他涉税当事人作出税务行政处罚的,应当向其送达税务行政处罚事项告知书,告知其依法享有陈述、申辩及要求听证的权利。税务行政处罚事项告知书应当包括以下内容:

(一)被查对象或者其他涉税当事人姓名或者名称、有效身份证件号码或者统一社会信用代码、地址。没有统一社会信用代码的,以税务机关赋予的纳税人识别号代替;

(二)认定的税收违法事实和性质;

(三) 适用的法律、行政法规、规章及其他规范性文件;
(四) 拟作出的税务行政处罚;
(五) 当事人依法享有的权利;
(六) 告知书的文号、制作日期、税务机关名称及印章;
(七) 其他相关事项。

2.《税务行政处罚裁量权行使规则》(国家税务总局公告 2016 年第 78 号发布)

第十七条 行使税务行政处罚裁量权应当依法履行告知义务。在作出行政处罚决定前,应当告知当事人作出行政处罚决定的事实、理由、依据及拟处理结果,并告知当事人依法享有的权利。

第二十条 税务机关对公民作出 2000 元以上罚款或者对法人或者其他组织作出 1 万元以上罚款的行政处罚决定之前,应当告知当事人有要求举行听证的权利;当事人要求听证的,税务机关应当组织听证。

(三) 典型案例解析

案例 6-1　B 市 Z 酒楼与国家税务总局 B 市 F 区税务局第一税务所行政处罚纠纷案①

1. 案件基本情况。

2020 年 3 月 23 日,B 市 F 区税务局第一税务所 (以下简称第一税务所) 向 Z 酒楼作出《税务行政处罚决定书 (简易)》(以下简称被诉处罚决定),认定 Z 酒楼××××年×月×日至××××年×月×日个人所得税 (工资薪金所得) 未按期进行申报、××××年×月×日至××××年×月×日企业所得税 (应纳税所得额) 未按期进行申报、××××年×月×日至××××年×月×日城市维护建设税 [市区 (增值税附征)] 未按期进行申报、××××年×月×日至××××年×月×日增值税未按期进行申报,违反了《税收征管法》第六十二条的规定,处罚款 400 元。Z 酒楼不服,向 F 区税务局提起行政复议。F 区税务局于 2020 年 5 月 20 日作出《行政复议决定书》(以下简称被诉复议决定),认为 Z 酒楼未按规定期限办理纳税申报、报送纳税资料和报送代缴报告表,存在多个税种逾期未申报、未报送资料的税收违法行为,维持了第一税务所作出的被诉处罚决定。Z 酒楼不服上述行政行为,诉至一审法院。一审法院判决驳回 Z 酒楼的诉讼请求之后,Z 酒楼提起上诉。

---

① (2020) 京 02 行终 1047 号。

2. 案件争议焦点。

第一税务所作出被诉处罚决定之前，是否问清楚事实，其作出的行政处罚是否符合法定程序。

3. 法院裁判主旨。

一审法院经审理认为，《税收征管法》第十四条规定，该法所称税务机关是指各级税务局、税务分局、税务所和按照国务院规定设立的并向社会公告的税务机构。第七十四条规定，该法规定的行政处罚，罚款额在2000元以下的，可以由税务所决定。据此，第一税务所具有实施行政处罚的法定职权。《税收征管法》第二十五条规定，纳税人必须依照法律、行政法规规定或者税务机关依照法律、行政法规的规定确定的申报期限、申报内容如实办理纳税申报，报送纳税申报表、财务会计报表及税务机关根据实际需要要求纳税人报送的其他纳税资料。扣缴义务人必须依照法律、行政法规规定或者税务机关依照法律、行政法规的规定确定的申报期限、申报内容如实报送代扣代缴、代收代缴税款报告表及税务机关根据实际需要要求扣缴义务人报送的其他有关资料……《税收征管法》第六十二条规定，纳税人未按照规定的期限办理纳税申报和报送纳税资料的，或者扣缴义务人未按照规定的期限向税务机关报送代扣代缴、代收代缴税款报告表和有关资料的，由税务机关责令限期改正，可以处2000元以下的罚款；情节严重的，可以处2000元以上10000元以下的罚款。《行政处罚法》第三十一条规定，行政机关在作出行政处罚决定之前，应当告知当事人作出行政处罚决定的事实、理由及依据，并告知当事人依法享有的权利。[①] 第三十三条规定，违法事实确凿并有法定依据，对公民处以50元以下、对法人或者其他组织处以1000元以下罚款或者警告的行政处罚的，可以当场作出行政处罚决定。当事人应当依照《行政处罚法》第四十六条、第四十七条、第四十八条的规定履行行政处罚决定。第三十四条规定，执法人员当场作出行政处罚决定的，应当向当事人出示执法身份证件，填写预定格式、编有号码的行政处罚决定书。行政处罚决定书应当当场交付当事人。该行政处罚决定书应当载明当事人的违法行为、行政处罚依据、罚款数额、时间、地点及行政机关名称，由执法人员签名或者盖

[①] 编者注：2021年1月22日，中华人民共和国第十三届全国人民代表大会常务委员会第二十五次会议修订了《中华人民共和国行政处罚法》，自2021年7月15日起施行，因本案发生于2021年以前，故此处引用的是2021年以前的版本，本案下同。

章。执法人员当场作出的行政处罚决定，必须报所属行政机关备案。《国家税务总局关于修订税务行政处罚（简易）执法文书的公告》（国家税务总局公告 2017 年第 33 号）第一条规定，税务机关依法对公民、法人或者其他组织当场作出行政处罚决定的，使用修订后的《税务行政处罚决定书（简易）》，不再另行填写《陈述申辩笔录》和《税务文书送达回证》。本案中，Z 酒楼应当依照规定办理个人所得税、企业所得税、城市维护建设税及增值税的纳税申报和报送纳税资料，但其未按时进行申报。第一税务所依据相关法律法规，作出责令改正通知书，同时作出被诉处罚决定，事实清楚，程序合法。F 区税务局接到 Z 酒楼的复议申请后，履行了受理、送达等程序，作出被诉复议决定，并无不当。Z 酒楼的诉讼请求，缺乏事实根据和法律依据，不予支持。二审法院维持了一审的判决。

4. 案例分析借鉴。

本案例涉及采用简易程序作出行政处罚时，是否需要对行政相对人进行告知。关于行政处罚作出前的告知条款，无论《行政处罚法》在修订前还是修订后，都放在行政处罚决定的一般规定部分。也就是说，无论采用什么样的程序，作出行政处罚决定都应该进行告知，且告知的内容中必须包含行政处罚内容及事实、理由、依据、当事人依法享有的陈述权和申辩权，满足听证要求的，还要告知其享有要求听证的权利。

需要注意的是，虽然本案原告在庭审的辩论中提出被上诉人在行政程序中粗暴作出处罚决定，未查清事实，未听取意见，但是法院根据被上诉人提交的证据认为被上诉人作出的处罚决定符合法定程序。一审法院还引用了《国家税务总局关于修订税务行政处罚（简易）执法文书的公告》（国家税务总局公告 2017 年第 33 号）的第一条规定，即税务机关依法对公民、法人或者其他组织当场作出行政处罚决定的，使用修订后的《税务行政处罚决定书（简易）》，不再另行填写《陈述申辩笔录》和《税务文书送达回证》。法院在判决主旨中并未回应告知这一程序。但需要指出的是，与税务局通过普通程序，特别是稽查程序中作出行政处罚前一般是以发出《税务行政处罚事项告知书》不同，通过简易程序作出的行政处罚决定，因为是当场作出、当场交付决定书的，因此其告知程序也是当场履行，并且可以通过口头方式进行告知。但因为是法定程序，必须由税务机关举证履行了此程序。而此程序是否履行，被很好地融合进了《税务行政处罚决定书（简易）》的文书中。国家税务总局公告 2017 年第 33 号中的文书现在已经被《国家税务总局关于修订部分税务执法文书的公告》(国家税务总局公告2021年第23号)所代替,但无论新旧文书样式,都有一部分的内容是"执法人员已告知我享有陈述、申辩权利,我陈述、申辩如下:……"

(四) 税务适用操作指南

行政处罚前的告知程序是法定程序,无论采用什么样的程序作出处罚决定,都要进行事先告知。

行政处罚前告知的内容要齐全,包括行政处罚内容及事实、理由、依据、当事人依法享有的陈述权和申辩权,满足听证要求的,还要告知其享有要求听证的权利。未进行充分告知而作出行政处罚决定的,特别是未告知其享有陈述权、申辩权和要求听证的权利的,一般情况下属于"严重违反法定程序",作出的行政处罚决定也会被人民法院撤销。①

在税务行政处罚的程序中,不一定非得要求以书面的方式来进行告知。在采用简易程序作出税务行政处罚的场合,告知程序也可以是口头的,但必须在《税务行政处罚决定书(简易)》(该文书式样见行政处罚的简易程序部分)中有所体现。如果采用的是非简易程序,则适用《税务行政处罚事项告知书》这一独立文书来进行书面告知,该文书与《税务文书送达回证》一并使用,一式两份,一份送当事人,一份装入卷宗。《税务行政处罚事项告知书》的文书式样如图6-1所示。

_____税务局(稽查局)
税务行政处罚事项告知书
_____税罚告〔   〕   号

_____:(纳税人识别号:)
对你(单位)(地址:)的税收违法行为拟于____年____月____日之前作出行政处罚决定,根据《中华人民共和国税收征收管理法》第八条、《中华人民共和国行政处罚法》第四十四条、第六十三条、第六十四条规定,现将有关事项告知如下:
一、税务行政处罚的事实、理由、依据及拟作出的处罚决定:_____
二、你(单位)有陈述、申辩的权利。请在我局(所)作出税务行政处罚决定之前,到我局(所)进行陈述、申辩或自行提供陈述、申辩材料;逾期不进行陈述、申辩的,视同放弃权利。
三、若拟对你罚款2000元(含2000元)以上,拟对你单位罚款10000元(含10000元)以上,或符合《中华人民共和国行政处罚法》第六十三条规定的其他情形的,你(单位)有要求听证的权利。可自收到本告知书之日起五个工作日内向我局书面提出听证申请;逾期不提出,视为放弃听证权利。

税务机关(印章)
年 月 日

图6-1 《税务行政处罚事项告知书》式样

---

① 最高人民法院行政审判庭.最高人民法院行政诉讼法司法解释理解与适用(上)[M].北京:人民法院出版社,2018:237-238.

二、行政相对人的陈述、申辩

(一)《行政处罚法》的规定

第四十五条 当事人有权进行陈述和申辩。行政机关必须充分听取当事人的意见,对当事人提出的事实、理由和证据,应当进行复核;当事人提出的事实、理由或者证据成立的,行政机关应当采纳。

行政机关不得因当事人陈述、申辩而给予更重的处罚。

第六十二条 行政机关及其执法人员在作出行政处罚决定之前,未依照本法第四十四条、第四十五条的规定向当事人告知拟作出的行政处罚内容及事实、理由、依据,或者拒绝听取当事人的陈述、申辩,不得作出行政处罚决定;当事人明确放弃陈述或者申辩权利的除外。

(二) 税法及其他关联规定

1.《税收征管法》

第八条第四款 纳税人、扣缴义务人对税务机关所作出的决定,享有陈述权、申辩权;依法享有申请行政复议、提起行政诉讼、请求国家赔偿等权利。

2.《税务稽查案件办理程序规定》(国家税务总局令第52号)

第四十条 被查对象或者其他涉税当事人可以书面或者口头提出陈述、申辩意见。对当事人口头提出陈述、申辩意见,应当制作陈述申辩笔录,如实记录,由陈述人、申辩人签章。

应当充分听取当事人的陈述、申辩意见;经复核,当事人提出的事实、理由或者证据成立的,应当采纳。

3.《税务行政处罚裁量权行使规则》(国家税务总局公告2016年第78号发布)

第十九条第一款 当事人有权进行陈述和申辩。税务机关应当充分听取当事人的意见,对其提出的事实、理由或者证据进行复核,陈述申辩事由成立的,税务机关应当采纳;不采纳的,应予说明理由。

4.《重大税收违法失信主体信息公布管理办法》(国家税务总局令第54号)

第九条 当事人在税务机关告知后5日内,可以书面或者口头提出陈述、申辩意见。当事人口头提出陈述、申辩意见的,税务机关应当制作陈述申辩笔录,并由当事人签章。税务机关应当充分听取当事人陈述、申辩意见,对当事人提出的事实、理由和证据进行复核。当事人提出的事实、理由或者证据成立的,应当采纳。

(三) 典型案例解析

案例6-2　F技术有限公司与国家税务总局G市税务局第二稽查局税务行政处罚纠纷案[①]

1. 案件基本情况。

2015年7月3日,F技术有限公司(以下简称F公司)收到G市T区国家税务局(以下简称T区国税局)关于其涉嫌违规享受税收优惠政策的案件移送材料,T区国税局在案件移送说明中称F公司主要从事污泥处理工作,并办理了"垃圾处理污泥处置劳务"增值税免税备案(有效期从2012年1月1日至2049年12月31日)。T区国税局还称在日常税务征管过程中发现F公司因于2012年8月受到G市环保局行政处罚,已经不符合减免税优惠条件,但其未按规定报告,继续享受该税收优惠,并且还向T区国税局提供伪造的G市环保局文书。2013年11月15日,T区国税局取消了F公司的税收优惠资格,并责令其补缴偷漏税款,其不配合,因此,T区国税局移送第二稽查局处理。第二稽查局根据上述线索,从2015年7月16日起对F公司进行税务检查。2015年11月4日,第二稽查局向G市环保局发出《关于F技术有限公司的检查函》,请求G市环保局核查F公司自2010年1月至今是否违反《中华人民共和国环境保护法》(以下简称《环境保护法》)等法律法规而受到行政处罚。G市环保局复函称,2012年8月30日对F公司作出行政处罚决定书,该处罚认定2012年7月12日晚至7月13日凌晨,F公司所属货船在河道倾倒装载的污泥,违反了《中华人民共和国固体废物污染环境防治法》第十七条的规定,并处以15万元的罚款。2012年10月31日,F公司缴纳了上述罚款。

2016年4月7日,第二稽查局向T区国税局发出《关于查询F技术有限公司申请污泥处理、处置劳务税收优惠情况的函》,要求T区国税局提供F公司申请污泥处理、处置劳务税收优惠的全套资料。T区国税局向第二稽查局提供了F公司2012年度、2013年至2049年污泥处理处置劳务

[①] (2018) 粤71行终3529号。

收入享受税收优惠的《纳税人税收优惠申请表》及其申报材料、《减免税备案登记告知书》《取消纳税人减免税申请审批表（通用）》《取消减免税资格通知书》及电子凭证回执等材料。

2016 年 9 月 14 日，第二稽查局作出第一次《税务行政处罚事项告知书》，告知拟对 F 公司进行行政处罚的事实和法律依据，并告知其享有陈述、申辩及听证的权利。同年 9 月 22 日，F 公司向第二稽查局提出申辩及听证申请，9 月 23 日，第二稽查局对其听证申请予以受理。同年 10 月 8 日，第二稽查局组织对本案第一次听证，F 公司委托代理人参加本次听证会并发表相关意见，在听证会上第二稽查局向 F 公司出示了本案证据材料。听证会后，第二稽查局就 F 公司提出的申辩意见进一步调查取证。2017 年 11 月 6 日，第二稽查局作出第二次《税务行政处罚事项告知书》，告知拟对 F 公司进行行政处罚的事实和法律依据。此时拟作出行政处罚的事实依据发生了变化，第二稽查局将 2012 年 1—6 月 F 公司免税申报的数额也纳入了偷税基数，并告知其享有陈述、申辩及听证的权利。同年 11 月 9 日，F 公司向第二稽查局提出申辩及听证申请，同日第二稽查局对其听证申请予以受理。11 月 17 日，第二稽查局组织对本案第二次听证，F 公司委托代理人参加了本次听证并发表了相关意见，在听证会上第二稽查局向 F 公司出示了本案证据。

2017 年 11 月 22 日，第二稽查局作出被诉《税务行政处罚决定书》，认定 F 公司隐瞒因违反《环境保护法》等环境保护法律法规受到环保部门行政处罚的事实，进行虚假纳税申报。少缴增值税 5921486.22 元，构成偷税，处以少缴税款 5921486.22 元的 50% 的罚款（2960743.11 元）。11 月 29 日，第二稽查局向 F 公司送达了上述《行政处罚决定书》，F 公司不服，向法院提起行政诉讼。一审法院驳回了原告的诉讼请求，二审判决认定原判决事实错误，撤销了一审判决，也撤销了被诉行政处罚决定书。

2. 案件争议焦点（二审）。

被上诉人将上诉人 2012 年 1 月至 7 月期间少缴税款的行为认定为偷税，并以该期间上诉人少缴的税款计入处罚基数作出被诉处罚决定是否合法有据。在二审庭审过程中间，F 公司曾辩称：第二稽查局因其申辩加重了处罚，违反《行政处罚法》第三十二条的规定，一审认定错误。第二稽查局在进行第一次处罚听证后明显加重了对 F 公司的处罚，该行为从本质上剥夺了上诉人申辩的权利，违反《行政处罚法》第三十二条第二款"行政机关不得因当事人申辩而加重处罚"的规定。而第二稽查局辩称，其作出的处罚决定不存在加重处罚的情况。处罚金额增加是因为依法对2012年1月至6月申报免税的税款进行追缴，认定上诉人虚假纳税申报导致的少缴税款增加，违法事实发生了改变，而非在原违法事实的基础上加重处罚。

3. 法院裁判主旨（二审）。

《财政部 国家税务总局关于调整完善资源综合利用产品及劳务增值税政策的通知》（财税〔2011〕115号）第二条规定，对垃圾处理、污泥处理处置劳务免征增值税。第九条规定，申请享受财税〔2011〕115号文件规定的资源综合利用产品及劳务增值税优惠政策的纳税人还应符合五个条件，如自2010年1月1日起，纳税人未因违反《环境保护法》等环境保护法律法规受到刑事处罚或者县级以上环保部门相应的行政处罚；应当在初次申请时按照要求提交资源综合利用产品及劳务有关数据，报主管税务机关审核备案，并在以后每年2月15日前按照要求提交上一年度资源综合利用产品及劳务有关数据，报主管税务机关审核备案等。第十一条规定，凡经核实纳税人有弄虚作假骗取享受财税〔2011〕115号文件规定的增值税政策的，税务机关追缴其此前骗取的退税税款，并自纳税人发生上述违法违规行为年度起，取消其享受财税〔2011〕115号文件规定增值税政策的资格，且纳税人3年内不得再次申请。本案中，上诉人主要从事污泥处理工作，在符合相关条件的情形下，可以享受劳务增值税免征的优惠政策。实践中，上诉人每月进行纳税申报，至2012年11月对该年度的免税进行备案，被上诉人亦予以默许该纳税申报方式，因此，在2012年11月税收备案之前，应推定上诉人在符合其他条件的情况下，享有相应的税收优惠。因现有证据并不能证明上诉人在2012年1月至7月期间有因违反环境保护相关法律法规受到行政处罚或不符合其他享受税收减免的条件，因此，在此期间上诉人每月进行的纳税申报并不存在虚假纳税申报的主观故意，不应认定为偷税。因上诉人在2012年8月受到环保处罚后隐瞒该事实继续虚假纳税申报，被上诉人对上诉人2012年8月之后虚假纳税申报行为认定为偷税，符合上述规定，并无不当，法院予以支持。但被诉行政处罚决定将2012年1月至7月期间上诉人少缴税款认定为偷税并计入处罚基数，属认定事实不清，适用法律错误，应予以撤销。

4. 案例分析借鉴。

这是一个关于偷税事实认定争议的案件，这个案件最后法院是从事实认定角度撤销了处罚决定，但是二审双方争议过程中的一个问题和本部分要讨论的问题相关，也就是"行政机关不得因当事人陈述、申辩而给予更重的处罚"的适用范围。

本条的立法目的，是为了更好地保护行政相对人的陈述申辩权，此处的"给予更重"应该解释为包括"从重"和"加重"。前者是指在一定幅度内偏重处罚，后者是指在幅度外增加处罚。但是，这一条款不应该被滥用，第二稽查局的辩护意见应该说是成立的。并非经过陈述、申辩或是听证后，行政机关就一概不能给予更重的处罚了。如果确有因陈述、申辩而发现新的违法事实和证据的，行政机关可以基于新的事实和证据调整行政处罚的内容。也就是说，不给予更重处罚的前提应该是基于原有的事实和证据。如《海关办理行政处罚案件程序规定》规定，海关不得因当事人的申辩而加重处罚，但是海关发现新的违法事实的除外。[①] 这一立法例也值得税务机关参考。

该稽查局另有一个做法也值得实务参考。就是在出现新的事实时，再次给予涉税当事人听证的机会，避免了程序上的瑕疵。

（四）税务适用操作指南

首先应该认识到，行政机关作出行政处罚决定之前听取当事人的陈述、申辩是法定程序，无论采用什么样的程序作出处罚决定，都要听取陈述、申辩。

在以简易程序作出税务行政处罚决定时，涉税当事人可以口头提出陈述、申辩意见，税务执法机关不需要单独制作《陈述申辩笔录》，而是将涉税当事人的陈述、申辩记录在《税务行政处罚决定书（简易）》中。以普通程序作出行政处罚决定的，涉税当事人也可以书面或者口头提出陈述、申辩意见。但对当事人口头提出陈述、申辩意见，应当制作《陈述申辩笔录》。税务人员制作该笔录时，要客观、准确、详细地记录纳税人、扣缴义务人等的陈述、申辩意见，并经当事人核对无误后，签署"上述笔录经核对无误"字样，当场签名或押印并注明时间。该笔录为 A4 竖式，一式一份，装入卷宗。《陈述申辩笔录》文书式样如图 6-2 所示。

---

① 袁雪石. 中华人民共和国行政处罚法释义 [M]. 北京：中国法制出版社，2021：273.

陈述申辩笔录

时　　间：＿＿＿＿＿＿＿＿＿＿＿＿＿＿＿＿＿＿＿＿＿＿
地　　点：＿＿＿＿＿＿＿＿＿＿＿＿＿＿＿＿＿＿＿＿＿＿
事　　由：＿＿＿＿＿＿＿＿＿＿＿＿＿＿＿＿＿＿＿＿＿＿
当 事 人：＿＿＿＿＿＿＿＿＿＿＿＿＿＿＿＿＿＿＿＿＿＿
调 查 人：＿＿＿＿＿＿＿＿＿＿＿＿＿＿＿＿＿＿＿＿＿＿
记 录 人：＿＿＿＿＿＿＿＿＿＿＿＿＿＿＿＿＿＿＿＿＿＿
陈述申辩内容：＿＿＿＿＿＿＿＿＿＿＿＿＿＿＿＿＿＿＿＿
＿＿＿＿＿＿＿＿＿＿＿＿＿＿＿＿＿＿＿＿＿＿＿＿＿＿＿＿

共　页　第　页

当事人签名：　　　　　　　　　　　　　　　　年　月　日

图 6-2 《陈述申辩笔录》式样

对"行政机关不得因当事人陈述、申辩而给予更重的处罚"的适用范围要有一个准确的认识，如果确有因陈述、申辩而发现新的违法事实和证据的，税务机关当然可以基于新的事实和证据调整行政处罚的内容，包括给予更重的处罚。

三、复核程序

（一）《行政处罚法》的规定

第四十五条第一款　当事人有权进行陈述和申辩。行政机关必须充分听取当事人的意见，对当事人提出的事实、理由和证据，应当进行复核；当事人提出的事实、理由或者证据成立的，行政机关应当采纳。

（二）税法及其他关联规定

1.《税收征管法》

第八条第四款　纳税人、扣缴义务人对税务机关所作出的决定，享有陈述权、申辩权……

2.《税务稽查案件办理程序规定》（国家税务总局令第52号发布）

第四十条　被查对象或者其他涉税当事人可以书面或者口头提出陈述、申辩意见。对当事人口头提出陈述、申辩意见，应当制作陈述申辩笔录，如实记录，由陈述人、申辩人签章。

应当充分听取当事人的陈述、申辩意见；经复核，当事人提出的事实、理由或者证据成立的，应当采纳。

3.《税务行政处罚裁量权行使规则》（国家税务总局公告2016年第78号发布）

第十九条第一款 当事人有权进行陈述和申辩。税务机关应当充分听取当事人的意见，对其提出的事实、理由或者证据进行复核，陈述申辩事由成立的，税务机关应当采纳；不采纳的，应予说明理由。

（三）典型案例解析

案例6-3　S省A科技有限公司与J市地方税务局稽查局行政处罚纠纷案[①]

1. 案件基本情况。

J市地方税务局稽查局（以下简称J市稽查局）收到检举反映S省A科技有限公司（以下简称A公司）自2011年起，假借其他公司资质承接大量市政热力工程，隐匿收入、在账簿上不列收入、进行虚假的纳税申报后，随即对A公司进行了调查。J市稽查局在调查中发现，A公司在2011年度共取得采暖工程收入24011600元，其中收取J市H公司15500000元，收取J市某社区居民委员会8511600元。该收入除有2511600元挂"预收账款——某社区"科目外，其余均未入账，以上收入均未申报缴纳营业税、城市维护建设税、教育费附加。该年度取得的采暖工程收入24011600元未计入营业收入，未申报缴纳企业所得税。2012年度，A公司共取得采暖工程收入20033037.14元，其中收取J市H公司12500000元、收取J市某社区居民委员会7533037.14元，以上收入中有14733037.14元未入账，未申报缴纳营业税、城市维护建设税、教育费附加，未申报缴纳企业所得税。J市稽查局依据《税收征管法》第六十三条第一款规定，对A公司未申报缴纳2011年至2012年营业税1162339.11元、城市维护建设税81363.74元的行为，处以未缴税款一倍的罚款，罚款金额为1243702.85元。

[①] （2015）济行终字第217号。

原审法院另查明,在J市稽查局对A公司的行政处罚处理期间,A公司向J市稽查局陈述其与J市B财务管理咨询有限公司(以下简称B公司)曾签订《代理记账协议书》,因双方其他纠纷导致该公司故意未按约定进行纳税申报等事务。A公司向J市稽查局工作人员出示其于2011年6月17日与B公司签订的《代理记账协议书》,该协议书显示双方曾约定B公司有关的代理记账、税务申报的合同义务。A公司同时出示其与B公司发生纠纷、终止上述协议、进行相关诉讼的证据。A公司在J市稽查局调查处理期间于2014年6月3日自行申报缴纳营业税等各项税款共计1254251.33元。

一审法院认为,《税收征管法》第八十九条规定:"纳税人、扣缴义务人可以委托税务代理人代为办理税务事宜。"《税收征管法实施细则》第九十八条规定:"税务代理人违反税收法律、行政法规,造成纳税人未缴或者少缴税款的,除由纳税人缴纳或者补缴应纳税款、滞纳金外,对税务代理人处纳税人未缴或者少缴税款50%以上3倍以下的罚款"。在被告对原告的行政处罚处理期间,原告向被告陈述其与B公司曾签订《代理记账协议书》,因双方其他纠纷导致该公司故意未按约定进行纳税申报等事务。原告向被告工作人员出示其公司于2011年6月17日与B公司签订的《代理记账协议书》,该协议书显示双方曾约定B公司有关的代理记账、税务申报的合同义务。原告同时出示其与B公司发生纠纷、终止上述协议、进行相关诉讼的证据。因上述《税收征管法》《税收征管法实施细则》的规定,结合原告在被告行政处罚程序中的陈述意见,被告应当根据原告提供的证据、线索进行调查、核实,对纳税人未缴、少缴税款的原因进行甄别、确认。原告向被告提供的证据及向法院提供的证据,需要被告在行政程序中根据原告的主张及被告的职责权限调查并予以核实,本案中对其证据证明的内容和证明力,原审法院不予评价。综上,本案被告的处罚需要确认纳税人未缴、少缴税款的原因和责任主体,现无证据证明被告对此进行了调查,尤其原告提供的证据及线索直接指向上述问题的确认,且考虑到涉案处罚案件的来源,被告当庭陈述对原告证据进行了书面审查,但其未尽到审慎的职责。被告仅凭现有证据,不足以对原告进行处罚,属于行政行为认定事实缺乏证据。

2. 案件争议焦点。

上诉人J市稽查局不服原审判决,上诉称原审法院事实认定错误,请求撤销原判，其理由如下。一是，《税务行政处罚决定书》认定被上诉人A公司存在《税收征管法》第六十三条第一款规定的偷税行为，证据确凿、充分。上诉人提交的证据能够充分证明被上诉人存在着在账簿上不列、少列收入，不缴或少缴税款的偷税行为。同时，依照《税收征管法》第六十三条第一款规定，不论不缴或少缴税款的原因是什么，只要在被上诉人作为纳税人存在不缴或少缴税款的偷税行为的情况下，上诉人有权依法对其进行处罚。二是，从被上诉人在税务检查过程中补充提交的材料看，本案不属于《税收征管法》第八十九条和《税收征管法实施细则》第九十八条规定的情形。根据有关规定，从事税务代理业务的中介机构为税务师事务所，而从被上诉人提交的材料看，其所谓的进行代理记账的公司明显不是税务师事务所，其代理记账行为当然不属于税务代理行为。原审法院依据《税收征管法》第八十九条和《税收征管法实施细则》第九十八条规定，要求上诉人去界定被上诉人不缴及少缴税款的原因和责任主体没有依据。三是，一审法院认定"上诉人对被上诉人提供的证据进行书面审查未尽到审慎的职责"与客观事实不符，且没有法律依据。本案行政处罚过程中，上诉人履行了应尽的审查职责。从履行审查职责的程序看，首先是被上诉人主动放弃听证程序，针对被上诉人撤销听证申请后补充提交的材料所反映的问题，上诉人又对被上诉人进行了询问并制作了笔录。该笔录记载了有关单据交接问题的审查内容；从履行审查职责的内容看，针对被上诉人补充提交的材料，上诉人逐一进行了审查，认定被上诉人提供的材料中没有一份能够证明其所称的由于B公司的原因导致其不缴或少缴税款；从履行审查职责的结果看，上诉人通过审查认为，本案不属于《税收征管法》第八十九条和《税收征管法实施细则》第九十八条规定的情形。综上，对被上诉人申请撤销听证程序后补充提交的材料，上诉人已履行了应尽的审查职责。上诉人针对被上诉人的税收违法行为依法进行处罚，事实认定清楚、证据确实充分。上诉人请求二审法院撤销原审判决，维护上诉人合法权益及正常的行政执法程序。

而被上诉人A公司辩称，偷税是主观故意存在才能形成的客观行为，而被上诉人是委托代理机构进行的纳税申报及税款缴纳，所以不存在主观故意。因被上诉人已向上诉人提供了证据证明由税务代理机构代为纳税申报，在出现未申报或者违规行为情形时，税务机关应对税务代理人进行处罚，被上诉人需承担的是补缴税款和因未缴税款产生的滞纳金。税务机关直接对被上诉人进行处罚违反法律规定。上诉人作为行政机关在进行行政行为过程中，没有对税务代理机构进行审核和调查，在二审中主张被上诉人的税务代理机构有可能不适格，此举证明上诉人行政行为的不负责任性和违法性。综上，被上诉人认为一审判决认定事实清楚、证据确实充分、适用法律正确，请求二审法院驳回上诉人上诉请求，维持原判。

由此可见，本案的争议焦点是对 A 公司的陈述申辩意见，即委托第三人代为办理税务事宜，上诉人 J 市稽查局到底是否进行了复核？未进行复核是否可能影响税务行政处罚决定的准确性？

3. 法院裁判主旨（二审）。

上诉法院认为：首先，行政处罚程序中，对当事人提出的事实、理由和证据进行复核，是行政机关的法定义务。《行政处罚法》第三十一条规定："行政机关在作出行政处罚决定之前，应当告知当事人作出行政处罚决定的事实、理由及依据，并告知当事人依法享有的权利"。[①] 第三十二条规定："当事人有权进行陈述和申辩。行政机关必须充分听取当事人的意见，对当事人提出的事实、理由和证据，应当进行复核；当事人提出的事实、理由或者证据成立的，行政机关应当采纳。行政机关不得因当事人申辩而加重处罚"。本案中，被上诉人 A 公司在行政程序中主张 B 公司在 2011 年至 2012 年期间代其管理财务账目、办理税务事宜，并提供了被上诉人与 B 公司签订的《代理记账协议书》等证据。被上诉人提出第三人代为办理税务事宜的事实、理由和证据后，上诉人具有进行复核的法定义务。

其次，复核程序是正当程序的基本要求。任何人在受到公权力不利行为的影响时，有获得告知、说明理由和提出申辩的权利。复核程序是对当事人提出申辩事项的调查处理，当事人提出的事实、理由或者证据成立的，行政机关应当采纳。行政机关的相关复核证据应当存入卷宗。本案中，上诉人虽主张其对被上诉人的主张及其提供的证据进行了复核，但没有提供证明其进行复核的证据。上诉人关于因为被上诉人 A 公司撤销听证申请，影响其将复核情况告知的主张，法院认为，上诉人在收到被上诉人 A 公司撤销听证的申请，对听证会予以撤销后，上诉人依然应当充分听取被上诉人的陈述、申辩意见，对被上诉人提出的事实、理由和证据进

[①] 编者注：2021 年 1 月 22 日，中华人民共和国第十三届全国人民代表大会常务委员会第二十五次会议修订了《中华人民共和国行政处罚法》，自 2021 年 7 月 15 日起施行，因本案发生于 2021 年以前，故此处引用的是 2021 年以前的版本，本案下同。

行复核，并将复核情况告知被上诉人且说明理由，同时，将复核情况形成证据存入卷宗。被上诉人撤回听证申请，不能免除上诉人的复核义务。上诉人未提供证据证明其履行了复核程序，其行政处罚程序违法。

最后，复核程序是确保结果公正的重要保障。通过复核程序，行政机关对当事人的陈述、申辩理由充分加以考虑，确保行政处罚结果正确；从完善执法程序、自我监督的角度分析，复核程序对上诉人同样具有重要意义，因通过复核程序，行政机关可以掌握调查过程中尚未掌握的事实、证据，有助于更全面考虑案情，防止错误行政处罚的作出。本案中，从可能影响行政处罚结果的角度考量，复核程序对被上诉人更有意义。《税收征管法》第八十九条规定："纳税人、扣缴义务人可以委托税务代理人代为办理税务事宜"。《税收征管法实施细则》第九十八条规定："税务代理人违反税收法律、行政法规，造成纳税人未缴或者少缴税款的，除由纳税人缴纳或者补缴应纳税款、滞纳金外，对税务代理人处纳税人未缴或者少缴税款50%以上3倍以下的罚款"。上述法律明确规定了税务代理人违反税收法律、法规规定的法律责任。在行政处罚处理期间，被上诉人主张其并无偷税故意并陈述、申辩称，其与B公司曾签订《代理记账协议书》，因双方其他纠纷导致该公司故意未按约定进行纳税申报等事务，并提供了有关证据。在此情况下，上诉人应结合被上诉人在行政处罚程序中的陈述、申辩意见及提供的证据在职责范围内依法进行调查、复核，以确定被上诉人申辩理由是否与事实相符，同时，须对被上诉人未缴、少缴税款的原因作出认定，以确定承担法律责任的主体。上诉人关于其已查清被上诉人未申报缴纳税款的事实，法院再审查其复核程序是否为过度审查的问题。法院认为，对于被上诉人未申报缴纳税款的事实，上诉人提供的证据充分，被上诉人无异议，并补缴了税款及滞纳金。在履行行政处罚职权时，上诉人仍有查清事实、确认法律责任承担主体的法定义务。对复核程序的审查，是审查行政处罚行为合法性的必要内容。上诉人未提供证据证明其尽到了复核义务，从而可能影响被诉行政处罚决定的结果正确。

综上，上诉人未对被上诉人申辩的委托税务事宜进行复核，行政处罚程序违法，且可能影响到处罚结果的正确。原审法院认定上诉人行政处罚程序合法，上述法院予以纠正。但原审法院认为上诉人未尽到审慎的职责，并判决撤销上述税务处罚决定，应予维持。上诉人J市稽查局的上诉理由不能成立，其上诉请求本院不予支持。依照《行政诉讼法》第八十九条第一款第（二）项之规定，判决驳回上诉，维持原判。

4. 案例分析借鉴。

本案件的判决具有典型意义，首先说明复核程序属于《行政处罚法》规定的法定程序，行政机关未进行复核会造成事实认定不清，因此属于严重违反法定程序，法院会撤销行政处罚决定；其次说明了行政机关应该如何进行复核。这一点在现行法律和规定中均未有相关表述。法院提出了以下四项要求：①即使行政相对人提出了撤回听证申请，但行政机关的复核义务仍不能免除，这是因为复核针对的是相对人的陈述申辩意见，而不管是否组织听证来听取陈述申辩意见；②行政机关应当将复核情况告知相对人且说明理由；③要将复核情况形成证据存入卷宗；④行政机关有义务在庭审过程中提交已经进行了复核的证据。这四项要求执法者在执法过程中要注意。

(四) 税务适用操作指南

从以上相关法条规定和司法判决可以看出，听取当事人的陈述、申辩意见，行政机关对陈述、申辩意见进行复核是《行政处罚法》规定的法定程序，作为执法机关的税务机关也必须遵守。但是如何履行复核程序，是税务机关在实务中特别要注意的重点问题。从上述规定及法院判决所持有的观点来看，税务机关在执法过程中一定要注意以下几个方面。

（1）充分听取陈述、申辩意见，并对陈述、申辩意见履行复核的法定程序，涉税当事人即使提出撤回听证申请，税务机关仍然要对其陈述、申辩意见进行复核。

（2）税务机关尽量将复核情况告知涉税相对人并说明理由。尤其是对不予采纳的，应按《税务行政处罚裁量权行使规则》（国家税务总局公告2016年第78号发布）的规定，予以说明理由。

（3）税务机关要将复核情况形成证据存入卷宗。关于陈述、申辩意见的复核，国家税务总局稽查局在其稽查工作规范中规定了复核的具体流程和文书格式，在工作中，税务机关应切实注意做好陈述、申辩意见的复核工作。

（4）由于复核是法定程序，在司法诉讼过程中，税务机关一定要提交证据，而不能只是口头主张。这也进一步说明了制作复核执法文书的重要性。

第二节 听证程序

一、适用条件

(一)《行政处罚法》的规定

第六十三条 行政机关拟作出下列行政处罚决定,应当告知当事人有要求听证的权利,当事人要求听证的,行政机关应当组织听证:

(一)较大数额罚款;
(二)没收较大数额违法所得、没收较大价值非法财物;
(三)降低资质等级、吊销许可证件;
(四)责令停产停业、责令关闭、限制从业;
(五)其他较重的行政处罚;
(六)法律、法规、规章规定的其他情形。

当事人不承担行政机关组织听证的费用。

(二)税法及其他关联规定

1.《税务稽查案件办理程序规定》(国家税务总局令第52号发布)

第四十一条 被查对象或者其他涉税当事人按照法律、法规、规章要求听证的,应当依法组织听证。

听证依照国家税务总局有关规定执行。

2.《税务行政处罚裁量权行使规则》(国家税务总局公告2016年第78号发布)

第二十条 税务机关对公民作出2000元以上罚款或者对法人或者其他组织作出1万元以上罚款的行政处罚决定之前,应当告知当事人有要求举行听证的权利;当事人要求听证的,税务机关应当组织听证。

3.《税务行政处罚听证程序实施办法(试行)》(国税发〔1996〕190号)

第三条 税务机关对公民作出2000元以上(含本数)罚款或者对法人或者其他组织作出1万元以上(含本数)罚款的行政处罚之前,应当向当事人送达《税务行政处罚事项告知书》,告知当事人已经查明的违法事实、证据、行政处罚的法律依据和拟将给予的行政处罚,并告知有要求举行听证的权利。

第二十条 对应当进行听证的案件,税务机关不组织听证,行政处罚决定不能成立;当事人放弃听证权利或者被正当取消听证权利的除外。

(三) 经典案例解析

案例6-4 Y有限公司与国家税务总局S市税务局稽查局行政处罚纠纷案[①]

1. 案件基本情况。

Y有限公司(以下简称Y公司)系具有进出口业务资质的外贸企业。2015年12月起,其通过中间人钱某与S县某纺织有限公司(以下简称纺织公司)以名为自营出口实为代理业务的方式,约定由Y公司办理出口退税业务,每出口1美元货物Y公司收取人民币5分的佣金。外商由钱某联系,并指定货物代理,Y公司未与纺织公司进行实质性接触。出口收汇后Y公司扣除佣金连同垫付的应退税款打入纺织公司账户。经查,纺织公司向Y公司出具的增值税专用发票均为虚开,总计29笔虚假业务,出口额8373127.95美元,涉及虚开增值税专用发票72份,金额总计53961167.07元,税额9173398.42元,其中申报已退税额6627076.60元,申报未退税额2546321.82元。

2016年5月26日,S市国家税务局稽查局(以下简称稽查局)出具《税务检查通知书》,对Y公司2014年1月1日至2016年5月27日期间涉税情况进行检查。2017年1月16日,S市国税局重大税务案件审理委员会经审理作出《审理意见书》,建议向Y公司追缴骗取的退税款6627076.60元,不予退税2546321.82元,停止为其办理出口退税两年,并将案件移送公安机关。在《审理意见书》的"被检查对象的意见和主张"部分,记载了Y公司的抗辩意见。同年1月22日,S市国税局就两年内停止为Y公司办理出口退税的事项向省国税局进行请示。同年2月10日,省国税局作出批复,同意停止Y公司出口退(免)税资格两年。

2017年2月21日,稽查局作出《税务行政处罚事项告知书》,告知Y公司拟作出的行政处罚决定及相关事实、法律依据,并告知Y公司有陈述、申辩的权利。在送达该文书时,执法人员告知Y公司有申请听证的权利。同年2月23日,Y公司提交陈述申辩意见并提出听证申请,执法

---

① (2020) 苏05行终101号。

人员表示其已陈述申辩不必再行听证。同年3月9日，稽查局作出了被诉税务行政处罚决定，根据《税收征管法》第六十六条第二款及《国家税务总局关于停止为骗取出口退税企业办理出口退税有关问题的通知》（国税发〔2008〕32号）第一条第四款的规定，决定停止为Y公司办理出口退税两年；并告知其复议机关为省国税局。同年4月24日，Y公司再次向稽查局邮寄陈述申辩意见（落款为2016年2月22日），相关意见与原市国税局重大税务案件审理委员会审理时记载的抗辩意见大致相同。同年8月23日，稽查局向Y公司送达被诉税务处罚决定书，决定从2017年8月23日至2019年8月23日停止为Y公司办理出口退税。

2. 案件争议焦点。

被诉税务处罚决定是否存在程序违法问题，包括是否应该进行听证、何时进行听证及决定书的送达是否合法等。

3. 法院裁判主旨。

一审法院判决认为：关于听证程序，《行政处罚法》第四十二条第一款规定，行政机关作出责令停产停业、吊销许可证或者执照、较大数额罚款等行政处罚决定之前，应当告知当事人有要求举行听证的权利。① 虽然该条规定没有明确将"停止出口退（免）税资格"列入应当告知听证权利的范围，但该条中的"等"系不完全列举，应当包括与明文列举的"责令停产停业、吊销许可证或者执照、较大数额罚款"类似的其他对行政相对人权益产生较大影响的行政处罚。本案中，对于原告这样的外贸企业来说，停止其申报出口退（免）税资格两年无疑将会对公司的经营能力产生重大影响，从维护行政相对人合法权益、保障行政处罚合法性和合理性的角度出发，应当赋予原告申请听证的权利。此外，《重大税务案件审理办法》（国家税务总局令第34号）第十四条第二款规定，当事人要求听证的，由稽查局组织听证。② 第十五条第一款规定，稽查局提请审理委员会审理案件，应当提交税务稽查报告、听证材料等案件材料。由此可知，在重大税务案件提请审理委员会审理之前，税务稽查部门应当告知相对人享有申请听证的权利，并将听证材料一并向审理委员会提交。本案

---

① 该条款在新的《行政处罚法》中已经被修改为第六十三条，但法院判决的分析逻辑依然值得借鉴。

② 编者注：国家税务总局令第34号第十四条第二款现已修改为"当事人按照法律、法规、规章有关规定要求听证的，由稽查局组织听证。"参见：《国家税务总局关于修改〈重大税务案件审理办法〉的决定》，国家税务总局令第51号。

中，被诉行政处罚决定系经过重大税务案件审理委员会集体讨论而作出，但稽查局在提请重大案件审理委员会审理前并未告知原告听证权利，而是在进行处罚前告知时才口头告知，且在原告提交书面听证申请后稽查局并未组织听证，违反了法定程序。

关于送达程序……

综上，经对被诉税务行政处罚决定全面审查，稽查局所作S国税稽罚〔2017〕27号税务行政处罚决定，认定事实清楚，适用法律正确，处罚幅度适当，但未在重大案件审理委员会审理前告知Y公司听证权利并依申请组织听证，且超期送达处罚决定书，违反法定程序，应予撤销。鉴于原告在陈述申辩及诉讼程序中始终未能提供证据推翻其违法事实，如果撤销并责令重作将会导致程序空转，增加诉累，故依照《行政诉讼法》第七十四条第一款第（一）项的规定，判决确认稽查局于2017年3月9日作出的S国税稽罚（2017）27号税务行政处罚决定违法。

二审法院判决认为：根据《重大税务案件审理办法》（国家税务总局令第34号）第十五条的规定，稽查局提请审理委员会审理案件，应当提交听证材料。第三十四条规定，稽查局应当按照重大税务案件审理意见书制作税务处理处罚决定等相关文书，加盖稽查局印章后送达执行。由此可见，对重大税务案件审理委员会的审理意见，稽查局应当执行，听证程序亦应当在稽查局提请审理委员会审理案件之前进行。本案中，稽查局在重大案件审理委员会审理前仅听取了上诉人的陈述申辩，而将听证程序置于重大案件审理委员会审理之后，违反了法定程序。因上诉人在其后的听证及诉讼中始终未能提供证据推翻其违法事实，如果撤销并责令重作将会导致程序空转，增加诉累。同时，稽查局的送达也存在超期问题，原审法院已经予以指出。综上所述，原审法院确认被诉行为违法并无不当。

4. 案例分析借鉴。

关于对外贸企业作出停止出口退（免）税资格两年的税务行政处罚决定，涉税当事人有没有提出听证的权利？本案例发生在新《行政处罚法》修订之前，但其对行政处罚听证程序的适用范围的探讨，依然值得借鉴。停止出口退税权是典型的税务行政处罚措施。《税收征管法》第六十六条规定："以假报出口或者其他欺骗手段，骗取国家出口退税款的，由税务机关追缴其骗取的退税款，并处骗取税款一倍以上五倍以下的罚款；构成犯罪的，依法追究刑事责任。对骗取国家出口退税款的，税务机关可以在规定期间内停止为其办理出口退税。"可见,对于骗取国家出口退税款的,一般的处理方式是追缴骗取的退税款,处以罚款,可以并处停止出口退税权。构成犯罪的,再移交公安机关。本案处理的独特之处在于稽查局并没有作出罚款的行政处罚,而只是作出了两年内停止出口退税的行政处罚,由此引发一审法院在判决中积极行使法律解释权,尤其是对列举式立法中的兜底式表达展开了阐述。其认为:"虽然该条规定没有明确将'停止出口退(免)税资格'列入应当告知听证权利的范围,但该条中的'等'系不完全列举,应当包括与明文列举的'责令停产停业、吊销许可证或者执照、较大数额罚款'类似的其他对行政相对人权益产生较大影响的行政处罚。"这样的法院解释在二审法院判决中都没有经过再次审查,就直接认定了听证程序在本案中的当然适用,算是间接地得到了认可。法院的这种解释思路在新《行政处罚法》第六十三条的解释上依然存在适用的空间。这是因为虽然新条款增加了多种法定听证权利的范围,但是其立法模式仍然是列举加兜底式表述,只不过此次兜底式表达从"等"换成了"其他较重的行政处罚"及"法律、法规、规章规定的其他情形"。"法律、法规、规章规定的其他情形"自然要依赖于其他明确的规定,但"其他较重的行政处罚"却存在着极大的解释空间。按照一审法院对事实的理解,"本案中,对于原告这样的外贸企业来说,停止其申报出口退(免)税资格两年无疑将会对公司的经营能力产生重大影响,从维护行政相对人合法权益,保障行政处罚合法性和合理性的角度出发,应当赋予原告申请听证的权利。"那么,也完全可以理解为,对一个外贸企业作出停止其申报出口退(免)税权两年的行政处罚决定当然属于"其他较重的行政处罚"。

《行政处罚法》的这种立法模式,虽然从立法技术上来讲避免了重大的行政处罚决定被排除在听证范围之外的风险,但也极大地增加了行政执法的不确定性。对行政机关而言,如果实施的行政处罚种类不在法定列举范围之内,其执法时要个别判断是否属于"其他较重的行政处罚",而且在这个问题的判断上一旦和法院看法不一致,可能还会招致败诉的执法风险。因此,随着新《行政处罚法》的修订和司法判决的出现,建议尽快修改《税务行政处罚听证程序实施办法(试行)》(国税发〔1996〕190号)规定的听证适用范围。该文件规定,对公民作出2000元以上(含本数)罚款或者对法人或者其他组织作出10000万元以上(含本数)罚款的可以申请听证，而对其他税务行政处罚种类均未纳入听证范围。因此该文件修订的主要内容即为明确列举当事人具有提出听证权利的税务行政处罚种类和范围，从而为税务机关执法提供明确的执法依据。

关于听证在适用重大税务案件审理程序作出行政处罚时的组织时间。这一点，一、二审法院都认为根据《重大税务案件审理办法》，听证程序应当在提请重大税务案件审理委员会进行重大税务案件审理之前进行。因此，无论是没有进行听证，还是在提请重大案件审理之后进行听证，都属于严重违反法定程序。① 但是，本案鉴于 Y 公司在后续的陈述、申辩过程及庭审过程中并没有提供证据推翻违法事实，出于对节约行政资源的考虑，作出了确认判决。但多数情况之下，对于应该组织听证而未组织听证的行政处罚决定，法院会判决因严重违反法定程序而予以撤销。

（四）税务适用操作指南

对于新《行政处罚法》规定的法定种类要精确掌握。其中，涉及的税务行政处罚种类包括：①较大数额罚款。按目前规定是对个人作出 2000 元以上（含本数）罚款、对法人或者其他组织作出 10000 元以上（含本数）罚款。②没收较大数额违法所得、没收较大价值非法财物。《税收征管法》第七十一条规定："违反本法第二十二条规定，非法印制发票的，由税务机关销毁非法印制的发票，没收违法所得和作案工具，并处一万元以上五万元以下的罚款；构成犯罪的，依法追究刑事责任。"《发票管理办法》第三十八条规定："私自印制、伪造、变造发票，非法制造发票防伪专用品，伪造发票监制章的，由税务机关没收违法所得，没收、销毁作案工具和非法物品，并处 1 万元以上 5 万元以下的罚款；情节严重的，并处 5 万元以上 50 万元以下的罚款；对印制发票的企业，可以并处吊销发票准印证；构成犯罪的，依法追究刑事责任。前款规定的处罚，《中华人民共和国税收征收管理法》有规定的，依照其规定执行。"第三十九条规定："有下列情形之一的，由税务机关处 1 万元以上 5 万元以下的罚款；情节严重的，处 5 万元以上 50 万元以下的罚款；有违法所得的予以没收：（一）转借、转让、介绍他人转让发票、发票监制章和发票防伪专用品的；（二）知道或者应当知道是私自印制、伪造、变造、非法取得或者废止的

---

① 在事实认定上，一审法院认定的事实是稽查局应该组织听证而没有组织，但二审法院认定的事实是稽查局在提交重大案件审理之后进行了听证。仔细看了判决后，笔者认为二审法院在这个事实认定上发生了错误，应该是一审认定的没有进行听证。

发票而受让、开具、存放、携带、邮寄、运输的。"第四十一条规定："违反发票管理法规，导致其他单位或者个人未缴、少缴或者骗取税款的，由税务机关没收违法所得，可以并处未缴、少缴或者骗取的税款 1 倍以下的罚款。"以上均是关于税务行政处罚中的没收违法所得和没收非法财物（作案工具）的规定，但是现在还缺乏一个"较大数额"和"较大价值"的具体规定，这也为税务执法实践带来一定的诉讼风险。③降低资质等级、吊销许可证件。这是一种典型的资格罚，被认为"对当事人构成了资格准入或者营业限制，属于严重的侵益性行为"。① 具体到税务执法领域，纳税信用等级调低措施算不算降低资质等级呢？根据《纳税信用管理办法（试行）》（国家税务总局公告 2014 年第 40 号发布），对纳税人信用等级的评定是税务机关对纳税人的信用状况进行的事后评估，主要是为了便于管理，对信用等级低的纳税人所采取的惩戒是因为其从事了违法行为，而调低纳税信用等级本身并不额外增加或减少纳税人的义务和权利。因此，纳税信用等级降低不能认为是降低资质等级。而吊销许可证件在税务行政处罚领域是切实存在的，如前述《发票管理办法》第三十八条规定的"对印制发票的企业，可以并处吊销发票准印证"。发票准印证的审批属于税务行政许可，因此吊销发票准印证也属于吊销许可证件，税务机关在作出这一税务行政处罚决定前需要告知当事人具有提出听证的权利。④其他较重的行政处罚。如上述案例所启示的，对一个外贸企业作出两年停止出口退税资格，属于"其他较重的行政处罚"。在国家税务总局并未作出统一规定之前，各执法机关也需要根据作出的决定来考量是否构成"较重"。

以上法定情形，应当告知而未告知，或者虽然告知但当事人申请听证又不组织听证的，都属于严重违反法定程序，其作出的行政处罚决定会被法院撤销。

在执法过程中，即使拟作出的行政处罚种类不在法定适用听证范围之内，但如果税务机关自己判断属于"其他较重的行政处罚"并且已经告知涉税当事人有提出听证的权利的，当涉税当事人提出听证申请的时候，税务机关应当组织听证，而不能违反诚信原则予以拒绝。

关于组织听证的时间。如上述案例所述，如果案件需要经过重大税务案件审理的，根据《重大税务案件审理办法》第十四条的规定，稽查局应当在内部审理程序终结后 5 日内，将重大税务案件提请审理委员会审理。当事人按照法律、法规、规章有关规定要求听证的，由稽查局组织听证。《重大税务案件

---

① 袁雪石. 中华人民共和国行政处罚法释义 [M]. 北京：中国法制出版社，2021：342.

审理办法》修改之前的也是要求由稽查局组织听证。由此可见,组织听证应该在稽查的审理阶段,且在提交重案审之前。实践中有案例判决如下:"被告举行听证的时间是 2017 年 9 月 5 日,而原 N 市国税局重大税务案件审理委员会于 2017 年 8 月 14 日就已作出《重大税务案件审理委员会审理意见书》,故存在先集体讨论后进行听证,此举势必使听证流于形式,应认定为重大程序违法。"①

二、举行听证

(一)《行政处罚法》的规定

第六十四条　听证应当依照以下程序组织:

(一)当事人要求听证的,应当在行政机关告知后五日内提出;

(二)行政机关应当在举行听证的七日前,通知当事人及有关人员听证的时间、地点;

(三)除涉及国家秘密、商业秘密或者个人隐私依法予以保密外,听证公开举行;

(四)听证由行政机关指定的非本案调查人员主持;当事人认为主持人与本案有直接利害关系的,有权申请回避;

(五)当事人可以亲自参加听证,也可以委托一至二人代理;

(六)当事人及其代理人无正当理由拒不出席听证或者未经许可中途退出听证的,视为放弃听证权利,行政机关终止听证;

(七)举行听证时,调查人员提出当事人违法的事实、证据和行政处罚建议,当事人进行申辩和质证;

(八)听证应当制作笔录。笔录应当交当事人或者其代理人核对无误后签字或者盖章。当事人或者其代理人拒绝签字或者盖章的,由听证主持人在笔录中注明。

(二)税法及其他关联规定

1.《税务稽查案件办理程序规定》(国家税务总局令第 52 号发布)

第四十一条　被查对象或者其他涉税当事人按照法律、法规、规章要求听证的,应当依法组织听证。

---

① (2018)浙 02 行终 180 号。

听证依照国家税务总局有关规定执行。

2.《税务行政处罚听证程序实施办法（试行）》（国税发〔1996〕190号）

第四条 要求听证的当事人，应当在《税务行政处罚事项告知书》送达后3日内向税务机关书面提出听证；逾期不提出的，视为放弃听证权利。

当事人要求听证的，税务机关应当组织听证。

第五条 税务机关应当在收到当事人听证要求后15日内举行听证，并在举行听证的7日前将《税务行政处罚听证通知书》送达当事人，通知当事人举行听证的时间、地点，听证主持人的姓名及有关事项。

当事人由于不可抗力或者其他特殊情况而耽误提出听证期限的，在障碍消除后5日以内，可以申请延长期限。申请是否准许，由组织听证的税务机关决定。

第七条 税务行政处罚的听证，由税务机关负责人指定的非本案调查机构的人员主持，当事人、本案调查人员及其他有关人员参加。

听证主持人应当依法行使职权，不受任何组织和个人的干涉。

第八条 当事人可以亲自参加听证，也可以委托一至二人代理。当事人委托代理人参加听证的，应当向其代理人出具代理委托书。代理委托书应当注明有关事项，并经税务机关或者听证主持人审核确认。

第九条 当事人认为听证主持人与本案有直接利害关系的，有权申请回避。回避申请，应当在举行听证的3日前向税务机关提出，并说明理由。

听证主持人是本案当事人的近亲属，或者认为自己与本案有直接利害关系或其他关系可能影响公正听证的，应当自行提出回避。

第十条 听证主持人的回避，由组织听证的税务机关负责人决定。

对驳回的申请回避的决定，当事人可以申请复核一次。

第十一条 税务行政处罚听证应当公开进行。但是涉及国家秘密、商业秘密或者个人隐私的，听证不公开进行。

对公开听证的案件，应当先期公告当事人和本案调查人员的姓名、案由和听证的时间、地点。

公开进行的听证，应当允许群众旁听。经听证主持人许可，旁听群众可以发表意见。

对不公开听证的案件，应当宣布不公开听证的理由。

第十二条 当事人或者其代理人应当按照税务机关的通知参加听证，无正当理由不参加的,视为放弃听证权利。听证应当予以终止。

本案调查人员有前款规定情形的,不影响听证的进行。

第十三条 听证开始时,听证主持人应当首先声明并出示税务机关负责人授权主持听证的决定,然后查明当事人或者其代理人、本案调查人员、证人及其他有关人员是否到场,宣布案由;宣布听证会的组成人员名单;告知当事人有关的权利义务。记录员宣读听证会场纪律。

第十四条 听证过程中,由本案调查人员就当事人的违法行为予以指控,并出示事实证据材料,提出行政处罚建议。当事人或者其代理人可以就所指控的事实及相关问题进行申辩和质证。

听证主持人可以对本案所及事实进行询问,保障控辩双方充分陈述事实,发表意见,并就各自出示的证据的合法性、真实性进行辩论。辩论先由本案调查人员发言,再由当事人或者其代理人答辩,然后双方相互辩论。

辩论终结,听证主持人可以再就本案的事实、证据及有关问题向当事人或者其代理人、本案调查人员征求意见。当事人或者其代理人有最后陈述的权利。

第十五条 听证主持人认为证据有疑问无法听证辨明,可能影响税务行政处罚的准确公正的,可以宣布终止听证,由本案调查人员对证据进行调查核实后再行听证。

当事人或者其代理人可以申请对有关证据进行重新核实,或者提出延期听证;是否准许,由听证主持人或者税务机关作出决定。

第十六条 听证过程中,当事人或者其代理人放弃申辩和质证权利,声明退出听证会;或者不经听证主持人许可擅自退出听证会的,听证主持人可以宣布听证终止。

第十八条 听证的全部活动,应当由记录员写成笔录,经听证主持人审阅并由听证主持人和记录员签名后,封卷上交税务机关负责人审阅。

听证笔录应交当事人或者其代理人、本案调查人员、证人及其他有关人员阅读或者向他们宣读,他们认为有遗漏或者有差错的,可以请求补充或者改正。他们在承认没有错误后,应当签字或者盖章。拒绝签字或者盖章的,记明情况附卷。

(三) 典型案例解析

案例 6-5　国家税务总局 S 省 G 市稽查局与 H 公司行政处罚纠纷案[①]

1. 案件基本情况。

2012 年 9 月 1 日，S 省 J 公司向 H 公司出具承诺书，提供 1∶2.8（税后）和 1∶1 比例的两种收购方案任 H 公司选择。2012 年 9 月 6 日，H 公司与 J 公司签订的《股权转让框架协议》中未对转让价款进行约定。2012 年 9 月 10 日，H 公司向 J 公司董事会出具承诺书，承诺向全体股东按每股 1∶2.8（税后）价格收购，并保证该承诺书作为公司义务条款与《股权转让框架协议》中乙方义务具备同等法律效力。但 J 公司在工商局备案的《股权转让协议》中，均约定股权按 1∶1 比例一次性全部转让给 H 公司。股权转让价款及付款方式由双方约定；备案的《股东会决议》载明，股权转让按 1∶1 比例完成。J 公司在股权转让 H 公司时，工商登记股东为 35 名，存在股东代他人持股情况，J 公司股权转让后，刘某等隐名股东与 H 公司就股权转让款进行了诉讼。原股东耿某要求 H 公司支付剩余股权转让款 200 万元等进行了诉讼。

2018 年 2 月 7 日，S 省 G 市稽查局（以下简称稽查局）通过公告向 H 公司送达了《税务行政处罚事项告知书》，告知对 H 公司不缴纳个人所得税——财产转让所得处以一倍的罚款计 25255191.49 元，并告知了陈述和申辩的权利。2018 年 3 月 12 日，H 公司提交税务行政处罚听证申请。2018 年 3 月 15 日，稽查局对处罚听证进行了公告并通知了 H 公司听证，H 公司委托的代理人及调查人员均参与了听证，形成了听证笔录。2018 年 3 月 27 日，稽查局向其所属税务局重大税务案件审理委员会提交听证报告，报告了听证相关内容。2018 年 6 月 4 日，G 市税务局重大税务案件审理委员会形成了重大税务案件审理意见书。2018 年 6 月 7 日，稽查局作出税务行政处罚决定书，对 H 公司处以已扣未缴个人所得税 1 倍的罚款计 25255191.49 元，并于 2018 年 6 月 26 日向 H 公司送达。H 公司不服，提起行政诉讼。同时法院另查明，2018 年 3 月 23 日，H 公司税务处罚听证会的主持人王某与 2017 年 9 月 20 日对 H 公司总经理向某的调查询问人王某是同一人。一、二审法院均判决稽查局违反法定程序，撤销了行政处罚决定。

[①]（2019）川 06 行终 32 号。

2. 案件争议焦点。

听证程序中当听证主持人和本案调查人员为同一人时，属于严重违反法定程序还是轻微违法。

3. 法院裁判主旨。

行政机关作出行政处罚行政行为，应遵守《行政处罚法》的规定。《行政处罚法》第三条规定："公民、法人或者其他组织违反行政管理秩序的行为，应当给予行政处罚的，依照本法由法律、法规或者规章规定，并由行政机关依照本法规定的程序实施。没有法定依据或者不遵守法定程序的，行政处罚无效。"① 第四十二条第一款规定："行政机关作出责令停产停业、吊销许可证或者执照、较大数额罚款等行政处罚决定之前，应当告知当事人有要求举行听证的权利；当事人要求听证的，行政机关应当组织听证。……听证依照以下程序组织：……（四）听证由行政机关指定的非本案调查人员主持；当事人认为主持人与本案有直接利害关系的，有权申请回避；……"《最高人民法院关于适用〈中华人民共和国行政诉讼法〉的解释》（法释〔2018〕1号）第九十六条规定："有下列情形之一，且对原告依法享有的听证、陈述、申辩等重要程序性权利不产生实质损害的，属于行政诉讼法第七十四条第一款第二项规定的'程序轻微违法'：（一）处理期限轻微违法；（二）通知、送达等程序轻微违法；（三）其他程序轻微违法的情形。"行政听证程序是行政处罚作出前的重要程序，依上述法律规定，听证程序中听证主持人应不与行政处罚案件有直接利害关系，且明确其不得为参与行政案件调查的调查人员，否则构成法定回避的事由。听证主持人在主持听证的过程中，对听证程序起主导地位，对听证程序产生明确影响，当听证主持人违反法定回避规定时，属程序违法，而非前述解释规定的"程序轻微违法"的情形。本案中，上诉人在作出较大数额罚款行政处罚决定前的听证中，其指定的听证主持人系行政处罚同案的调查人员，原审法院认定上诉人行政处罚行为程序违法，并无不当。上诉人认为仅属轻微违法，二审不予采纳。

4. 案例分析借鉴。

上述案件的争议焦点只是涉及新《行政处罚法》第六十四条第（四）项的规定，即听证由行政机关指定的非本案调查人员主持；当事人认为主

---

① 编者注：2021年1月22日，中华人民共和国第十三届全国人民代表大会常务委员会第二十五次会议修订了《中华人民共和国行政处罚法》，自2021年7月15日起施行，因本案发生于2021年以前，故此处引用的是2021年以前的版本，本案下同。

持人与本案有直接利害关系的,有权申请回避。即调查人员必须和听证人员实施分离,这是为了保证一个人不能同时身兼"运动员"和"裁判员"。恰巧在这个案件中,王某自己未主动进行回避,而当事人也没有向稽查局申请回避。在二审法庭辩论阶段,稽查局提出了一个辩解,即"被调查人 X 某经通知主动到上诉人处,当时因大部分工作人员外出办公,仅有李某、王某在单位,为及时展开调查工作,由李某询问,王某只在询问笔录上签名作了调查。该调查询问方式属程序轻微违法,对被上诉人的听证、陈述、申辩等重要程序性权利不产生实质损害,根据《中华人民共和国行政诉讼法》第七十四条第一款第二项、《最高人民法院关于适用〈中华人民共和国行政诉讼法〉的解释》第九十六条第三项的规定,上诉人作出的处罚行为不应撤销。"也就是说,稽查局认为让王某参与调查是迫不得已,另外王某不是主要检查人员,仅仅是为了满足法定人数的要求在文书上体现出来而已。但显然两审法院均未采纳这种抗辩意见,还是认为调查人员和听证主持人分离原则是重要的法定程序,会对事实的认定产生影响,因此都认为不属于轻微的程序瑕疵,在此基础上作出的行政处罚决定应予撤销。

(四)税务适用操作指南

行政听证程序的税务适用主要参照《税务行政处罚听证程序实施办法(试行)》(国税发〔1996〕190号)。《行政处罚法》中的法定程序都在该文件中得到了体现,另外其自身也提出了一些要求。特别需要注意的地方在于:①随着新《行政处罚法》的实施,涉税当事人提出听证要求的期限也得到了延长,原来是行政机关告知后3日内,现在按新《行政处罚法》为5日。在5日之内,如果涉税当事人没有明确放弃听证权利,税务机关不能作出行政处罚决定,否则也属于违反法定程序,行政处罚决定会被法院撤销。②当事人提出听证要求的形式,按《税务行政处罚听证程序实施办法(试行)》规定应以书面形式,但《行政处罚法》并未做形式上的法定要求。而对提出形式做限定性要求,会对当事人的程序权利形成限制,因此笔者认为,涉税当事人也可以以口头形式提出听证请求,而不拘泥于书面形式。"当事人以口头形式提出的,办案人员应当将情况计入笔录,并由当事人在笔录上签名或者盖章。"① ③对于何时应该举行听证,《行政处罚法》没有作具体规定,但《税务行政处罚听证程序实施办法(试行)》规定了在收到当事人听证要求后15日内举行,因此税务机关组织听证要遵守

---

① 袁雪石. 中华人民共和国行政处罚法释义 [M]. 北京:中国法制出版社, 2021: 346.

15日的期限要求。④税务机关通知当事人参加听证时,应该向当事人送达《税务行政处罚听证通知书》,该通知书应在举行听证的7日前送达当事人,并与《税务文书送达回证》一并使用。通知书一式两份,一份送当事人,一份装入卷宗。《税务行政处罚听证通知书》文书式样如图6-3所示。

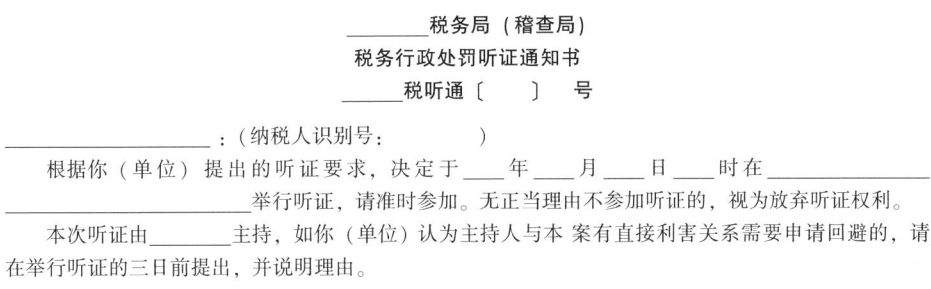

图6-3 《税务行政处罚听证通知书》式样

税务执法要注意调查人员和听证主持人的分离,这在之前的案例中已经提到过。同时也要注意听证主持人的其他回避问题,因为违反回避程序都属于"违反法定程序",违反回避程序所获得的证据都属于"严重违反法定程序"而获得的证据,会被排除在证据范围之外。稽查程序中,案件调查属于检查部门的职责,而组织听证是审理部门的职责,由于检查和审理的分离制度,一般不会出现调查人员和听证主持人相重合的现象。但对于一些稽查工作人员较少、工作任务较重的稽查局,也有可能出现混岗现象,此时,应切实注意检查人员与审理人员不可重合,自觉回避。

听证属于正式的听取意见程序,因此即使在听证程序中,也要充分保证涉税当事人的陈述申辩权。也就是说,现行《行政处罚法》第四十五条和第六十二条提出的要求,同样适用于听证程序。所以,《税务行政处罚听证程序实施办法(试行)》第十四条规定,当事人或者其代理人可以就所指控的事实及相关问题进行申辩和质证。听证主持人可以对本案所及事实进行询问,保障控辩双方充分陈述事实、发表意见,并就各自出示证据的合法性、真实性进行辩论。

听证需要制作笔录,并经过所有参与人员的签名或盖章。当事人拒绝签名或盖章的,应当记明情况。税务机关制作听证笔录有固定的文书样本,其所设定的内容应逐项填写,不得缺漏,并且要将当事人、代理人、本案调查人员等的意见客观、准确、详细地记录并经核对无误。该笔录为A4竖式,一式一份，装入卷宗。税务机关听证笔录的文书式样如图 6-4 所示。

听证笔录

共　　页第　　页

案　　由：_____
时　　间：_____　　　　　地　点：_____
听证主持人：_____　　　　记录员：_____
当事人姓名：_____　　　　性　别：_____　年龄：_____
工 作 单 位：_____职务：_____
现 住 所：_____
调查人员姓名：_____
委托代理人姓名：_____
工 作 单 位：_____职务：_____
现 住 所：_____

听证主持人签字：　　　　　　　　记录员签字：
当事人签字：　　　　　　　　　　代理人签字：
本案调查人签字：　　　　　　　　证人签字：
其他有关人员：

图 6-4 《听证笔录》式样

三、听证结束后的决定

（一）《行政处罚法》的规定

第六十五条 听证结束后，行政机关应当根据听证笔录，依照本法第五十七条的规定，作出决定。

（二）典型案例解析

案例 6-6 T 市 H 混凝土搅拌有限公司诉 T 市国土资源和房屋管理局 W 区国土资源分局等土地行政处罚案[①]

1. 案件基本情况。

2014 年 8 月，被告 T 市国土资源和房屋管理局 W 区国土资源分局

---

① （2017）津 01 行终 348 号。

(以下简称 W 国土分局）接到信访举报，称原告 T 市 H 混泥土搅拌有限公司（以下简称 H 公司）未经土地行政主管部门批准，非法占地建搅拌站。W 国土分局随即进行核查，于 2014 年 11 月 20 日立案，经调查认定，H 公司未经批准自 2011 年底在 J 高速东侧、B 高速北侧占地建搅拌站。2012 年 7 月 18 日，W 国土分局为 H 公司颁发了（2012）第 033 号《临时建设用地批准书》，建设项目名称为 112 高速公路砂石料存放处，批准用地面积 39763.1 平方米，土地用途为临时用地，批准期限为 2012 年 7 月至 2014 年 7 月。但 H 公司在临时用地期满后一直未办理涉案地块的合法手续。W 国土分局于 2014 年 11 月 14 日对 H 公司作出了国土监字（2014）第 2128 号《责令停止违法行为通知书》，于 2014 年 11 月 27 日作出了国土监字（2014）第 2128 号《责令限期整改通知书》。2014 年 12 月 15 日，W 国土分局对原告作出了国土监字（2014）第 133 号《行政处罚告知书》，载明：①退还非法占用的土地；②限期 15 日内自行拆除在非法占用的 42885.2 平方米土地上新建的建筑物和其他设施，并恢复土地原貌；③处罚款 428852 元。H 公司收到《行政处罚告知书》后，于 2014 年 12 月 17 日提出了听证申请，W 国土分局于 2015 年 1 月 21 日组织了听证。W 国土分局因需要具有耕地破坏鉴定资质的组织对 H 公司耕地破坏程度进行鉴定，于 2015 年 1 月 27 日中止调查。后以确定某省司法鉴定科学技术研究所农林牧司法鉴定中心对 H 公司耕地破坏程度进行鉴定为由，于 2015 年 9 月 1 日决定恢复调查。2015 年 9 月 10 日，某省司法鉴定科学技术研究所农林牧司法鉴定中心出具了农林牧鉴字（2015）第 08118 号司法鉴定书，该鉴定书载明了"H 公司在占用的土地中修建道路（水泥面）、房屋（水泥地坪）、堆料场地等硬化地面共计为 44597.2 平方米"。2015 年 9 月 10 日，W 国土分局以 H 公司对原有建筑物进行部分整改、准备更换法定代表人为由再次中止调查。2016 年 6 月 8 日，W 国土分局以完善了证据为由决定恢复调查。2016 年 6 月 13 日，W 国土分局作出了国土执字（2014）第 133 号《行政处罚决定书》，行政处罚内容为：①退还非法占用的土地；②限期 15 日内自行拆除在非法占用的 44597.2 平方米土地上新建的建筑物和其他设施，并恢复土地原状；③处以 10 元/平方米的罚款，共计 445972 元。H 公司对该处罚决定不服，于 2016 年 7 月 28 日向 W 区政府提起行政复议；W 区政府于 2016 年 10 月 25 日作出维持决定，H 公司不服，遂提起行政诉讼。

2. 案件争议焦点。

行政处罚决定书认定的非法占地面积与罚款金额均大于处罚告知书和听证笔录的记载，对于超出部分，上诉人 W 国土分局未听取被上诉人 H 公司的陈述、申辩，是否构成违反法定程序。

3. 法院裁判主旨。

《行政处罚法》第六条规定，公民、法人或者其他组织对行政机关所给予的行政处罚，享有陈述权、申辩权。① 第三十二条规定，当事人有权进行陈述和申辩。行政机关必须充分听取当事人的意见，对当事人提出的事实、理由和证据，应当进行复核；当事人提出的事实、理由或者证据成立的，行政机关应当采纳。据此，保障被处罚人的陈述权、申辩权是《行政处罚法》确定的一项基本原则，贯穿于行政处罚的全过程。行政机关在作出处罚决定前，应保障被处罚人充分、全面、完整地享有该项权利。本案中，W 国土分局虽然在作出行政处罚告知书后举行了听证程序，但此后又进行了司法鉴定，依据该司法鉴定结论，认定被上诉人非法占地面积大于行政处罚告知书、听证笔录的记载面积，由此罚款金额也将大于行政处罚告知书、听证笔录的记载。至此，上诉人在举行听证后又发现并考虑了新的重要证据和事实，行政处罚将使被上诉人承担比听证时更为不利的后果。在这种情况下，从《行政处罚法》保障当事人陈述权、申辩权的原则出发，应当将新增内容重新告知被上诉人，从而保障被上诉人对此新增内容有针对性地进行陈述和申辩。上诉人 W 国土分局就此新增的重要证据、认定事实和罚款金额没有告知被上诉人，也没有给予其陈述、申辩的机会，违反了《行政处罚法》的基本原则，构成违反法定程序。

此外，关于处罚决定与听证笔录记载不一致的问题，《行政处罚法》第四十二条规定，听证应当制作笔录；《国土资源听证规定》（国土资源部令第 22 号）第三十三条规定，主管部门应当根据听证笔录，依法作出行政处罚决定。因此，行政机关不能根据听证中没有涉及的事实和证据作出处罚决定。本案中，上诉人在听证结束后又新增了司法鉴定作为重要证据，并且在作出行政处罚中采纳司法鉴定结论，对被上诉人违法占地面积作出新的认定，并对罚款金额作出新的决定，对此，应当给予被上诉人再

---

① 编者注：2021 年 1 月 22 日，中华人民共和国第十三届全国人民代表大会常务委员会第二十五次会议修订了《中华人民共和国行政处罚法》，自 2021 年 7 月 15 日起施行，因本案发生于 2021 年以前，故此处引用的是 2021 年以前的版本，本案下同。

次听证的机会。

4. 案例分析借鉴。

本案例属于非涉税行政诉讼案例,这是因为税法及其相关规定中尚未出现对听证笔录效力的规定,而《国土资源听证规定》早在2004年就突破了当时《行政处罚法》的规定,增加了依据听证笔录作出行政处罚决定的要求,和现行新修订的《行政处罚法》的规定一致。因此,本案例的出现弥补了新《行政处罚法》适用过程中新条款适用案例缺失的这一遗憾。本案例中,W国土分局先是组织了听证,然而听证之后又取得了鉴定意见作为认定事实的新证据,并以该新证据作为事实根据来认定H公司的违法行为。法院从两个角度认定W国土分局程序违法,一是从保障当事人陈述权、申辩权的角度,认为新证据增加的违法事实没有告知相对人,没有经过听证;二是处罚决定和听证笔录记载的不一致,违反了根据听证笔录作出处罚决定的规定,法院明确指出:"行政机关不能根据听证中没有涉及的事实和证据作出处罚决定……",如果出现了新证据并且采纳的,则应当给予再次听证的机会。

这个判决对税务执法的启示意义同样重大。因为在税务执法案件中,经常涉及偷税数额及虚开发票金额的认定。如果在听证程序结束后,又发现了新的偷税证据或是虚开的发票,那就应该将新增加的部分重新作出《税务行政处罚事项告知书》,进行补充听证。

(三) 税务适用操作指南

修订之前的《行政处罚法》虽然也要求听证制作听证笔录,但对听证笔录在行政处罚决定过程中的定位没有交代。本条中的"行政机关应当根据听证笔录"是新增加的内容,从而确立了听证笔录必须作为行政处罚决定的依据,防止听证流于形式。

听证和集体审理、重大执法决定法制审核及重大案件审理的关系。根据本条的规定,听证结束后再根据《行政处罚法》第五十七条的规定,作出行政处罚决定。《行政处罚法》第五十七条第二款规定:"对情节复杂或者重大违法行为给予行政处罚,行政机关负责人应当集体讨论决定。"因此,对情节复杂或是重大违法行为的行政处罚案件,应当是先听证,然后经过集体审理,再作出处罚决定。第五十八条第一款规定:"有下列情形之一,在行政机关负责人作出行政处罚的决定之前,应当由从事行政处罚决定法制审核的人员进行法制审核；未经法制审核或者审核未通过的，不得作出决定：（一）涉及重大公共利益的；（二）直接关系当事人或者第三人重大权益，经过听证程序的；（三）……"因此，也应该是先听证，然后经过重大执法决定法制审核，再作出处罚决定。听证和重大案件审理的关系在之前论述过，这里不再重复。换一个角度来看，重大案件审理制度本身就属于重大执法决定法制审核制度，因此也应该是听证在前，重大案件审理在后。

听证笔录是不是唯一的依据？有学者认为新《行政处罚法》规定了听证笔录的唯一依据地位，确立了"案卷排他性原则"。[1] 笔者赞成此种观点，因为如果不认可听证笔录的排他效力，那么就会允许听证之后提出的新证据轻易推翻听证所得出的结论，从而会助长当事人在听证之外搞证据突袭。因此，笔者同样认为听证笔录应该成为行政处罚决定的唯一依据，而无论集体审、重案审和法制审，也应该围绕听证笔录进行审理，且上述审理程序为行政机关的内部审理程序，不能再向行政相对人自行调查取证。如果在听证后处罚决定作出前，确实出现了新的证据且对涉税相对人更不利的，就增加的不利部分，应该重新告知并且组织听证。

---

[1] 袁雪石. 中华人民共和国行政处罚法释义 [M]. 北京：中国法制出版社，2021：350.

第七章　行政处罚决定的作出

第一节　重大行政处罚决定法制审核

一、《行政处罚法》的规定

第五十八条　有下列情形之一，在行政机关负责人作出行政处罚的决定之前，应当由从事行政处罚决定法制审核的人员进行法制审核；未经法制审核或者审核未通过的，不得作出决定：

（一）涉及重大公共利益的；

（二）直接关系当事人或者第三人重大权益，经过听证程序的；

（三）案件情况疑难复杂、涉及多个法律关系的；

（四）法律、法规规定应当进行法制审核的其他情形。

行政机关中初次从事行政处罚决定法制审核的人员，应当通过国家统一法律职业资格考试取得法律职业资格。

二、税法及其他关联规定

1.《税务稽查案件办理程序规定》（国家税务总局令第52号发布）

第三十六条　检查结束后，稽查局应当对案件进行审理。符合重大税务案件标准的，稽查局审理后提请税务局重大税务案件审理委员会审理。

重大税务案件审理依照国家税务总局有关规定执行。

第三十七条　案件审理应当着重审核以下内容：

（一）执法主体是否正确；

（二）被查对象是否准确；

（三）税收违法事实是否清楚，证据是否充分，数据是否准确，资料是否齐全；

（四）适用法律、行政法规、规章及其他规范性文件是否适当，定性是否正确；

（五）是否符合法定程序；

（六）是否超越或者滥用职权；

（七）税务处理、处罚建议是否适当；

（八）其他应当审核确认的事项或者问题。

2.《重大税务案件审理办法》（2014年12月2日国家税务总局令第34号公布，根据2021年6月7日国家税务总局令第51号修正）

第十一条 本办法所称重大税务案件包括：

（一）重大税务行政处罚案件，具体标准由各省、自治区、直辖市和计划单列市税务局根据本地情况自行制定，报国家税务总局备案；

（二）根据《重大税收违法案件督办管理暂行办法》督办的案件；

（三）应监察、司法机关要求出具认定意见的案件；

（四）拟移送公安机关处理的案件；

（五）审理委员会成员单位认为案情重大、复杂，需要审理的案件；

（六）其他需要审理委员会审理的案件。

有下列情形之一的案件，不属于重大税务案件审理范围：

（一）公安机关已就税收违法行为立案的；

（二）公安机关尚未就税收违法行为立案，但被查对象为走逃（失联）企业，并且涉嫌犯罪的；

（三）国家税务总局规定的其他情形。

第十九条 审理委员会审理重大税务案件，应当重点审查：

（一）案件事实是否清楚；

（二）证据是否充分、确凿；

（三）执法程序是否合法；

（四）适用法律是否正确；

（五）案件定性是否准确；

（六）拟处理意见是否合法适当。

3.《国家税务总局关于印发〈优化税务执法方式全面推行"三项制度"实施方案〉的通知》（税总发〔2019〕31号）

二、主要任务

……

（三）全面推行重大执法决定法制审核制度，确保税务执法公正重大执法决定法制审核是保障行政执法机关作出的重大执法决定合法有效、保证执法公正的重要措施。税务机关作出重大执法决定之前，要严格进行法制审核，未经法制审核或审核未通过的，不得作出决定。税务稽查案件审理、重大税务案件审理属于法制审核，其审核范围、内容、程序等分别适用《税务稽查工作规程》《重大税务案件审理办法》的有关规定。

（1）审核主体。县以上税务机关负责法制工作的机构、稽查局审理部门是重大执法决定法制审核机构。对稽查案件实施集中审理的地区，市税务局稽查局审理部门同时负责同级跨区域稽查局重大执法决定法制审核工作。各地可结合实际建立重大执法决定法制审核委员会，实行集体审理。

（2）审核人员。各级税务机关的法制审核人员原则上不少于本单位从事行政处罚、行政强制、行政检查、行政征收、行政许可等执法活动的人员总数的5%。初次从事行政处罚决定法制审核的人员，应当通过国家统一法律职业资格考试取得法律职业资格。

（3）审核范围。凡涉及重大公共利益，可能造成重大社会影响或引发社会风险，直接关系行政相对人或第三人重大权益，经过听证程序作出税务执法决定，以及案件情况疑难复杂、涉及多个法律关系的，都要进行法制审核。税务总局明确重大执法决定法制审核事项基础清单。省税务机关可结合实际增加法制审核事项。省以下税务机关根据法制审核事项清单，明确本级法制审核事项的具体标准，并于制定或修改相关标准后1个月内报上一级税务机关备案。

（4）审核内容。要严格审核执法主体是否合法，执法人员是否具备执法资格；执法程序是否合法；案件事实是否清楚，证据是否合法充分；适用法律、法规、规章、规范性文件是否准确，裁量基准运用是否适当；是否超越本机关法定权限；执法文书是否齐备、规范；违法行为是否涉嫌犯罪、需要移送司法机关等。

法制审核机构完成审核后，提出同意或者存在问题的书面审核意见。

4. 明确审核责任，健全法制审核机制。

各级税务机关主要负责人是推动落实本单位重大执法决定法制审核制度的第一责任人，对本单位作出的行政执法决定负责。税务执法承办机构应及时将符合法制审核范围的重大执法事项提交法制审核，并对送审材料的真实性、准确性、完整性，以及执法的事实、证据、法律适用、程序的合法性负责。法制审核机构对重大执法决定的法制审核意见负责。

三、典型案例解析

案例 7-1 H 公司与国家税务总局 X 市税务局稽查局、国家税务总局 H 省税务局行政处罚纠纷案①

1. 基本案情介绍。

因群众举报，X 市地税稽查局于 2016 年 4 月起，对 H 公司转让资产的行为及相关事项进行初步调查，于 2016 年 9 月 13 日正式立案，并向 H 公司下达《税务检查通知书》，2018 年 1 月 22 日向 H 公司下达《税务处理决定书》，并于同日下达《税务行政处罚事项告知书》。2018 年 2 月 9 日依 H 公司申请举行听证。2018 年 4 月 3 日，《税务行政处罚决定书》认定：①H 公司在 DF 家园 B 区项目部商铺产权转移期间，违反了《税收征管法》第六十三条规定，采用虚假申报手段，少申报缴纳印花税 18500 元、城镇土地使用税 8158.5 元及企业所得税 7773543.24 元，合计 7800201.74 元。②A 区项目部在房地产开发过程中用 155 份不合规的凭证在成本费用凭证中列支，B 区项目部在房地产开发过程中用 5 份不合规的凭证在成本费用中列支，违反了《发票管理办法》第二十四条规定，是以其他凭证代替发票使用的行为。遂依据《税收征管法》第六十三条的规定，对 H 公司处以少申报缴纳税款一倍的罚款计 7800201.74 元，依照《发票管理办法》第三十五条第六项的规定，对 H 公司处以罚款 5000 元，合计 7805201.74 元。H 公司对此决定不服，申请行政复议。经原 H 省地方税务局复议后，原 H 省地方税务局维持了地税稽查局作出的行政处罚决定。H 公司不服该复议决定，遂以国家税务总局 X 市税务局稽查局及国家税务总局 H 省税务局为被告起诉至法院。

2. 案件争议焦点。

该案件涉及实体争议较多，在程序上法院只列举了一项，即该案件属于重大涉税案件，是否严格履行了《行政处罚法》规定的法定程序？

3. 法院裁判主旨。

此案属于重大涉税案件，在当事人对税法及税收政策等有不同理解的情况下，尤其在涉税商铺的价值争议较大的情况下，被告应严格按照《行政处罚法》等法律法规规定的程序，严格履行职责。本案中，2017 年

---

① （2018）鄂 0923 行初 21 号。

7月12日，H公司要求查看和复印H省某房地产评估咨询有限责任公司出具的评估报告，以及2018年1月5日要求知悉J评估报告评估价格产生的方式，均属于H公司应有的知情权，但地税稽查局以上述内容系经政府信息公开申请才可以知晓的名义加以阻扰，严重侵犯了原告的知情权，且在评估过程中未让H公司参与，未听取H公司的陈述申辩意见。在行政处罚听证过程中，案件承办人认为涉税商铺应纳税款不应定性为偷税，但经地税稽查局重大税务案件审理委员会决定又定性为偷税，重大案件审理委员会只有负责人杜某签发的会议纪要（2017年12月29日和2018年3月15日两次纪要），没有会议记录，没有参会人员名单、审理委员会成员单位及入会人员的发言和签名，属于程序不合法。复议程序中，H公司重述了其在行政处罚听证过程中主张的内容，H省税务局未依法查明事实，纠正错误，其维持原行政行为的复议决定亦属不当。

4. 案例分析借鉴。

重大执法决定法制审核是2017年《行政处罚法》修正时新加入的条款。《行政处罚法》只要求一般程序的法制审核，但在具体行政领域的行政程序中，则要和各领域的具体规定结合起来。就稽查案件来讲，审理程序都是十分正式的审核程序，完全可以满足重大执法决定法制审核的要求。但是，重大税务案件同样也是法定程序，所以执法中的错误也会出现在重大税务案件审理程序上。早期关于重大税务案件审理会出现个别稽查局由于一时疏忽，没有经过提请重大案件审理就直接作出处罚决定而被法院判决撤销的，但随着2015年《重大税务案件审理办法》升格为规章之后，这类执法错误几乎不再出现。随后出现的就是诸如在具体程序中未能完全遵守相关规定，而被法院认定为程序不合法的情形。

四、税务适用指南

重大税务行政处罚决定的界定。从目前国家税务总局已经出台的规范性文件而言，暂时没有统一的重大执法决定法制审核清单。但是从实践来看，罚款数额较大或者经过听证程序的行政处罚决定以及作出停止出口退税权的行政处罚案件，需要经过重大执法决定法制审核。各级税务机关可在此基础上自行增加。稽查案件的审理和重大税务案件审理，自动纳入重大执法决定法制审核程序。建议在明确税务行政处罚种类的基础上，尽快出台重大税务行政处罚决定清单，明确法制审核的基础范畴。

未经重大税务行政处罚法制审核或审核不通过的，不得作出行政处罚决定。如果作出的，属于违反法律禁止性规定，行政处罚决定可以被确认违法或者无效、撤销、变更等。

稽查案件的审理程序和重大税务案件审理程序，即使没有《行政处罚法》将法制审核作为法定程序来规定，随着《税务稽查案件办理程序规定》和《重大税务案件审理办法》都上升为规章，这两个程序也成为法定程序，所以必然是要遵守的。

关于重大税务行政处罚决定法制审核的主体和内容，重大税务行政处罚决定法制审核的主体是县以上税务机关负责法制工作的机构、稽查局审理部门是重大执法决定法制审核机构，初次从事行政处罚法制审核的人员还要求具备律师职业资格证。审核的内容一般围绕主体、对象、程序、事实、证据、适用依据、裁量、文书制作等方面展开。

第二节　行政机关负责人的集体讨论

一、《行政处罚法》的规定

第五十七条　调查终结，行政机关负责人应当对调查结果进行审查，根据不同情况，分别作出如下决定：

（一）确有应受行政处罚的违法行为的，根据情节轻重及具体情况，作出行政处罚决定；

（二）违法行为轻微，依法可以不予行政处罚的，不予行政处罚；

（三）违法事实不能成立的，不予行政处罚；

（四）违法行为涉嫌犯罪的，移送司法机关。

对情节复杂或者重大违法行为给予行政处罚，行政机关负责人应当集体讨论决定。

二、税法及其他关联规定

《税务行政处罚裁量权行使规则》（国家税务总局公告2016年第78号发布）

第二十一条　对情节复杂、争议较大、处罚较重、影响较广或者拟减轻处罚等税务行政处罚案件，应当经过集体审议决定。

三、典型案例解析

案例7-2 被上诉人杨某诉上诉人国家税务总局L市税务局稽查局税务行政处罚案①

1. 案件基本情况。

2016年6月16日，被告（当时为L市地税局稽查局）接举报人举报称，L市某建材家居市场（杨某）在2011年至2016年5月以来收取业户租金每月60多万元，5年多从未向国家缴纳房屋租赁税款，偷逃国家税款。被告经调查，于2017年12月5日作出了税务处理决定书。被告于2017年11月8日作出税务行政处罚事项告知书，于2017年11月10日送达给原告。2017年12月5日作出了税务行政处罚决定书，送达原告后，原告不服，诉至法院。

另查，国家税务总局L市税务局于2018年7月5日作出《关于税务机构改革有关事项的公告》，原L市国家税务局稽查局、L市地方税务局稽查局合并后名称变更为国家税务总局L市税务局稽查局。

原审法院认为，本案被告作出行政处罚决定适用的《税收征管法》第六十四条第二款，该款系对纳税人不进行纳税申报，不缴或者少缴应纳税款，由税务机关并处不缴或少缴的税款50%以上5倍以下的罚款。同时，该法第三十七条规定，对未按照规定办理税务登记的从事生产、经营的纳税人以及临时从事经营的纳税人，由税务机关核定其应纳税额，责令缴纳。综合以上规定，税务机关对不缴或少缴应纳税款的，应先核定其应纳税额，责令缴纳，对限期不缴纳的，方可处以罚款。本案中，被告未向法院提交其已责令原告限期缴纳税款的证据，且未依据《行政处罚法》第三十八条二款②的规定进行集体讨论。被告作出的税务行政处罚决定书程序违法，应予撤销。

2. 案件争议焦点。

上诉人国家税务总局L市税务局稽查局上诉称：一审判决认定事实错误。其对被上诉人作出税务行政处罚决定，是经原L市地方税务局稽查局

---

① （2018）辽10行终241号。
② 编者注：2021年1月22日，中华人民共和国第十三届全国人民代表大会常务委员会第二十五次会议修订了《中华人民共和国行政处罚法》，自2021年7月15日起施行，因本案发生于2021年以前，故此处引用的是2021年以前的版本，本案下同。

重大税务案件审理委员会讨论决定，符合《行政处罚法》第三十八条第二款的规定，程序合法。并且，上诉人在二审庭审中新提交一份税务检查案件审理委员会记录和审理纪要。被上诉人杨某辩称，上诉人一审时并未提出相关证据证明其已经进行了集体讨论。

可见，案件争议焦点为稽查局到底有没有经过集体讨论程序。

3. 法院裁判主旨。

法院对上诉人提交的新证据认证如下：该证据为一审没有正当理由未提交的证据，不属于《最高人民法院关于行政诉讼证据若干问题的规定》第五十二条规定的新证据，法院不予采纳。法院审理查明的事实与原审判决认定事实一致，予以确认。《行政处罚法》第三十八条第二款的规定，对情节复杂或者重大违法行为给予较重的行政处罚，行政机关的负责人应当集体讨论决定。本案一审期间，上诉人没有正当理由未提供作出处罚决定前集体讨论决定的证据。根据《行政诉讼法》第三十四条第二款的规定，被告不提供或者无正当理由逾期提供证据，视为没有相应证据。一审法院据此认定其程序违法并无不当。

4. 案例分析借鉴。

本案中的一审和二审法院都认为，稽查局应该集体审议该案件，但因为没有集体审议，所以违反了《行政处罚法》规定的法定程序，应予撤销。至于为何没有经过，是因为在一审程序中，稽查局没有证据证明经过了集体审议，可见集体审议时执法机关应该做记录留痕，否则在行政诉讼中会造成举证不能的后果。

值得注意的是，二审庭审时稽查局在辩论意见中提出，该案件已经经过重大税务案件审理程序，并在二审中提交了相关证据，认为已经经过集体审议。这个观点是否成立？虽然法院以在二审中提交的新证据不予认可为由直接排除，但如果稽查局在一审庭审程序中提交了该项证据，能否认为稽查局就已经经过了集体讨论呢？从《行政处罚法》对集体讨论的规定来看，参与集体讨论的是作出行政处罚决定的行政机关负责人，而重大税务案件的审理者是稽查局所属税务局的重大税务案件审理委员会。虽然重大税务案件审理也是集体审议的一种，但不能认为就是《行政处罚法》中的行政机关负责人集体讨论。

四、税务适用操作指南

集体讨论程序的法定性。集体讨论是法定程序，需要做好记录，由参加人签名。对于符合集体讨论条件而不予讨论的,构成违反法定程序。经过集体讨论,没做好记录、没留下证据的,也会在诉讼中造成举证不能、违反法定程序的法律后果。

集体讨论程序、重大执法决定法制审核程序和重大案件审理程序的前后关系。按《行政处罚法》第五十八条的规定,应该先由专门从事法制审核的人员进行法制审核,审核通过之后由行政机关负责人对调查结论进行审查。如果该案件属于情节复杂或者重大违法行为,由行政机关负责人集体讨论决定。稽查案件属于重大税收违法案件需要经过重大案件审理的,也应该是先经过集体讨论作出拟处罚的决定,再向所属税务局提请重大税务案件审理。

对于何为"情节复杂或者重大违法行为",税务系统目前还没有出台全国范围内的统一规范性文件。税务机关在案件调查终结后,应根据法律、法规和规章的规定,综合考虑税收违法行为的事实、性质、情节及社会危害程度,选择处罚种类和幅度并作出处罚决定。就实务而言,稽查局重大税务执法事项集体审议的范围一般包括:①拟建议所属主管税务机关采取收缴(停止发售)发票或者停止出口退税措施的;②拟阻止出境的;③拟同意被执行人暂缓或者分期缴纳罚款的;④其他重大、复杂、疑难的税收执法事项。稽查局集体审理的范围一般包括:①本局检查部门查处的重大、复杂、疑难案件;②拟对税收违法行为从重处罚的案件;③拟对税收违法行为减轻或者不予处罚的案件;④拟对已经送达生效的决定性文书变更或者撤销的案件;⑤拟提请重大税务案件审理委员会审理的案件;⑥其他需要集体审理的案件。其中,重大、复杂案件、拟对情节复杂或者重大违法行为给予较重的行政处罚、拟对已经送达生效的决定性文书变更或者撤销的,稽查局应当集体审理。

第三节 行政处罚决定的作出

一、《行政处罚法》的规定

第五十九条 行政机关依照本法第五十七条的规定给予行政处罚,应当制作行政处罚决定书。行政处罚决定书应当载明下列事项:

(一)当事人的姓名或者名称、地址;

(二)违反法律、法规、规章的事实和证据;

(三) 行政处罚的种类和依据；

(四) 行政处罚的履行方式和期限；

(五) 申请行政复议、提起行政诉讼的途径和期限；

(六) 作出行政处罚决定的行政机关名称和作出决定的日期。行政处罚决定书必须盖有作出行政处罚决定的行政机关的印章。

第六十条 行政机关应当自行政处罚案件立案之日起九十日内作出行政处罚决定。法律、法规、规章另有规定的，从其规定。

二、税法及其他关联规定

(一)《税务稽查案件办理程序规定》(国家税务总局令第52号发布)

第四十二条 经审理，区分下列情形分别作出处理：

(一) 有税收违法行为，应当作出税务处理决定的，制作税务处理决定书；

(二) 有税收违法行为，应当作出税务行政处罚决定的，制作税务行政处罚决定书；

(三) 税收违法行为轻微，依法可以不予税务行政处罚的，制作不予税务行政处罚决定书；

(四) 没有税收违法行为的，制作税务稽查结论。

税务处理决定书、税务行政处罚决定书、不予税务行政处罚决定书、税务稽查结论引用的法律、行政法规、规章及其他规范性文件，应当注明文件全称、文号和有关条款。

第四十四条 税务行政处罚决定书应当包括以下主要内容：

(一) 被查对象或者其他涉税当事人姓名或者名称、有效身份证件号码或者统一社会信用代码、地址。没有统一社会信用代码的，以税务机关赋予的纳税人识别号代替；

(二) 检查范围和内容；

(三) 税收违法事实、证据及所属期间；

(四) 行政处罚种类和依据；

(五) 行政处罚履行方式、期限和地点；

(六) 当事人不按期履行行政处罚决定应当承担的责任；

(七) 申请行政复议或者提起行政诉讼的途径和期限；

(八) 行政处罚决定书的文号、制作日期、税务机关名称及印章。

第四十七条 稽查局应当自立案之日起90日内作出行政处理、处罚决定或者无税收违法行为结论。案情复杂需要延期的,经税务局局长批准,可以延长不超过90日;特殊情况或者发生不可抗力需要继续延期的,应当经上一级税务局分管副局长批准,并确定合理的延长期限。但下列时间不计算在内:

(一)中止检查的时间;

(二)请示上级机关或者征求有权机关意见的时间;

(三)提请重大税务案件审理的时间;

(四)因其他方式无法送达,公告送达文书的时间;

(五)组织听证的时间;

(六)纳税人、扣缴义务人超期提供资料的时间;

(七)移送司法机关后,税务机关需根据司法文书决定是否处罚的案件,从司法机关接受移送到司法文书生效的时间。

(二)《重大税务案件审理办法》(国家税务总局令第51号)

第三十五条 稽查局应当按照重大税务案件审理意见书制作税务处理处罚决定等相关文书,加盖稽查局印章后送达执行。

文书送达后5日内,由稽查局送审理委员会办公室备案。

三、典型案例解析

案例7-3 H省Z房地产开发有限公司与国家税务总局X市税务局第二稽查局税务行政管理纠纷案①

1. 案件基本情况。

2019年8月22日至10月8日,国家税务总局X市税务局第二稽查局(以下简称第二稽查局)对H省Z房地产开发有限公司(以下简称Z公司)在2014年1月1日至2018年12月31日期间各税费申报缴纳情况进行了检查。发现Z公司在经营期间,通过少列收入及进行虚假纳税申报,导致少缴应缴纳税款合计12503748.71元(扣除已申报未缴纳的增值税及城市维护建设税)。2019年11月28日,第二稽查局向Z公司送达税务行政处罚事项告知书。2019年12月5日,第二稽查局向Z公司送达税务行政处罚决定书,决定对Z公司处罚款12503748.71元。Z公司不服,向人

---

① (2020)鄂0902行初32号。

民法院提起行政诉讼，请求依法撤销税务行政处罚决定书。

2. 案件争议焦点。

案件双方争议的焦点在于处罚决定作出的程序及送达程序是否合法。

3. 法院裁判主旨。

根据《税收征管法》第五条的规定，第二稽查局是本案的适格被告。《行政处罚法》第三十九条规定："行政机关依照本法第三十八条的规定给予行政处罚，应当制作行政处罚决定书。行政处罚决定书应当载明下列事项：（一）当事人的姓名或者名称、地址；（二）违反法律、法规或者规章的事实和证据；（三）行政处罚的种类和依据；（四）行政处罚的履行方式和期限；（五）不服行政处罚决定，申请行政复议或者提起行政诉讼的途径和期限；（六）作出行政处罚决定的行政机关名称和作出决定的日期。"[1] 本案中，第二稽查局作出的行政处罚决定书没有载明Z公司的违法事实和证据，也未载明其违反法律法规的条款。第二稽查局作出的行政处罚决定书违反上述法律规定，属认定事实不清，适用法律错误，依法应予以撤销。但鉴于Z公司的违法事实存在，第二稽查局应当查明事实，正确适用法律，履行法定程序，重新对Z公司作出行政处罚决定。综上，依照《行政诉讼法》第七十条第（一）项的规定，判决如下：①撤销第二稽查局作出的税务行政处罚决定书。②责令第二稽查局在法定的期限内对Z公司重新作出行政处罚决定。

4. 案例分析借鉴。

本案中法院的判决表明，如果行政处罚决定书欠缺关键内容，如违法事实和证据，没有载明违反法律法规的条款，属于认定事实不清，适用法律错误，应予撤销。所以尽管行政处罚决定书的部分内容记载错误不会导致法院否认行政处罚决定书的效力，但关键事项必须记载明确。在国家税务总局要求的税务行政处罚决定书文书样本的填写说明中也要求："5. 本决定书的主体部分，必须抓住税收违法的主要违法事实，简明扼要地加以陈述并说明主要证据，然后列举处罚的法律依据和具体情节轻重，写明处罚结论。若违法事实及证据复杂，应给予分类分项陈述。6. 本决定书所援引的处罚依据，必须是税收法律、行政法规或者规章，并应当注明文件

---

[1] 编者注：2021年1月22日，中华人民共和国第十三届全国人民代表大会常务委员会第二十五次会议修订了《中华人民共和国行政处罚法》，自2021年7月15日起施行，因本案发生于2021年以前，故此处引用的是2021年以前的版本，本案下同。

名称、文号和有关条款。"

四、税务适用操作指南

(一) 作出处罚决定期限的规定

新《行政处罚法》规定,行政机关应当自行政处罚案件立案之日起90日内作出行政处罚决定。同时,允许法律、行政法规和规章对期限作出具体规定。《税务稽查案件办理程序规定》属于规章,可以对作出处罚决定的期限进行特别规定。为落实《行政处罚法》有关规定,结合稽查工作的实际,既保障疑难、复杂案件查处,又强化监督制约、提高办案效率,《税务稽查案件办理程序规定》第四十七条规定案件办理的期限一般为90日,同时又规定了案件延期的批准权限和期限中止计算的情形。稽查部门在进行案件办理过程中,除严格履行《税务稽查案件办理程序规定》第四十七条规定的办结期限、延期审批权限等规定外,应特别注意对"不计算在办案时间"的情形进行记录和留痕。对于办理中止检查、请示上级机关意见、提请重大税务案件审理、公告送达文书的时间、组织听证等事项,尤其是通知纳税人、扣缴义务人提供资料等事项,应尽量在税收管理系统中进行文书流转,保证执法程序的合法、有效。

(二) 处罚文书制作的注意事项

税务机关作出税务行政处罚,应当按照规定制作并送达《税务行政处罚决定书》。该文书的式样如图7-1所示。

在制作处罚决定文书时,应当注意以下内容。

1. 检查范围和内容。

在填写检查范围时,尽量不要笼统地填写对"某某年度的纳税行为进行了检查",而应当符合检查实际,以免造成相对人的误解。如只是对企业某年接受多少份可能涉嫌虚开的发票的情况进行了检查,那就填写什么时间对该单位接受的这几份发票情况进行了检查。

2. 税收违法事实。

在税务处罚决定书中,应简明扼要、清晰准确地对相对人的税收违法行为进行列示,说明相对人违法的时间、方式、地点、经过、造成的危害后果及违反的条款等。有多个税收违法行为的,应逐一分别列示。当事人违反法律、法规或者规章的,应当写明其全称,不得使用简称。当事人违反法律、法规或者规章具体条款的，应当具体到条、款、项、目。

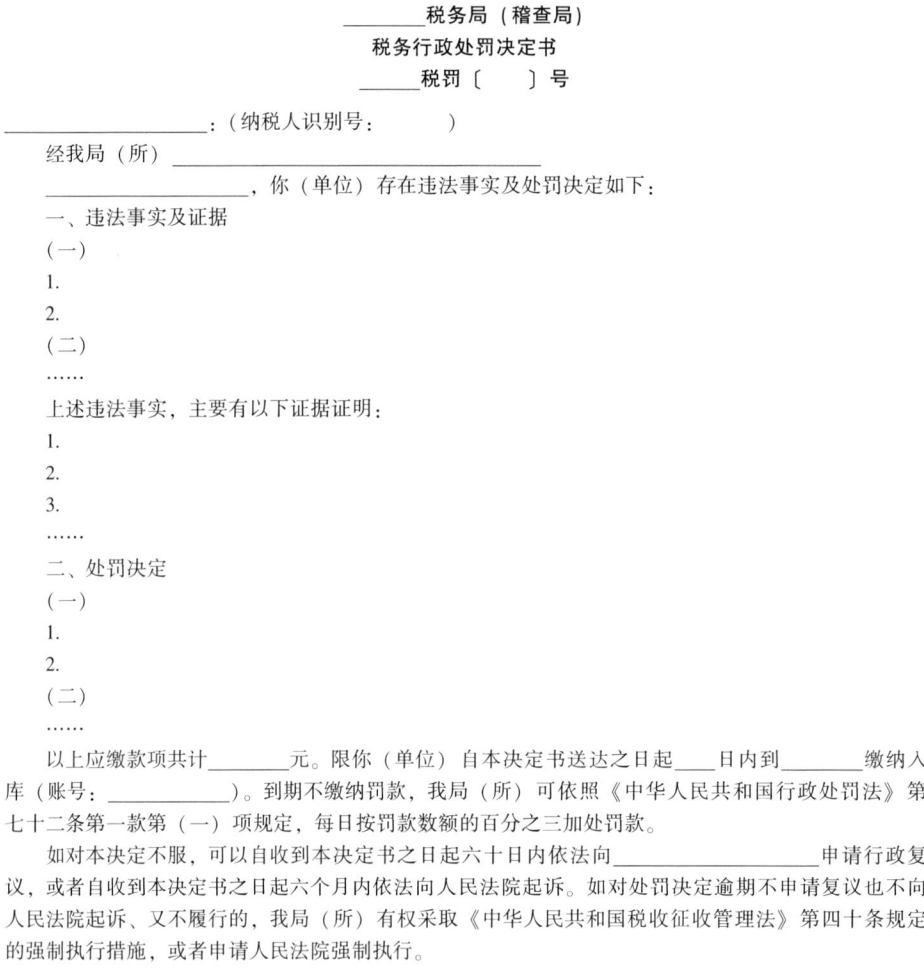

图 7-1 《税务行政处罚决定书》式样

3. 税收违法证据。

虽然《行政处罚法》在修订之前的版本中，就有在行政处罚决定书中列明证据的要求，但在之前的税务执法样书中并未对是否列明证据提出要求。为进一步优化税务执法方式、规范税务执法，结合本次《行政处罚法》的最新修订，国家税务总局在《关于修订部分税务执法文书的公告》（国家税务总局公告 2021 年第 23 号）和《税务稽查案件办理程序规定》（国家税务总局令第

52号发布）中，增加了要在《税务行政处罚决定书》中列明证据的要求。笔者认为，在《税务行政处罚决定书》中列明证据，宜粗不宜细。对于一些案情比较复杂的税务案件，证据可能非常繁多，也难以一一列示。可采取"上述违法事实，主要有以下证据证明：你单位××年到××年账簿、记账凭证、报表和有关资料；×××银行账户交易明细；×××合同及相关材料；其他有关材料等"等方式进行简要说明。在稽查案卷中有详细的证明清单和证据，需要时可供查阅。

4. 行政处罚种类和依据。

在《税务行政处罚决定书》中，应当明确说明行政处罚的种类和依据。文书中引用的法律、行政法规、规章及其他规范性文件，应当注明文件全称、文号和有关条款。一般来说，引用法律和行政法规不需要列明文号，默认为现行有效的版本。如果需要引用已被废止或者修改的版本，应在文书中特别说明。

5. 经重大税务案件审理的文书。

根据《重大税务案件审理办法》第三十五条的规定，经过重大税务案件审理委员会审理的重大税务案件，加盖的是进行案件检查工作的稽查局的印章。此时，在告知复议机关和诉讼机关时，应特别注意。根据《税务行政复议规则》（国家税务总局令第44号）的规定，此时告知的复议机关是重大税务案件审理委员会所在税务局的上级税务局；根据《最高人民法院关于适用〈中华人民共和国行政诉讼法〉的解释》（法释〔2018〕1号）的规定，此时告知的诉讼机关是对加盖公章的稽查局有管辖权的人民法院。

6. 文书的其他内容。

对于处罚决定文书的其他内容，如履行方式、不按规定履行的后果、法律救济渠道等内容，一般都已经在税收管理系统里默认预设，税务人员在计算机系统输出的文书中核对即可。

第四节　行政处罚决定的公开与保密

一、行政处罚决定的公开

（一）《行政处罚法》的规定

第五条第一款　行政处罚遵循公正、公开的原则。

第五条第三款 对违法行为给予行政处罚的规定必须公布；未经公布的，不得作为行政处罚的依据。

第四十八条 具有一定社会影响的行政处罚决定应当依法公开。

公开的行政处罚决定被依法变更、撤销、确认违法或者确认无效的，行政机关应当在三日内撤回行政处罚决定信息并公开说明理由。

（二）税法及其他关联规定

1. 《中华人民共和国政府信息公开条例》

第二十条 行政机关应当依照本条例第十九条的规定，主动公开本行政机关的下列政府信息：

……

（六）实施行政处罚、行政强制的依据、条件、程序以及本行政机关认为具有一定社会影响的行政处罚决定……

第二十六条 属于主动公开范围的政府信息，应当自该政府信息形成或者变更之日起20个工作日内及时公开。法律、法规对政府信息公开的期限另有规定的，从其规定。

2. 《税务稽查案件办理程序规定》（国家税务总局令第52号发布）

第四十四条第二款 税务行政处罚决定应当依法公开。公开的行政处罚决定被依法变更、撤销、确认违法或者确认无效的，应当在3个工作日内撤回原行政处罚决定信息并公开说明理由。

3. 《重大税收违法失信主体信息公布管理办法》（国家税务总局令第54号）

第十一条 税务机关应当在失信主体确定文书送达后的次月15日内，向社会公布下列信息：

（一）失信主体基本情况；

……

（三）税务处理、税务行政处罚决定及法律依据……

第十四条 属于本办法第六条第一项、第二项规定情形的失信主体，在失信信息公布前按照《税务处理决定书》《税务行政处罚决定书》缴清税款、滞纳金和罚款的，经税务机关确认，不向社会公布其相关信息。

属于本办法第六条第八项规定情形的失信主体，具有偷税、逃避追缴欠税行为的，按照前款规定处理。

第十八条 失信信息公布期间，符合下列条件之一的，失信主体或者其破产管理人可以向作出确定失信主体决定的税务机关申请提前停止公布失信信息：

（一）按照《税务处理决定书》《税务行政处罚决定书》缴清（退）税款、滞纳金、罚款，且失信主体失信信息公布满六个月的；

……

第二十二条 失信主体有下列情形之一的，不予提前停止公布：

（一）被确定为失信主体后，因发生偷税、逃避追缴欠税、骗取出口退税、抗税、虚开发票等税收违法行为受到税务处理或者行政处罚的；

……

4.《国家税务总局办公厅关于做好行政许可和行政处罚等信用信息公示工作的通知》（税总办发〔2016〕19号）

税务行政处罚事项公示内容应包括：行政处罚决定书文号、执法依据、案件名称、行政相对人统一社会信用代码、处罚事由、作出处罚决定的部门和处罚结果等信息。简易处罚可暂不公示。

各级税务机关应在做出行政许可和行政处罚决定之日起7个工作日内完成公示。

5.《国家税务总局关于进一步规范行政处罚信息公示工作的预通知》（税总纳便函〔2017〕157号）

一、明确行政处罚信息的公示期限。自2017年7月31日起，行政处罚信息的公示期限暂定为1年，涉及逃税骗税等严重失信行为的行政处罚信息公示期限暂定为3年，法律、法规、规章另有规定的从其规定。简易处罚可暂不公示。

二、行政处罚信息数据标准中增加公示期限字段。自2017年7月31日起，在《国家税务总局办公厅关于做好行政许可和行政处罚等信用信息公示工作的通知》（税总办发〔2016〕19号）所明确的行政处罚信息数据标准中，增加"公示期限"标准项。字段名为"CF_GSQX"，中文名称为"公示期限"，类型为"文本（6个字符）"，默认为一年或三年，备注为"必填"。该数据项由行政处罚决定部门根据实际情况统一填写。

三、完善行政处罚信息的信用修复机制。按照"谁提供，谁负责"的原则，作出行政处罚决定的税务机关对公示信息负有主体责任。行政处罚信息公示期限内，纳税人已履行行政处罚决定，主动纠正了违法失信行为，消除了不利影响，作出行政处罚的税务机关可依纳税人申请在核实相关情况后，撤下相关公示信息。对涉及严重失信行为的行政处罚信息,不予信用修复,公示期限内不得撤下。

6.《国务院办公厅关于全面推行行政执法公示制度执法全过程记录制度重大执法决定法制审核制度的指导意见》(国办发〔2018〕118号)

二、……

(六)加强事后公开。

行政执法机关要在执法决定作出之日起20个工作日内,向社会公布执法机关、执法对象、执法类别、执法结论等信息,接受社会监督,行政许可、行政处罚的执法决定信息要在执法决定作出之日起7个工作日内公开,但法律、行政法规另有规定的除外。

7.《国家税务总局关于印发〈优化税务执法方式全面推行"三项制度"实施方案〉的通知》(税总发〔2019〕31号)

二、……

(一)……

3.加强事后公示,实现税务执法结果公开。税务机关按规定时限、内容和有关要求,向社会主动公开非正常户认定、欠税公告、税收减免、纳税信用等级评定等执法信息,公示税务行政许可决定、行政处罚决定信息。

(三)典型案例解析

案例7-4 孙某某与Z市B区税务局信息公开一案[①]

1. 案件基本情况。

2020年4月17日,被告Z市B区税务局对原告孙某某作出《Z市B区税务局依申请公开政府信息告知书》(×××税告〔2020〕1号),内容为:"我局于2020年3月30日收到您提交的政府信息公开申请。根据《中华人民共和国政府信息公开条例》规定,对于您申请调取某某物资有限公司偷漏税款额度、滞纳金额度、罚款额度及缴纳以上费用的账号信息,现答复如下:①您要求我局对某某物资有限公司偷漏税款额度、滞纳金额度、罚款额度信息进行公开,而上述信息系税务机关需通过税务检查等法定程序履行相关行政行为,对若干信息搜集并进行汇总、加工、重新制作,经分析后才可确定有无偷税、逃税、避税、抗税、漏税情况,由此

[①] (2020)鲁0304行初45号。

获得的信息不属于《中华人民共和国政府信息公开条例》（以下简称《政府信息公开条例》）第二条规定的政府信息范畴。根据《政府信息公开条例》第二条、第三十八条、第三十六条第三项的规定，申请内容需要行政机关对现有政府信息进行加工、分析的，我局不予公开。②您申请的调取某某物资有限公司偷漏税款额度、滞纳金额度、罚款额度及缴纳以上费用的账号，属于纳税人涉税保密信息，如需查询请按照纳税服务规范提供相关材料前往办税服务厅自行办理，B区税务局会在您提交材料完备，且符合法定形式的前提下，将您需要查询且征管系统内可以查询到的信息反馈给您。③您申请的调取某某物资有限公司偷漏税款额度、罚款额度，为Z市税务局第二稽查局对某某物资有限公司做出的相关处理、处罚决定。经对接Z市税务局第二稽查局，在对某某物资有限公司做相关处理决定、处罚决定时已经依法进行了文书送达告知。④经确认您作为某某物资有限公司法人身份申请政府信息公开，但是经核实某某物资有限公司已经于2018年被市场监督管理部门吊销营业执照，已经失去法人资格，不能行使法人权利。"

原告孙某某诉称，因某某物资有限公司的公司实际控制人周某在运营公司期间存在偷漏国家税款的犯罪行为，Z市B区税务局对某某物资有限公司进行了处罚，根据《政府信息公开条例》《公司法》《税收征管法》等若干法律规定，某某物资有限公司偷漏税款额、滞纳金金额、罚款金额及缴纳以上费用的账号应当对原告公开。但《Z市B区税务局依申请公开政府信息告知书》（×××税告〔2020〕1号）以各种非法理由予以推脱，没有依法公开，侵害了原告的合法权益，故向法院提起诉讼，请求法院依法：①撤销被告作出的《Z市B区税务局依申请公开政府信息告知书》（×××税告〔2020〕1号）；②判令被告向原告公开某某物资有限公司偷漏税款额、滞纳金金额、罚款金额及缴纳以上费用的账号；③判令被告承担本案诉讼费用。

被告Z市B区税务局辩称：①请求人民法院驳回原告的诉讼请求。②本案诉讼费用由原告负担。事实和理由如下：①被告对原告提出的政府信息公开申请作出的答复程序合法。被告于2020年3月30日收到原告通过邮寄方式向被告提出的政府信息公开申请，按照《政府信息公开条例》规定在20个工作日内于2020年4月17日作出政府信息告知书，并通过邮寄方式送达原告，原告于2020年4月23日签收。②原告请求公开的信息属于行政执法案卷信息，根据《政府信息公开条例》第十六条规定，行政机关行政执法案卷信息可以不予公开。且原告作为某某物资有限公司法定代表人，被告已于2018年9月6日按照规定对原告送达了税务行政处罚决定书，原告对本次申请公开的信息已经知情并了解，无再次申请公开的理由。虽然该信息可以不予公开，但是本着对原告负责的态度，被告对相关信息进行了查询，征管系统中并无缴纳相关税款的账号信息，故被告作出的告知书合法、合规。综上，被告对原告的信息公开申请已经履行了答复义务，答复内容符合法律规定，请求法院驳回原告的诉讼请求。

原告对被告提供的证据、依据的真实性无异议，但对被告的告知结论有异议。原告认为，根据《公司法》《税收征管法》《政府信息公开条例》的规定，其提出的信息公开申请手续合法、完备，无须再去行政大厅，被告应当依法公开。原告系某某物资有限公司的法定代表人，原告有知情权，虽然2018年9月6日被告给原告下达了税务行政处罚事项告知书，但告知书的内容并不完整，并不完全包括本次原告所申请公开的信息。根据B区人民法院（2019）××刑初××号刑事判决书，B区人民检察院指控2019年10月16日某某物资有限公司补缴税款、滞纳金、罚款共计94万余元，但原告查阅本公司银行账号并没有以上款额的支出，因此，原告怀疑被告为包庇逃税罪犯作出了伪证。根据相关法律规定，企业、公司所有支出、收入都应该由该企业或公司的对公账号支付，所以本公司并没有缴纳以上税款。如果被告想证明本公司已缴纳以上税款必须依法向原告公开原告所申请的信息。由于原告系该公司的法定代表人，具有获取以上信息的知情权，原告申请公开的目的是了解公司是否缴纳了税款等情况，而缴纳税款是执法的结案信息，并不是执法过程中的信息，不属于《政府信息公开条例》第十六条规定的情况。

经审理查明，2020年3月26日，原告通过挂号信函向被告提交政府信息公开申请表，其中本案所涉政府信息公开申请表中所需信息内容描述为"申请调取某某物资有限公司偷漏税款额度、滞纳金额度、罚款额度以及缴纳以上费用的账号"。2020年3月30日，被告收到原告的上述申请。2020年4月17日，被告对原告作出《Z市B区税务局依申请公开政府信息告知书》（×××税告〔2020〕1号），答复内容主要有四项：一是原告申请公开的内容需要行政机关对现有政府信息进行加工、分析，故不予公开；二是原告如需查询可按照纳税服务规范提供相关材料前往办税服务厅自行办理；三是原告申请公开的内容已经在对某某物资有限公司做相关处理、处罚决定时依法进行了文书送达告知；四是某某物资有限公司已经于2018年被吊销营业执照，故该公司已经失去法人资格，不能行使法人权利。2020年4月23日，被告将上述告知书送达原告。原告对被告的上述告知书不服，向法院提起行政诉讼。

另查明，原告认可其所申请公开的信息即被告提供的立案审批表及2018年9月6日向某某物资有限公司送达的税务行政处罚决定书中所涉及的内容。原告主张根据相关法律规定，企业、公司所有支出、收入都应该由该企业或公司的对公账号支付，但某某物资有限公司的银行账号中并没有缴纳涉案款项的信息。被告主张经查询，其征管系统中并无原告所申请公开的缴纳涉案款项的账号信息。

2. 案件争议焦点。

本案的争议焦点有两个，一是原告向被告申请公开的某某物资有限公司偷漏税款额、滞纳金金额、罚款金额及缴纳以上费用的账号信息是否属于被告在履行行政管理职能过程中制作或者获取的信息，是否应当公开；二是被告作出的告知书是否合法。

3. 法院裁判主旨。

关于争议焦点一。《政府信息公开条例》第二条规定，所称政府信息，是指行政机关在履行行政管理职能过程中制作或者获取的，以一定形式记录、保存的信息。第十六条第二款规定，行政机关在履行行政管理职能过程中形成的讨论记录、过程稿、磋商信函、请示报告等过程性信息及行政执法案卷信息，可以不予公开。法律、法规、规章规定上述信息应当公开的，从其规定。根据上述法律规定，结合原、被告双方的诉辩意见，对于原告申请公开的信息是否应当向其公开，首先应当确定相关信息是否属于被告在履行行政管理职能过程中制作或者获取的信息，进而确定是否应当公开。本案中，原告向被告申请公开的信息为某某物资有限公司偷漏税款额、滞纳金金额、罚款金额及缴纳以上费用的账号。关于上述某某物资有限公司偷漏税款额、滞纳金金额、罚款金额的信息，根据被告提供的对该公司涉嫌偷逃税款案的立案审批表及向该公司送达税务行政处罚决定书的送达回证，结合原告认可其申请公开的信息即上述立案审批表和税务行政处罚决定书中所涉及的内容，能够确定被告在履行行政管理职能过程中制作或者获取了上述信息，同时能够确定上述信息均系被告在对某某物资有限公司涉嫌偷逃税款案行政执法过程中形成的信息，属于行政执法案卷信息，可以不予公开，若其他法律、法规、规章中有关于行政执法案卷信息应当公开的规定，原告应按相关规定获取。关于上述某某物资有限公司缴纳涉案款项的账号信息，被告主张其征管系统中并无缴纳涉案款项的账号信息，即其并未获取该信息。《税收征管法》第五十三条规定，国家税务局和地方税务局应当按照国家规定的税收征收管理范围和税款入库预算级次，将征收的税款缴入国库。第七十五条规定，税务机关和司法机关的涉税罚没收入，应当按照税款入库预算级次上缴国库。本案中，原告主张企业、公司所有支出、收入都应该由该企业或公司的对公账号支付，而某某物资有限公司的银行账号中并无缴纳涉案款项的信息，所以其要求被告公开该公司缴纳涉案款项的账号信息，以确定该公司是否缴纳涉案款项。但是我国相关法律中并未规定缴纳税款等必须通过纳税人的对公账户缴纳，涉案款项可以通过其他方式缴纳，且税款、罚款等是上缴国库的，并非缴纳至被告单位的账户，在涉案款项通过某某物资有限公司的对公账户缴纳的情况下，被告的征管系统中无缴纳涉案款项的账号信息，符合常理。故原告申请公开的账号信息并非被告在履行行政管理职能过程中制作或者获取的信息，即不属于《政府信息公开条例》第二条规定的政府信息，无法向原告公开。综上，对原告要求被告公开某某物资有限公司偷漏税款额、滞纳金金额、罚款金额及缴纳以上费用的账号的诉讼请求，法院不予支持。

  关于争议焦点二。《政府信息公开条例》第三十三条第一款、第二款规定，行政机关收到政府信息公开申请，能够当场答复的，应当当场予以答复；不能当场答复的，应当自收到申请之日起20个工作日内予以答复。第三十六条第（三）项规定，对政府信息公开申请，行政机关依据该条例的规定决定不予公开的，告知申请人不予公开并说明理由。虽然被告收到原告的申请后，在20个工作日内作出了书面答复，但其在涉案告知书中陈述的不予公开的理由，主要证据不足，且适用法律、法规错误，与其庭审中的答辩意见亦不相同，故根据《行政诉讼法》第七十条第（一）项、第（二）项主要证据不足、适用法律法规错误的，法院判决撤销或者部分撤销，并可以判决被告重新作出行政行为的规定，涉案告知书应予撤销。但鉴于原告所申请公开的偷漏税款额、滞纳金金额、罚款金额属于可以不予公开的信息，以及缴纳涉案款项的账号信息不属于政府信息，法院在焦点一中已经对此进行论述，故现判令被告对原告重新作出告知书已无实际意义。

据此，依照《行政诉讼法》第六十九条和第七十条第（一）项、第（二）项的规定，判决如下：①撤销被告Z市B区税务局于2020年4月17日作出的《Z市B区税务局依申请公开政府信息告知书》（×××税告〔2020〕1号）；②驳回原告孙某某要求被告Z市B区税务局向其公开某某物资有限公司偷漏税款额、滞纳金金额、罚款金额及缴纳以上费用的账号的诉讼请求。

4. 案例分析借鉴。

政府信息公开对实现国家治理现代化具有重要意义。保障公民、法人和其他组织依法获取政府信息，一方面，可以充分发挥政府信息对人民群众生产、生活和经济社会活动的服务作用；另一方面，也可以提高政府工作的透明度，推动建设法治政府，提高国家治理能力。税务机关作为重要的政府职能部门，在信息公开方面也应遵循公正、公平、合法、便民的原则，及时、准确公开相关信息。信息公开与保密原则是一枚硬币的两面，一定要泾渭分明、不可僭越。要同时做好信息公开和保密工作，就要严格执行各项法律规定。目前，对于政府信息公开的最基本遵循是《政府信息公开条例》，此案中，法院依据《政府信息公开条例》第十六条判定涉嫌偷逃税款案行政执法过程中形成的信息，属于行政执法案卷信息，属于可以不予公开的信息。但笔者认为，法院判决将偷漏税款额、滞纳金金额、罚款金额及缴纳以上费用的账号信息均视为行政执法案卷信息有不当之处。根据相关规定，税务行政处罚事项公示内容应包括：行政处罚决定书文号、执法依据、案件名称、行政相对人统一社会信用代码、处罚事由、作出处罚决定的部门和处罚结果等信息，偷漏税的数额属于处罚事由中的事实部分，罚款金额作为处罚结果，不属于可以不予公开事项，应予以公开。

（四）税务适用操作指南

税务行政处罚信息的公示属于政府信息公示的一项重要内容，除了要公示行政处罚的依据、条件、程序，还要公示具有一定社会影响的行政处罚决定信息。《国家税务总局机关政府信息公开工作规程（试行）》明确了具有一定社会影响，是指在全国范围内具有一定社会影响的行政处罚决定信息，而简易处罚可暂不公示。

关于公示的内容要求。税务行政处罚事项公示内容应包括：行政处罚决定书文号、执法依据、案件名称、行政相对人统一社会信用代码、处罚事由、作出处罚决定的部门和处罚结果等信息。虽然执法案卷信息和内部管理信息不属于应予公开的信息，但是，如果执法案件信息中包含应该予以公示的税务行政处罚事项，该部分事项应予以公开。

关于公示的时间要求。一般来说为作出行政处罚决定之日起7个工作日内完成公示；对于失信主体，应当在失信主体确定文书送达后的次月15日内向社会公布主要税收违法事实和行政处罚决定及法律依据；如果公开的行政处罚决定被依法变更、撤销、确认违法或确认无效的，应当在3个工作日内撤回原行政处罚决定信息并公开说明理由。

关于公示的期限。税务行政处罚信息的公示期限暂定为1年，涉及逃税骗税等严重失信行为的行政处罚信息公示期限为3年。法律、法规、规章另有规定的从其规定。简易处罚可暂不公示。对于重大税收违法行为的失信主体信息中包含的处罚信息，公示期限一般为3年。当然，各个情形之下都会存在信息的提前撤回。

二、行政处罚决定的保密

（一）《行政处罚法》的规定

第五十条 行政机关及其工作人员对实施行政处罚过程中知悉的国家秘密、商业秘密或者个人隐私，应当依法予以保密。

（二）税法及其他关联规定

1. 《税收征管法》

第八条第二款 纳税人、扣缴义务人有权要求税务机关为纳税人、扣缴义务人的情况保密。税务机关应当依法为纳税人、扣缴义务人的情况保密。

2. 《税收征管法实施细则》

第五条 税收征管法第八条所称为纳税人、扣缴义务人保密的情况，是指纳税人、扣缴义务人的商业秘密及个人隐私。纳税人、扣缴义务人的税收违法行为不属于保密范围。

3. 《政府信息公开条例》

第十四条 依法确定为国家秘密的政府信息，法律、行政法规禁止公开的政府信息，以及公开后可能危及国家安全、公共安全、经济安全、社会稳定的政府信息，不予公开。

第十五条 涉及商业秘密、个人隐私等公开会对第三方合法权益造成损害的政府信息，行政机关不得公开。但是，第三方同意公开或者行政机关认为不公开会对公共利益造成重大影响的，予以公开。

第十六条 行政机关的内部事务信息，包括人事管理、后勤管理、内部工作流程等方面的信息，可以不予公开。

行政机关在履行行政管理职能过程中形成的讨论记录、过程稿、磋商信函、请示报告等过程性信息以及行政执法案卷信息，可以不予公开。法律、法规、规章规定上述信息应当公开的，从其规定。

4.《重大税收违法失信主体信息公布管理办法》（国家税务总局令第54号）

第四条 各级税务机关应当依法保护税务行政相对人合法权益，对重大税收违法失信主体信息公布管理工作中知悉的国家秘密、商业秘密或者个人隐私、个人信息，应当依法予以保密。

5.《国家税务总局关于印发〈纳税人涉税保密信息管理暂行办法〉的通知》（国税发〔2008〕93号）

第二条 本办法所称纳税人涉税保密信息，是指税务机关在税收征收管理工作中依法制作或者采集的，以一定形式记录、保存的涉及到纳税人商业秘密和个人隐私的信息。主要包括纳税人的技术信息、经营信息和纳税人、主要投资人以及经营者不愿公开的个人事项。

纳税人的税收违法行为信息不属于保密信息范围。

6.《国家税务总局办公厅关于做好行政许可和行政处罚等信用信息公示工作的通知》（税总办发〔2016〕19号）

第九条 符合下列情形之一的政府信息，不予公开：

（一）依法确定为国家秘密的政府信息；

（二）法律、行政法规禁止公开的政府信息；

（三）公开后可能危及国家安全、公共安全、经济安全、社会稳定的政府信息。

第十条 涉及商业秘密、个人隐私等公开会对第三方合法权益造成损害的政府信息，不得公开。但是，第三方同意公开或者税务总局认为不公开会对公共利益造成重大影响的，应予以公开。

第十一条 税务总局内部事务信息,包括人事管理、后勤管理、内部工作流程等方面的信息,可以不予公开。

税务总局在履行行政管理职能过程中形成的讨论记录、过程稿、磋商信函、请示报告等过程性信息以及在行政征收、行政强制、行政处罚、行政许可、税务检查等行政执法过程中形成的行政执法案卷信息,可以不予公开。法律、法规、规章规定上述信息应当公开的,从其规定。

(三) 典型案例解析

案例 7-5 甲某诉 Y 市税务局政府信息公开一案①

1. 案件基本情况。

2019 年 5 月 13 日,原告甲某通过国家税务总局 S 省税务局网站,向 Y 市税务局提交了政府信息公开申请,申请公开"Z 律师事务所 2010 年 1 月至 2019 年 4 月纳税申报详情(注:仅提供保存在税务系统中的相关政府信息即可,无须汇总加工)"。Y 市税务局于 2019 年 9 月 27 日作出《依申请公开政府信息告知书》,告知原告"您申请公开的 Z 律师事务所 2010 年 1 月至 2019 年 4 月纳税申报详情涉及该公司的商业秘密,公开后可能会损害其合法权益。根据《中华人民共和国政府信息公开条例》第三十二条规定,本机关将在征求 Z 律师事务所意见后,及时向您进行答复。"同日,Y 市税务局向 Z 律师事务所发函征询,Z 律师事务所复函给 Y 市税务局认为,原告申请公开的信息涉及律所的商业秘密,不同意公开。Y 市税务局于 2019 年 9 月 29 日作出《依申请公开政府信息答复告知书》,答复原告:因原告所申请公开的信息涉及 Z 律师事务所的商业秘密,经征求 Z 律师事务所的意见,该所不同意公开。据此 Y 市税务局决定对原告申请公开的政府信息不予公开。

2. 案件争议焦点。

关于原告申请公开的税务信息是否应予保密的问题。

3. 法院裁判主旨。

《税收征管法》第八条第二款规定,纳税人、扣缴义务人有权要求税务机关为纳税人、扣缴义务人的情况保密。税务机关应当依法为纳税人、扣缴义务人的情况保密。《纳税人涉税保密信息管理暂行办法》(国税发

---

① (2020)苏 09 行终 520 号。

〔2008〕93号）第二条规定，涉税保密信息是税务机关在税收管理工作中依法制作或者采集的，以一定形式记录、保存的涉及纳税人商业秘密和个人隐私的信息。包括经营信息、技术信息及不愿公开的个人事项。本案中，原告申请公开的Z律师事务所的纳税信息，Y市税务局经征求Z律师事务所意见，Z律师事务所不同意公开。被告Y市税务局不公开案涉信息并无不当。

4. 案例分析借鉴。

保密原则是税收工作中贯穿各个领域、各个环节的一项重要内容，不仅事关税收工作的效率、影响，甚至关系国家的重大利益和公民个人的重要权益，不可忽视。一般情况下，涉税法律和行政法规只是对保密原则做出了原则性规定，在具体操作中还要援引相关的法律法规和税务规范性文件。此案中，法院援引的是《纳税人涉税保密信息管理暂行办法》（国税发〔2008〕93号），此办法明确界定了涉税保密信息的定义，应作为遵守保密规定的一项重要参考。

（四）税务适用操作指南

在公开税务行政处罚相关内容的同时，也要注意保护纳税人的合法权益，对实施行政处罚过程中知悉的国家秘密、商业秘密或者个人信息和个人隐私，应当依法予以保密。

1. 国家秘密的保护。

依据《中华人民共和国保守国家秘密法》，国家秘密是关系国家安全和利益，依照法定程序确定，在一定时间内只限一定范围的人员知悉的事项。国家秘密受法律保护。一切国家机关、武装力量、政党、社会团体、企业事业单位和公民都有保守国家秘密的义务。同时，国家秘密及其密级的具体范围，由国家保密行政管理部门分别会同外交、公安、国家安全和其他中央有关机关规定。税务机关在作出行政处罚过程中，应注意对国家秘密的保护。

2. 商业秘密的保护。

根据《中华人民共和国反不正当竞争法》第九条第三款的规定，商业秘密，是指不为公众所知悉、具有商业价值并经权利人采取相应保密措施的技术信息、经营信息等商业信息。商业秘密是税务机关政府信息中涉及最多的。税务机关在调查税收违法事实过程中，容易掌握行政相对人的商业秘密，如财务信息、知识产权、资本构成、股权结构、纳税申报信息等，税务机关应注意保护上述商业秘密,未经涉税相对人同意公开的,原则上不得公开。

3. 个人信息和个人隐私的保护。

根据《民法典》,个人信息是以电子或者其他方式记录的能够单独或者与其他信息结合识别特定自然人的各种信息,包括自然人的姓名、出生日期、身份证件号码、生物识别信息、住址、电话号码、电子邮箱、健康信息、行踪信息等。隐私是自然人的私人生活安宁和不愿为他人知晓的私密空间、私密活动、私密信息。任何组织或者个人不得以刺探、侵扰、泄露、公开等方式侵害他人的隐私权。同时,根据《中华人民共和国个人信息保护法》,自然人的个人信息受法律保护,任何组织、个人不得侵害自然人的个人信息权益,不得非法收集、使用、加工、传输他人个人信息,不得非法买卖、提供或者公开他人个人信息;不得从事危害国家安全、公共利益的个人信息处理活动。税务机关掌握大量的个人信息和隐私信息,如个人所得税申报的信息。税务机关在对个人所得税、房产税等税种进行税务检查时,一般都会了解到纳税人的个人财产、家庭人员构成等个人信息,甚至是涉及隐私的信息,因此税务机关依法保护涉税当事人的这些信息,未经当事人同意公开的,原则上不得公开。同时,税务机关在调查违法事实过程中,应注意不得以偷拍、窥视、窃听等侵犯涉税相对人隐私权的方式调查取证。

第八章　行政处罚决定的执行

第一节　行政处罚决定书的送达

一、《行政处罚法》的规定

第六十一条　行政处罚决定书应当在宣告后当场交付当事人；当事人不在场的，行政机关应当在七日内依照《中华人民共和国民事诉讼法》的有关规定，将行政处罚决定书送达当事人。

当事人同意并签订确认书的，行政机关可以采用传真、电子邮件等方式，将行政处罚决定书等送达当事人。

第八十五条　本法中"二日""三日""五日""七日"的规定是指工作日，不含法定节假日。

二、税法及其他关联规定

(一)《中华人民共和国民事诉讼法》

第八十七条　送达诉讼文书必须有送达回证，由受送达人在送达回证上记明收到日期，签名或者盖章。

受送达人在送达回证上的签收日期为送达日期。

第八十八条　送达诉讼文书，应当直接送交受送达人。受送达人是公民的，本人不在交他的同住成年家属签收；受送达人是法人或者其他组织的，应当由法人的法定代表人、其他组织的主要负责人或者该法人、组织负责收件的人签收；受送达人有诉讼代理人的，可以送交其代理人签收；受送达人已向人民法院指定代收人的，送交代收人签收。

受送达人的同住成年家属，法人或者其他组织的负责收件的人，诉讼代理人或者代收人在送达回证上签收的日期为送达日期。

第八十九条 受送达人或者他的同住成年家属拒绝接收诉讼文书的,送达人可以邀请有关基层组织或者所在单位的代表到场,说明情况,在送达回证上记明拒收事由和日期,由送达人、见证人签名或者盖章,把诉讼文书留在受送达人的住所;也可以把诉讼文书留在受送达人的住所,并采用拍照、录像等方式记录送达过程,即视为送达。

第九十条 经受送达人同意,人民法院可以采用能够确认其收悉的电子方式送达诉讼文书。通过电子方式送达的判决书、裁定书、调解书,受送达人提出需要纸质文书的,人民法院应当提供。

采用前款方式送达的,以送达信息到达受送达人特定系统的日期为送达日期。

第九十一条 直接送达诉讼文书有困难的,可以委托其他人民法院代为送达,或者邮寄送达。邮寄送达的,以回执上注明的收件日期为送达日期。

第九十二条 受送达人是军人的,通过其所在部队团以上单位的政治机关转交。

第九十三条 受送达人被监禁的,通过其所在监所转交。

受送达人被采取强制性教育措施的,通过其所在强制性教育机构转交。

第九十四条 代为转交的机关、单位收到诉讼文书后,必须立即交受送达人签收,以在送达回证上的签收日期,为送达日期。

第九十五条 受送达人下落不明,或者用本节规定的其他方式无法送达的,公告送达。自发出公告之日起,经过三十日,即视为送达。

公告送达,应当在案卷中记明原因和经过。

(二)《税收征管法实施细则》

第一百零一条 税务机关送达税务文书,应当直接送交受送达人。

受送达人是公民的,应当由本人直接签收;本人不在的,交其同住成年家属签收。

受送达人是法人或者其他组织的,应当由法人的法定代表人、其他组织的主要负责人或者该法人、组织的财务负责人、负责收件的人签收。受送达人有代理人的,可以送交其代理人签收。

第一百零二条 送达税务文书应当有送达回证,并由受送达人或者本细则规定的其他签收人在送达回证上记明收到日期,签名或者盖章,即为送达。

第一百零三条 受送达人或者本细则规定的其他签收人拒绝签收税务文书

的，送达人应当在送达回证上记明拒收理由和日期，并由送达人和见证人签名或者盖章，将税务文书留在受送达人处，即视为送达。

第一百零四条 直接送达税务文书有困难的，可以委托其他有关机关或者其他单位代为送达，或者邮寄送达。

第一百零五条 直接或者委托送达税务文书的，以签收人或者见证人在送达回证上的签收或者注明的收件日期为送达日期；邮寄送达的，以挂号函件回执上注明的收件日期为送达日期，并视为已送达。

第一百零六条 有下列情形之一的，税务机关可以公告送达税务文书，自公告之日起满30日，即视为送达：

（一）同一送达事项的受送达人众多；
（二）采用本章规定的其他送达方式无法送达。

第一百零八条 税收征管法及本细则所称"以上""以下""日内""届满"均含本数。

第一百零九条 税收征管法及本细则所规定期限的最后一日是法定休假日的，以休假日期满的次日为期限的最后一日；在期限内有连续3日以上法定休假日的，按休假日天数顺延。

三、典型案例解析

案例8-1 马某与H县地方税务局稽查局税务行政处罚纠纷案[①]

1. 案件基本情况。

2009年11月29日，原告马某将位于H县城某处的门面楼租赁他人经营。被告认定原告2009年12月29日至2012年12月29日取得房租收入120万元未申报纳税。2013年8月2日被告作出××××处（2013）3号税务处理决定：责令马某自收到决定书之日起15日内补缴营业税6万元、城市维护建设税0.3万元、教育费附加0.18万元、地方教育附加0.08万元、印花税0.123万元、房产税14.4万元、个人所得税15.8267万元，合计36.9097万元。原告于2013年9月5日缴清税费36.9097万元及滞纳金16.6893万元。2013年10月15日，被告因原告未进行纳税申报又依据《税收征管法》第六十四条第二款的规定，参照本省税务处罚裁量标准的规定，对原告作出××××处（2013）3号税务行政处罚决定：对马某的税

[①]（2016）豫15行终120号。

收违法行为处不缴或少缴税款 36.6497 万元 3.1 倍的罚款，计 113.6141 万元。原告不服该处罚决定起诉，H 县人民法院以该行政处罚听证程序违法为由作出（2014）光行初字第 00011 号行政判决：撤销××××处（2013）3 号税务行政处罚决定书。被告不服，提起上诉，××市中级人民法院作出（2014）信中法行终字第 38 号行政判决：驳回上诉，维持原判。2015 年 5 月 25 日，被告重新作出××××罚（2015）1 号税务行政处罚决定书，对原告处不缴或少缴税款 36.6497 万元 2.1 倍的罚款，计 76.9644 万元，并告知原告如不服该处罚决定，可以自收到处罚决定书之日起 3 个月内起诉。被告分别于 2015 年 3 月 7 日、2015 年 5 月 29 日在《××日报》上刊登××××罚告（2015）1 号税务行政处罚事项告知书、××××罚（2015）1 号税务行政处罚决定书。原告认为被告在能以电话通知、邮寄等方式向原告送达文书的情况下，径直采取在地方报刊公告的方式送达，程序严重违法；且××××罚（2015）1 号税务行政处罚决定书事实认定及适用法律均有错误，处罚结果不具备合法性及合理性。起诉请求撤销该处罚决定。

原审认为，《税收征管法》第六十四条第二款规定："纳税人不进行纳税申报，不缴或者少缴应纳税款的，由税务机关追缴其不缴或者少缴的税款、滞纳金，并处不缴或者少缴的税款百分之五十以上五倍以下的罚款。"原告作为纳税人不进行纳税申报被他人举报，被告适用该条款对原告作出处罚决定，适用法律无误；根据《税收征管法实施细则》的相关规定，税务机关送达税务文书，应当直接送交受送达人。直接送达有困难的，可以委托其他有关机关或者单位代为送达，或者邮寄送达。《税收征管法实施细则》第一百零六条规定："有下列情形之一的，税务机关可以公告送达文书，自公告之日起满 30 日，即视为送达：（一）同一送达事项的受送达人众多；（二）采用本章规定的其他送达方式无法送达。"被告没有提供证据证明其采取了直接送达、邮寄送达、委托送达等法律规定的送达方式无法送达的证据，被告直接采取公告方式向原告送达税务行政处罚事项告知书、税务行政处罚决定书，违反了法定程序；被告在行政处罚决定书中告知原告起诉期限为 3 个月，不符合《行政诉讼法》第四十六条的规定，适用法律有误。被诉的行政处罚决定违反法定程序，原告要求撤销该处罚决定的诉讼请求，依法应予以支持。遂根据《行政诉讼法》第七十条第（三）项之规定判决：撤销被告 H 县地方税务局稽查局对原告马某作出的××××罚（2015）1 号税务行政处罚决定书。

2. 案件争议焦点。

H县地方税务局稽查局上诉称，被上诉人确系存在应当被处罚的税收违法行为。其重新作出的行政处罚决定，因被上诉人长期不在户籍所在地、工作单位注册地，且拒不接听电话，导致其作出的税务行政处罚事项告知书、税务行政处罚决定书无法通过直接、留置、邮寄方式送达，其公告送达方式合法。请求撤销原审判决，驳回诉讼请求。

马某辩称：一审判决认定上诉人税务文书送达程序违法并判决撤销行政处罚决定正确；一审认定上诉人作出行政处罚决定适用法律正确不当，被上诉人应依法适用《税收征管法》第六十二条却错误地适用了该法第六十四条第二款。请求驳回上诉，维持原判，且认定处罚决定适用法律错误。

3. 法院裁判主旨。

根据《税收征管法实施细则》第一百零一条至第一百零六条规定，税务文书应采取直接送达、委托送达、邮寄送达的方式，仅在同一送达事项的受送达人众多或前款送达方式无法送达的情况下，才能采用公告方式进行送达。上诉人没有提供证据证明其依照上述法律规定采取了直接送达、委托送达、邮寄送达无法送达的证据，上诉人在向被上诉人送达税务行政处罚事项告知书及税务行政处罚决定书时，直接采取公告方式，违反了法定程序。上诉人在行政处罚决定书中告知被上诉人向人民法院提起诉讼的期限为3个月，亦不符合《行政诉讼法》第四十六条的规定。一审认定事实清楚，适用法律正确，依法应予维持。依据《行政诉讼法》第八十九条第一款第一项之规定，判决驳回上诉，维持原判。

4. 案例分析借鉴。

H县地税局稽查局的多次败诉，都是由于执法程序上出现了瑕疵，执法实体上并没有错误。但是，法院恰恰是因为程序上的瑕疵，判决稽查局违法，撤销了税务处罚决定。这与个别税务干部多年来养成的重实体轻程序的工作习惯有很大关系，总觉得只要税款完成符合法律法规要求，保证了税收质量，程序上有点小瑕疵没什么。但在纳税人法律意识越来越强的税收环境面前，需要税务机关转变工作思路，不但重视税收实体，同样在执法程序上也要严格规范。在送达程序上，需要注意的地方包括：

一是"日"的计算方式。关于听证期限的规定，修订之前《行政处罚法》和《税务行政处罚听证程序实施办法（试行）》（国税发〔1996

190号),都没有规定7日是工作日还是自然日。《税务行政复议规则》(国家税务总局令第44号)第一百零四条规定:"本规则关于行政复议期间有关'5日'、'7日'的规定指工作日,不包括法定节假日",《行政复议法》《行政许可法》《行政强制法》都有类似规定。在本次《行政处罚法》修订之后,对此进行了明确,"二日""三日""五日""七日"的规定是指工作日,不含法定节假日。

二是文书送达方式。在工作中,纳税人实际经营地点、通信方式变化后,由于纳税人意识淡薄等,未及时到税务机关进行变更登记,经常出现无法联系到纳税人的情况。尤其对于自然人,文书送达更是比较困难。根据《税收征管法实施细则》第一百零一条至一百零六条规定,税务文书应采取直接送达、委托送达、邮寄送达的方式,在同一送达事项的受送达人众多或前述送达方式无法送达的情况下,可采用公告方式进行送达。在实际工作中,采取直接送达的,当无法找到被送达人及法律规定的其他人时,可找办事处、派出所、居委会等第三方作为见证人,必要时可以将税务文书张贴在住所地,并录像、拍照固定证据;邮寄送达的,要以挂号函件等方式进行送达,并保存函件回执等证据;委托送达的,如果委托无法送达,请被委托方提供无法送达证明;公告送达是最不得已才能采取的送达方式,自公告发布之日起经过30日,即视为送达。对于被送达人拒不签收、拒不接听电话等情况,可采取录像、录音、保存电话清单等方式保留执法痕迹。

四、税务适用操作指南

(一)关于送达的期限

《行政处罚法》规定,《行政处罚决定书》应当在作出后的7日内送达。7日,指的是工作日。关于送达期限的规定,《行政处罚法》与《税收征管法实施细则》是不一致的。《行政处罚法》对"二日""三日""五日""七日"的规定是指工作日,不含法定节假日。《税收征管法实施细则》则规定,以休假日期满的次日为期限的最后一日;在期限内有连续3日以上法定休假日的,按休假日天数顺延。可以看出,《税收征管法实施细则》不是完全考虑把节假日排除在外,如果期限内有两天以内的节假日,按其规定是不需要扣除的。

税务机关在送达《税务行政处罚决定书》时，务必控制好期限，自《税务行政处罚决定书》落款的日期之日起，7个工作日内送达。需要注意的是，由于部分金税三期税收管理系统对《税务行政处罚决定书》的落款日期是按照文书制作日期确定的，如果审理部门在《税务行政处罚决定书》制作完成后未及时推送至执行部门，就有可能造成执行部门剩余的送达日期少于7日。

（二）关于送达的方式

需要说明的是，除《税务行政处罚决定书》以外的与处罚有关的文书，如《税务行政处罚告知书》，《行政处罚法》并未规定送达的期限和方式。

《中华人民共和国民事诉讼法》（以下简称《民事诉讼法》）与《税收征管法实施细则》规定的送达方式差不多，均有直接送达、留置送达、委托送达、邮寄送达和公告送达。但《民事诉讼法》比《税收征管法实施细则》多了一种送达方式，即电子送达。以下是各种税务文书的送法方式：

1. 直接送达。

直接送达按《税收征管法实施细则》第一百零一条进行操作。当事人的同住成年家属，法人或者其他组织的负责收件的人，委托代理人或者代收人签收的，视为当事人本人签收，他们在送达回证上签收的日期为直接送达日期。在实践中，直接送达有一种特殊形式，就是当场送达。税务文书制作完毕后，当事人在场的，税务机关工作人员将税务文书当场交给当事人，由当事人签收。在文书送达过程中，税务人员应准确确定签收人的身份和职务，以免造成送达瑕疵。

2. 留置送达。

留置送达，是指当事人拒绝签收向其送达的税务文书时，送达人把税务文书置放于当事人的住处，即视为已经送达的方式。留置送达具有一定的强制性，《民事诉讼法》与《税收征管法实施细则》对留置送达的规定有细微的差别：一是，《民事诉讼法》要求见证人为有关基层组织或者所在单位的代表，《税收征管法实施细则》未明确规定见证人需要什么身份；二是，《民事诉讼法》在没有见证人的情况下，采取采用拍照、录像等方式记录送达过程，即视为送达，但《税收征管法实施细则》未规定在没有见证人的情况下如何留置送达。笔者认为，相对来说，《民事诉讼法》更加详尽和合理，建议税务机关采取留置送达方式送达其他文书时，可参照《民事诉讼法》的规定执行。

3. 委托送达。

委托送达，是指税务机关直接送达税务文书有困难的，委托其他行政机关或者其他单位代为交给当事人的方式。在委托送达中税务机关应当将委托事项和要求明确告知受委托人，便于受委托人送达。委托送达的日期以当事人在送达回证上签收的日期为准。委托送达的前提是，能够确定当事人的位置，只是由于职权所限无法直接送达，采取委托送达的方式能够保证当事人收到。例如，当事人或者签收人是军人或者是被监禁、被采取强制性教育措施、被判处刑罚人身自由受到限制等。在查无下落、拒绝签收等情况下，不可采用委托送达。

4. 邮寄送达。

邮寄送达，是指税务机关在直接送达有困难的情况下，将税务文书通过邮局以挂号函件寄给当事人的方式。邮寄送达以挂号回执上注明的收件日期为送达日期。采用邮寄方式送达税务文书，通常情况下应直接寄交当事人，但是法律另有规定的除外。需要注意的是，根据国家法律规定，邮寄送达税务文书，应当采取国家邮政部门渠道，如挂号信、邮政特快专递（EMS）。

5. 公告送达。

公告送达，是指在当事人人数众多，或者采用直接送达、留置送达、委托送达以及邮寄送达等送达方式无法送达时所采取的一种特殊送达方式。公告送达可以在受送达人住所地、生产经营地或者注册登记地张贴公告，或者通过税务机关门户网站、当地主流新闻媒体发布公告（具体发布渠道根据实际情况选择）。采取上述方式公告送达的，可以同时在主管税务机关办税服务厅张贴公告。张贴公告的，应当使用音像记录设备记录张贴过程。需要注意的是，2021年12月24日，《民事诉讼法》进行了修订，自2022年1月1日起，公告送达视同送达的期限由公告满60日缩短为30日，与《税收征管法实施细则》一致。采用公告送达时，应当在案卷中记明原因和经过，并将原本和副本一并存档。

6. 电子送达。

《民事诉讼法》明确规定了经受送达人同意电子送达是有效的送达方式。虽然《税收征管法实施细则》并未规定税务文书可以采用电子送达，但国家税务总局参考《民事诉讼法》的规定，也对电子送达进行了规定。《国家税务总局关于发布〈税务文书电子送达规定（试行）〉的公告》（国家税务总局公告2019年第39号）规定，电子送达，是指税务机关通过电子税务局等特定系统向纳税人、扣缴义务人（以下简称受送达人）送达电子版式税务文书。经受送达人同意，签订《税务文书电子送达确认书》，税务机关可以采用电子送达方式送达税务文书。电子送达与其他送达方式具有同等法律效力。税务机关采用电子送达方式送达税务文书的，以电子版式税务文书到达特定系统受送达人端的日期为送达日期。但是，对于一些可能对行政相对人造成重大不利影响的税务文书，国家税务总局未规定可以采取电子送达，包括：税务处理决定书、税务行政处罚决定书（不含简易程序处罚）、税收保全措施决定书、税收强制执行决定书、阻止出境决定书以及税务稽查、税务行政复议过程中使用的税务文书等。因此，虽然从《行政处罚法》角度看，《税务行政处罚决定书》可以采取电子送达方式送达，但因为税务总局的特别规定，当前税务机关不宜采取电子送达方式送达，只有《税务行政处罚决定书（简易）》才可以。

需要指出的是，税务文书电子送达的范围，随着信息化建设的加快，可能会进一步扩大。各级税务机关和税务人员应及时关注国家税务总局政策的变化。

第二节 罚款的缴纳

一、罚款的缴纳与罚缴分离原则

（一）《行政处罚法》的规定

第六十七条 作出罚款决定的行政机关应当与收缴罚款的机构分离。

除依照本法第六十八条、第六十九条的规定当场收缴的罚款外，作出行政处罚决定的行政机关及其执法人员不得自行收缴罚款。

当事人应当自收到行政处罚决定书之日起十五日内，到指定的银行或者通过电子支付系统缴纳罚款。银行应当收受罚款，并将罚款直接上缴国库。

第七十八条 行政机关违反本法第六十七条的规定自行收缴罚款的，财政部门违反本法第七十四条的规定向行政机关返还罚款、没收的违法所得或者拍卖款项的，由上级行政机关或者有关机关责令改正，对直接负责的主管人员和其他直接责任人员依法给予处分。

第六十八条 依照本法第五十一条的规定当场作出行政处罚决定，有下列情形之一，执法人员可以当场收缴罚款：

(一) 依法给予一百元以下罚款的;
(二) 不当场收缴事后难以执行的。

第六十九条 在边远、水上、交通不便地区,行政机关及其执法人员依照本法第五十一条、第五十七条的规定作出罚款决定后,当事人到指定的银行或者通过电子支付系统缴纳罚款确有困难,经当事人提出,行政机关及其执法人员可以当场收缴罚款。

(二) 税法及其关联规定

《罚款决定与罚款收缴分离实施办法》

第六条 行政机关应当依照本办法和国家有关规定,同代收机构签订代收罚款协议。

代收罚款协议应当包括下列事项:
(一) 行政机关、代收机构名称;
(二) 具体代收网点;
(三) 代收机构上缴罚款的预算科目、预算级次;
(四) 代收机构告知行政机关代收罚款情况的方式、期限;
(五) 需要明确的其他事项。

自代收罚款协议签订之日起15日内,行政机关应当将代收罚款协议报上一级行政机关和同级财政部门备案;代收机构应当将代收罚款协议报中国人民银行或者其当地分支机构备案。

第七条 行政机关作出罚款决定的行政处罚决定书应当载明代收机构的名称、地址和当事人应当缴纳罚款的数额、期限等,并明确对当事人逾期缴纳罚款是否加处罚款。

当事人应当按照行政处罚决定书确定的罚款数额、期限,到指定的代收机构缴纳罚款。

第十条 代收机构应当按照代收罚款协议规定的方式、期限,将当事人的姓名或者名称、缴纳罚款的数额、时间等情况书面告知作出行政处罚决定的行政机关。

(三) 税务适用操作指南

1. 罚缴分离原则。

早在1996年《行政处罚法》制定并颁布实施之际,就确立了罚缴分离原则，即作出罚款的行政机关不能是收缴罚款的单位。国务院后来又出台了《罚款决定与罚款收缴分离实施办法》来确保该原则得以落实实施。这个原则同样适用于税务罚款的场合。税务行政处罚是税务机关的重要执法行为之一，而罚款又是税务行政处罚的主要种类，税务机关必须落实好罚缴分离原则。

2. 罚缴分离原则例外的适用条件。

罚缴分离原则的例外就是当场收缴，当场收缴只有在法定的条件下才能适用。一是针对部分适用简易程序作出行政罚款的决定，如果罚款数额很少，不足 100 元；或者事态紧急，不当场收缴事后难以执行的，执法人员可以依职权当场收缴。二是在边远、水上、交通不便地区，无论是以简易程序作出的还是以普通程序作出的行政处罚决定，如果当事人按罚缴分离原则缴纳罚款确实困难，执法人员可以依当事人申请当场收缴。

3. 罚款缴纳的期限。

根据《行政处罚法》第六十七条第二款的规定，当事人应当自收到行政处罚决定书之日起 15 日内缴纳罚款。税务法律法规没有其他规定，因此该期限同样适用于税务罚款的缴纳。

二、延期或者分期缴纳罚款

(一)《行政处罚法》的规定

第六十六条 行政处罚决定依法作出后，当事人应当在行政处罚决定书载明的期限内，予以履行。

当事人确有经济困难，需要延期或者分期缴纳罚款的，经当事人申请和行政机关批准，可以暂缓或者分期缴纳。

第七十二条第二款 行政机关批准延期、分期缴纳罚款的，申请人民法院强制执行的期限，自暂缓或者分期缴纳罚款期限结束之日起计算。

(二) 税法及其他关联规定

《税务稽查案件办理程序规定》(国家税务总局令第 52 号发布)

第五十一条 当事人确有经济困难，需要延期或者分期缴纳罚款的，可向稽查局提出申请，经税务局局长批准后，可以暂缓或者分期缴纳。

(三) 税务适用操作指南

1. 延期或分期缴纳罚款适用情形。

申请延期或分期缴纳罚款的前提是"当事人确有经济困难",但何为"当事人确有经济困难",《行政处罚法》并未规定。税务机关可以参考《税收征管法》及其实施细则对于"纳税人因有特殊困难"经批准可以延期缴纳税款的规定,来判断掌握。即《税收征管法》第三十一条第二款规定:"纳税人因有特殊困难,不能按期缴纳税款的,经省、自治区、直辖市国家税务局、地方税务局批准,可以延期缴纳税款,但是最长不得超过三个月。"《税收征管法实施细则》第四十一条第一款规定:"纳税人有下列情形之一的,属于税收征管法第三十一条所称特殊困难:(一)因不可抗力,导致纳税人发生较大损失,正常生产经营活动受到较大影响的;(二)当期货币资金在扣除应付职工工资、社会保险费后,不足以缴纳税款的。"但实务中,当事人确有经济困难无法按时缴纳罚款的情形非常复杂,税务机关也可根据具体情况,灵活掌握。《税务稽查案件办理程序规定》(国家税务总局令第52号发布)中对延期或分期缴纳罚款做了规定,要求当事人必须向稽查局提出申请,且由税务局局长批准方可执行。

2. 延期或分期缴纳罚款的是否加收罚款。

延期或分期缴纳罚款的是否加收罚款,《行政处罚法》并未规定。本书认为,经税务机关批准延期或分期缴纳罚款的,在批准的期限内(分期缴纳的,指分期对应的金额和期限),不加处罚款。这是因为:①从法理角度来讲,加处罚款属于行政强制执行措施,当事人在经批准的延期或分期缴纳罚款期间,仍然处于合法的义务履行期间内,不属于不履行法定义务,因此还不到行政强制执行阶段,不适用加处罚款的强制执行措施;②从可参考的立法例角度来讲,《税收征管法》及其实施细则均规定对经批准延期缴纳税款的在批准期限内不予加收滞纳金。

3. 延期或分期缴纳罚款的申请和批准。

根据《行政处罚法》的规定,延期或分期缴纳罚款需要当事人申请。对于申请是口头的还是书面的并未要求。笔者认为,当事人申请延期或分期缴纳罚款应当采取书面形式,在申请书中,应当写明申请原因,申请延期或分期的金额和期限等,并提供经济确有困难的证明材料。申请的时间应该在规定的缴纳罚款日期届满之前。《行政处罚法》规定,延期或分期缴纳罚款应经行政机关批准。但具体采取何种批准形式，并未规定。税务总局《税务稽查案件办理程序规定》（国家税务总局令第 52 号）第五十一条规定，向稽查局申请，由所属税务局局长批准。在批准后，向当事人送达《暂缓或者分期缴纳罚款通知书》（参见图 8-1）。经审查不予批准的，当事人仍不履行的，应当进行税务行政强制执行。笔者认为，各级税务局在实施延期或分期缴纳罚款的申请和批准时，可参照《税务稽查案件办理程序规定》（国家税务总局令第 52 号）规定的程序进行。

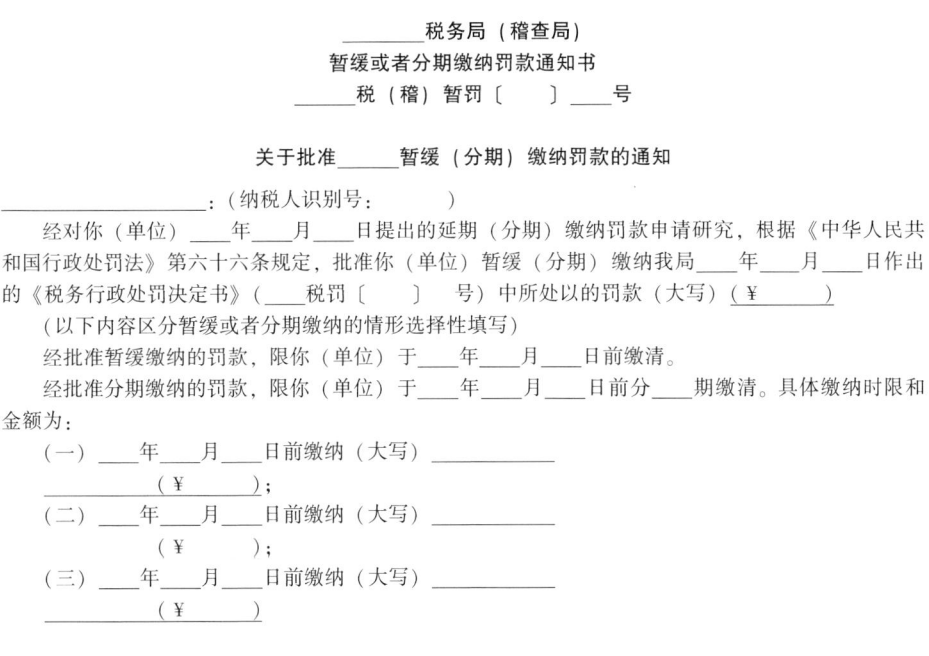

图 8-1 《暂缓或者分期缴纳罚款通知书》式样

4. 延期或分期缴纳罚款与强制执行执行协议的区别。

虽然，延期或分期缴纳罚款与强制执行执行协议的后果都是暂缓或分期缴纳罚款，但二者还是有很大区别的：一是依据不同。延期或分期缴纳罚款的依据是《行政处罚法》，而行政强制执行执行协议的依据是《行政强制法》；二是所处的行政阶段不同。延期或分期缴纳罚款是在规定的缴纳罚款日期届满之前进行的申请和批准，一旦获得批准之后，即是合法的义务履行方式，属于强制执行之前的义务履行阶段；而行政强制执行执行协议则是在强制执行程序中达成的协议。因此，当事人未按照税务机关批准的《暂缓或者分期缴纳罚款通知书》确定的金额和期限缴纳罚款的,税务机关可以发起强制执行程序;而当事人不履行强制执行执行协议的,税务机关则是应当恢复强制执行。

第三节 行政处罚的强制执行

一、《行政处罚法》的规定

第七十二条第一款 当事人逾期不履行行政处罚决定的,作出行政处罚决定的行政机关可以采取下列措施:

(一)到期不缴纳罚款的,每日按罚款数额的百分之三加处罚款,加处罚款的数额不得超出罚款的数额;

(二)根据法律规定,将查封、扣押的财物拍卖、依法处理或者将冻结的存款、汇款划拨抵缴罚款;

(三)根据法律规定,采取其他行政强制执行方式;

(四)依照《中华人民共和国行政强制法》的规定申请人民法院强制执行。

第七十三条 当事人对行政处罚决定不服,申请行政复议或者提起行政诉讼的,行政处罚不停止执行,法律另有规定的除外。

当事人对限制人身自由的行政处罚决定不服,申请行政复议或者提起行政诉讼的,可以向作出决定的机关提出暂缓执行申请。符合法律规定情形的,应当暂缓执行。

当事人申请行政复议或者提起行政诉讼的,加处罚款的数额在行政复议或者行政诉讼期间不予计算。

二、税法及其他关联规定

(一)《行政强制法》

第三十四条 行政机关依法作出行政决定后,当事人在行政机关决定的期限内不履行义务的,具有行政强制执行权的行政机关依照本章规定强制执行。

第三十五条 行政机关作出强制执行决定前,应当事先催告当事人履行义务。催告应当以书面形式作出，并载明下列事项：

（一）履行义务的期限；

（二）履行义务的方式；

（三）涉及金钱给付的，应当有明确的金额和给付方式；

（四）当事人依法享有的陈述权和申辩权。

第三十六条 当事人收到催告书后有权进行陈述和申辩。行政机关应当充分听取当事人的意见，对当事人提出的事实、理由和证据，应当进行记录、复核。当事人提出的事实、理由或者证据成立的，行政机关应当采纳。

第三十七条 经催告，当事人逾期仍不履行行政决定，且无正当理由的，行政机关可以作出强制执行决定。

强制执行决定应当以书面形式作出，并载明下列事项：

（一）当事人的姓名或者名称、地址；

（二）强制执行的理由和依据；

（三）强制执行的方式和时间；

（四）申请行政复议或者提起行政诉讼的途径和期限；

（五）行政机关的名称、印章和日期。

在催告期间，对有证据证明有转移或者隐匿财物迹象的，行政机关可以作出立即强制执行决定。

第三十八条 催告书、行政强制执行决定书应当直接送达当事人。当事人拒绝接收或者无法直接送达当事人的，应当依照《中华人民共和国民事诉讼法》的有关规定送达。

第四十五条 行政机关依法作出金钱给付义务的行政决定，当事人逾期不履行的，行政机关可以依法加处罚款或者滞纳金。加处罚款或者滞纳金的标准应当告知当事人。

加处罚款或者滞纳金的数额不得超出金钱给付义务的数额。

第四十六条 行政机关依照本法第四十五条规定实施加处罚款或者滞纳金超过三十日，经催告当事人仍不履行的，具有行政强制执行权的行政机关可以强制执行。

行政机关实施强制执行前，需要采取查封、扣押、冻结措施的，依照本法第三章规定办理。

没有行政强制执行权的行政机关应当申请人民法院强制执行。但是，当事人在法定期限内不申请行政复议或者提起行政诉讼，经催告仍不履行的，在实施行政管理过程中已经采取查封、扣押措施的行政机关，可以将查封、扣押的财物依法拍卖抵缴罚款。

第四十七条 划拨存款、汇款应当由法律规定的行政机关决定，并书面通知金融机构。金融机构接到行政机关依法作出划拨存款、汇款的决定后，应当立即划拨。

法律规定以外的行政机关或者组织要求划拨当事人存款、汇款的，金融机构应当拒绝。

第四十八条 依法拍卖财物，由行政机关委托拍卖机构依照《中华人民共和国拍卖法》的规定办理。

第五十三条 当事人在法定期限内不申请行政复议或者提起行政诉讼，又不履行行政决定的，没有行政强制执行权的行政机关可以自期限届满之日起三个月内，依照本章规定申请人民法院强制执行。

第五十四条 行政机关申请人民法院强制执行前，应当催告当事人履行义务。催告书送达十日后当事人仍未履行义务的，行政机关可以向所在地有管辖权的人民法院申请强制执行；执行对象是不动产的，向不动产所在地有管辖权的人民法院申请强制执行。

第五十五条 行政机关向人民法院申请强制执行，应当提供下列材料：

（一）强制执行申请书；
（二）行政决定书及作出决定的事实、理由和依据；
（三）当事人的意见及行政机关催告情况；
（四）申请强制执行标的情况；
（五）法律、行政法规规定的其他材料。

强制执行申请书应当由行政机关负责人签名，加盖行政机关的印章，并注明日期。

（二）《税收征管法》

第八十八条第三款 当事人对税务机关的处罚决定逾期不申请行政复议也不向人民法院起诉、又不履行的，作出处罚决定的税务机关可以采取本法第四十条规定的强制执行措施，或者申请人民法院强制执行。

第四十条 从事生产、经营的纳税人、扣缴义务人未按照规定的期限缴纳或者解缴税款，纳税担保人未按照规定的期限缴纳所担保的税款，由税务机关责令限期缴纳，逾期仍未缴纳的，经县以上税务局（分局）局长批准，税务

机关可以采取下列强制执行措施:

(一)书面通知其开户银行或者其他金融机构从其存款中扣缴税款;

(二)扣押、查封、依法拍卖或者变卖其价值相当于应纳税款的商品、货物或者其他财产,以拍卖或者变卖所得抵缴税款。

税务机关采取强制执行措施时,对前款所列纳税人、扣缴义务人、纳税担保人未缴纳的滞纳金同时强制执行。

个人及其所扶养家属维持生活必需的住房和用品,不在强制执行措施的范围之内。

(三)《税收征管法实施细则》

第六十五条 对价值超过应纳税额且不可分割的商品、货物或者其他财产,税务机关在纳税人、扣缴义务人或者纳税担保人无其他可供强制执行的财产的情况下,可以整体扣押、查封、拍卖。

第六十九条 税务机关将扣押、查封的商品、货物或者其他财产变价抵缴税款时,应当交由依法成立的拍卖机构拍卖;无法委托拍卖或者不适于拍卖的,可以交由当地商业企业代为销售,也可以责令纳税人限期处理;无法委托商业企业销售,纳税人也无法处理的,可以由税务机关变价处理,具体办法由国家税务总局规定。国家禁止自由买卖的商品,应当交由有关单位按照国家规定的价格收购。

拍卖或者变卖所得抵缴税款、滞纳金、罚款以及拍卖、变卖等费用后,剩余部分应当在3日内退还被执行人。

(四)《税务稽查案件办理程序规定》(国家税务总局令第52号发布)

第五十条 具有下列情形之一的,经县以上税务局局长批准,稽查局可以依法强制执行,或者依法申请人民法院强制执行:

……

(三)当事人对处罚决定逾期不申请行政复议也不向人民法院起诉、又不履行的;

……

第五十二条 作出强制执行决定前,应当制作并送达催告文书,催告当事人履行义务,听取当事人陈述、申辩意见。经催告,当事人逾期仍不履行行政决定,且无正当理由的,经县以上税务局局长批准,实施强制执行。

实施强制执行时，应当向被执行人送达强制执行决定书，告知其实施强制执行的内容、理由及依据，并告知其享有依法申请行政复议或者提起行政诉讼的权利。

催告期间，对有证据证明有转移或者隐匿财物迹象的，可以作出立即强制执行决定。

第五十三条 稽查局采取从被执行人开户银行或者其他金融机构的存款中扣缴税款、滞纳金、罚款措施时，应当向被执行人开户银行或者其他金融机构送达扣缴税收款项通知书，依法扣缴税款、滞纳金、罚款，并及时将有关凭证送达被执行人。

第五十四条 拍卖、变卖被执行人商品、货物或者其他财产，以拍卖、变卖所得抵缴税款、滞纳金、罚款的，在拍卖、变卖前应当依法进行查封、扣押。

稽查局拍卖、变卖被执行人商品、货物或者其他财产前，应当制作拍卖/变卖抵税财物决定书，经县以上税务局局长批准后送达被执行人，予以拍卖或者变卖。

拍卖或者变卖实现后，应当在结算并收取价款后3个工作日内，办理税款、滞纳金、罚款的入库手续，并制作拍卖/变卖结果通知书，附拍卖/变卖查封、扣押的商品、货物或者其他财产清单，经稽查局局长审核后，送达被执行人。

以拍卖或者变卖所得抵缴税款、滞纳金、罚款和拍卖、变卖等费用后，尚有剩余的财产或者无法进行拍卖、变卖的财产的，应当制作返还商品、货物或者其他财产通知书，附返还商品、货物或者其他财产清单，送达被执行人，并自办理税款、滞纳金、罚款入库手续之日起3个工作日内退还被执行人。

（五）《抵税财物拍卖、变卖试行办法》（国家税务总局令第12号）

第四条 有下列情形之一的，税务机关依法进行拍卖、变卖：

……

（五）逾期不按规定履行税务行政处罚决定的……

三、典型案例解析

案例8-2 X地方税务局与D公司税务行政处罚决定强制执行案[①]

1. 案件基本情况。

X地方税务局（以下简称X地税局）于2014年10月28日对D公司

[①] （2017）湘0304行审176号。

作出×××罚〔2014〕13号《税务行政处罚决定书》，决定：①对少申报缴纳2010—2014年6月营业税、城市维护建设税、印花税、企业所得税共计664703.67元行为处以少缴税款60%的罚款，即398822.20元；②对少代扣代缴2010年个人所得税——工资薪金所得2060元的行为拟处以应扣未扣税款50%的罚款，即1030元。限D公司在收到决定书之日起15日内向税务局履行缴纳罚款义务，逾期将依《行政处罚法》第五十一条第（一）项①的规定，每日按罚款数额的3%加处罚款。决定书告知了D公司复议和诉讼权利。X地税局于2014年10月28日向D公司送达了该《税务行政处罚决定书》，因D公司未履行处罚决定课以的缴纳罚款义务，2017年7月24日，地税局向法院提出强制执行申请，请求强制执行×××罚〔2014〕13号《税务行政处罚决定书》确定的被执行人应负的缴纳罚款义务。

2. 案件争议焦点。

X地税局向人民法院申请强制执行是否超过了法定期限？

3. 法院裁判主旨。

法院认为，《税收征管法》第八十八条第三款规定："当事人对税务机关的处罚决定逾期不申请行政复议也不向人民法院起诉、又不履行的，作出处罚决定的税务机关可以采取本法第四十条规定的强制执行措施，或者申请人民法院强制执行。"《行政强制法》第五十三条规定："当事人在法定期限内不申请行政复议或者提起行政诉讼，又不履行行政决定的，没有行政强制执行权的行政机关可以自期限届满之日起三个月内，依照本章规定申请人民法院强制执行。"X地税局作出处罚决定后，D公司未在法定期限内申请行政复议或者提起行政诉讼，X地税局应当积极行使法律赋予的职权，采取强制执行措施或者在法定期限内向人民法院申请强制执行，而X地税局在处罚决定作出并送达后第33个月才向法院提出强制执行申请，且无逾期申请的正当理由，不符合上述法律规定，法院不应登记立案，已经立案的亦应当裁定不予受理。依照《行政强制法》第五十三条、《最高人民法院关于执行〈中华人民共和国行政诉讼法〉若干问题的解释》第八十六条第一款（六）项、第二款的规定，裁定对X地税局强

---

① 编者注：2021年1月22日，中华人民共和国第十三届全国人民代表大会常务委员会第二十五次会议修订了《中华人民共和国行政处罚法》，自2021年7月15日起施行，因本案发生于2021年以前，故此处引用的是2021年以前的版本。

制执行×××罚〔2014〕13号《税务行政处罚决定书》的申请，法院不予受理。

4. 案例分析借鉴。

本案中，税务机关因为未在法定期限内向法院申请强制执行被法院裁定不予受理申请。作为税务机关，如果当事人在法定期限内不申请行政复议或者提起行政诉讼，又不履行行政决定的，若决定向申请人民法院强制执行，则应当在3个月内向人民法院提出。根据《行政诉讼法》第四十五条"公民、法人或者其他组织不服复议决定的，可以在收到复议决定书之日起十五日内向人民法院提起诉讼。复议机关逾期不作决定的，申请人可以在复议期满之日起十五日内向人民法院提起诉讼。法律另有规定的除外。"和第四十六条"公民、法人或者其他组织直接向人民法院提起诉讼的，应当自知道或者应当知道作出行政行为之日起六个月内提出。法律另有规定的除外。"的规定，根据当事人是否提请行政复议的不同，届满的期限也不相同，税务机关应当注意把握。

案例8-3　W公司与税务机关税务行政管理案①

1. 案件基本情况。

2017年7月14日，Y县国家税务局稽查局（以下简称Y县国税局稽查局）作出××××〔2017〕2号《税务处理决定书》，其中决定W公司应补缴增值税共计163670110.02元，并对应补税款从滞纳税款之日起至实际解缴税款之日止，按日加收0.5‰的滞纳金，限W公司自收到该决定书之日起15日内到Y县国税局纳税服务大厅将上述税款及滞纳金缴纳入库，逾期未缴清的，将依照《税收征管法》第四十条规定强制执行。同日，W公司收到该《税务处理决定书》。因W公司于稽查期间预缴税款400万元，Y县国税局稽查局于2017年7月31日作出×××〔2017〕1号《税务事项通知书》，通知W公司限于2017年8月9日前缴纳2013年1月1日至2015年12月31日的应缴税款159670110.02元，并从税款滞纳之日起至缴纳或解缴之日止，按日加收滞纳税款0.5‰的滞纳金，与税款一并缴纳，于同日将该《税务事项通知书》送达W公司。后W公司提起复议，复议机关不予受理，提起行政诉讼后又撤诉。2019年3月8日，Z市第一稽查局作出××××通〔2019〕1号《税务事项通知书》，通知W公司案件

---

① （2020）闽06行终55号行政判决书。

执法主体由Y县国税局稽查局变更为Z市第一稽查局。2019年4月23日，Z市第一稽查局作出××××强催〔2019〕1号《催告书》，载明W公司在法定期限不履行Y县国税局稽查局作出的××××〔2017〕2号《税务处理决定书》，根据《行政强制法》第三十四条、第三十五条规定向W公司催告，要求W公司收到该催告书之日起10日内缴纳税款159670110.02元，并从税款滞纳之日起至缴纳或解缴之日止，按日加收滞纳税款0.5‰的滞纳金，与税款一并缴纳；逾期仍未履行义务的，Z市第一稽查局将依法强制执行，并告知W公司在收到催告书后有权进行陈述和申辩。同日，Z市第一稽查局到上诉人的住所地在"东大路××号"门牌号的下方粘贴上述《催告书》。2019年4月24日，Z市第一稽查局向W公司邮寄上述《催告书》，W公司于2019年4月25日签收该《催告书》并向Z市第一稽查局提交《行政处理陈述与申辩书》。2019年5月7日，Z市第一稽查局作出《关于对〈W公司行政处理陈述与申辩书〉的回复》，认为W公司陈述与申辩的内容不能成立，不予采纳。并于2019年5月9日送达该回复给W公司。2019年5月29日，Z市第一稽查局作出××××强扣〔2019〕1号《税收强制执行决定书》，载明根据《税收征管法》第四十条规定，经Z市税务局局长批准，决定从2019年5月29日起从W公司在中国邮政储蓄银行存款账户中扣缴税款9750.04元、滞纳金6386.28元，合计16136.32元缴入国库。Z市第一稽查局于2019年6月3日将该《税收强制执行决定书》送达W公司。W公司不服，向Z市税务局申请行政复议。2019年9月6日，经负责人批准后，Z市税务局作出了决定维持××××强扣〔2019〕1号《税收强制执行决定书》，并于2019年9月9日将该《行政复议决定书》分别直接送达给W公司和Z市第一稽查局。W公司不服，提起诉讼。

原审认为，根据W公司、Z市第一稽查局、Z市税务局的诉辩意见，本案争议的焦点主要有以下三点：①Z市第一稽查局作出的××××强扣〔2019〕1号《税收强制执行决定书》是否具有事实根据；②Z市第一稽查局作出的税收强制执行决定及实施的程序是否合法；③Z市税务局作出的《行政复议决定书》是否合法。关于焦点②，W公司主张Z市第一稽查局作出税收强制执行决定前并未依照法定程序履行相应的行政告知及催告义务，且在作出实际税收强制执行行为后才向W公司送达案涉税务强制执行决定书，属程序违法。原审认为，根据《行政强制法》第三十五条至第三十八条的规定,对不履行行政决定的,行政机关应当以书面的方式对当事人进行催告,催告过程中要充分保障当事人的陈述权和申辩权。经催告仍不履行的,行政机关应当作出强制执行决定并予以执行。本案中,Z市第一稽查局在W公司不履行××××〔2017〕2号《税务处理决定书》后,依法向W公司作出××××强催〔2019〕1号《催告书》并送达W公司,已完成法定催告义务。该《催告书》明确告知逾期不履行时拟强制执行的理由和依据,并告知了依法享有的陈述权和申辩权。W公司亦在收到上述《催告书》后提交了《行政处理陈述与申辩书》,Z市第一稽查局受理该《行政处理陈述与申辩书》并作出答复,充分保障了W公司作为行政相对人的行政救济权利。在W公司逾期不履行××××〔2017〕2号《税务处理决定书》的情况下,Z市第一稽查局作出案涉税务强制执行决定书,对W公司名下账户进行税款及滞纳金扣缴,符合法律规定。另外,根据《税收征管法》第四十条规定,经局长批准,书面通知W公司的开户银行或者其他金融机构从W公司存款中扣缴税款,所适用的法律法规现行有效,适用正确;扣缴数额未超过拟强制执行的标的额,所采取的扣缴范围为法律规定的书面通知金融机构,扣缴对象为普通账户中的存款,行为适当;完成了强制执行决定的审批、制作、扣缴和送达的相关法定程序,符合法定程序要求。

2. 案件争议焦点。

如一审法院所总结的,本案件的争议焦点有三个,其中第二个和本节内容密切相关,即关于行政强制执行的程序问题。在此方面,W公司在上诉审中提出的抗辩意见是:一审法院有意回避Z市第一稽查局强制执行决定中未载明强制执行理由与依据,以及Z市第一稽查局先实施强制执行行为、后送达强制执行决定程序违法的客观事实,继而认定Z市第一稽查局的行政强制行为合法,明显认定错误,应予纠正。①一审法院仅提及《催告书》中载明了强制执行的理由与依据,但对Z市第一稽查局作出的××××强扣〔2019〕1号《税收强制执行决定书》中是否载明了强制执行的理由与依据避而不谈。从该《税收强制执行决定书》中可明显看到,该决定书并未载明强制执行的理由与依据,根据《行政强制法》第三十五条、第三十七条规定,《催告书》中是否载明强制执行的理由与依据均不得代替该《税收强制执行决定书》本应载明的强制执行的理由与依据的法定内容,因此,Z市第一稽查局的行为违法。②从《行政强制法》第四章"行政机关强制执行程序"条文编纂的逻辑顺序即已极为明确地表明了强制执行程序存在先催告、后作出强制执行决定、再送达、最后执行的执行顺序。而Z市第一稽查局于2019年5月29日便实施强制扣划的行为,却是在2019年6月3日才将被诉《税收强制执行决定书》送达上诉人,该先扣划后送达决定的行为已明显违法,但一审法院对此并未给予正面回应,避而不谈径直认定Z市第一稽查局的行政强制行为符合法定程序要求,明显错误,应当予以纠正。

被上诉人稽查局则认为:行政强制执行行为是由催告书的作出及送达、强制执行决定书的作出及送达、强制执行措施的实施三个阶段共同组成。Z市第一稽查局在作出本案被诉行政强制扣款执行行为中,已经告知了上诉人W公司所执行的依据和理由,保障了W公司的程序性权利,W公司也已经充分行使了其陈述申辩等权利。在W公司逾期不履行《税务处理决定书》的情况下,Z市第一稽查局作出被诉《税收强制执行决定书》,该行为合法有据,未对上诉人的程序性权利造成任何损害。Z市第一稽查局先扣款后通知的行为符合法律法规的规定。《税收征管法》和《行政强制法》的法律位阶相同,《税收征管法》属于特别法。根据《税收征管法》第四十条第一款第(一)项、第二款规定,在Z市第一稽查局向上诉人催告履行后,因上诉人拒不履行,Z市第一稽查局有权书面通知银行扣缴上诉人所欠缴的税款及滞纳金,而该扣缴税款的行为无须提前告知欠缴税款的纳税人。

3. 法院裁判主旨(二审)。

二审法院认为,关于上诉人上诉主张被诉《税收强制执行决定书》中未载明强制执行理由与依据违法的问题。经审查,《行政强制法》第三十七条第二款规定:"强制执行决定应当以书面形式作出,并载明下列事项:……(二)强制执行的理由和依据……"。《税收征管法实施细则》第一百零七条第(四)项规定:"税务文书的格式由国家税务总局制定。本细则所称税务文书,包括:……(四)税收强制执行决定书……"《国家税务总局关于印发全国统一税收执法文书式样的通知》(国税发〔2005〕179号)下发的全国统一税收执法文书,其中包含了税收强制执行决定书(扣缴税收款项适用),自2006年5月1日起执行。本案被诉《税收强制执行决定书》系依据《国家税务总局关于印发全国统一税收执法文书式样的通知》(国税发〔2005〕179号)附表1中的税收强制执行决定书（扣缴税收款项适用）的格式进行制作，已载明了强制执行的依据是《税收征管法》第四十条规定。本案Z市第一稽查局在作出被诉强制执行决定前已向上诉人送达《催告书》，《催告书》中也已载明W公司在法定期限内不履行××××〔2017〕2号《税务处理决定书》，催告其缴纳税款及滞纳金，逾期仍未履行义务的，将依法强制执行。上诉人进行了陈述申辩，实际上已经知晓了强制执行的理由，故上诉人的上述上诉主张不能成立，法院不予支持。鉴于《国家税务总局关于印发全国统一税收执法文书式样的通知》（国税发〔2005〕179号）施行时，《行政强制法》尚未开始施行，现该文书格式存在一定滞后性，法院将针对上述文书格式问题另行向税务机关提出司法建议。关于上诉人提出Z市第一稽查局先实施强制执行行为后送达强制执行决定，程序违法问题。因本案审查的是被上诉人Z市第一稽查局作出××××强扣〔2019〕1号《税收强制执行决定书》的合法性，而非之后的强制执行行为，上诉人提出的该问题属强制执行行为程序合法性问题，不属本案审查范畴，因此，上诉人的该上诉主张不能成立，不予支持。

4. 案例分析借鉴。

本案针对的是税务处理决定的执行诉讼案件，但因为根据《税收征管法》第八十八条第三款的规定，税务行政处罚的强制执行和税款强制执行一致，在程序上又共同适用《行政强制法》等规定，因此选择此案件来作为强制执行程序的典型案件。整体来看，该案中的税务机关执法程序比较规范，值得其他税务机关研究参考。但是具体来说，纳税人提出的下面两个问题，的确是实务中存在疑惑的地方：

一是《税收强制执行决定书》中未载明强制执行理由与依据。从《行政强制法》角度看，这的确是一个瑕疵。因此，国家税务总局在《关于修订部分税务执法文书的公告》（国家税务总局公告2021年第23号）中对此进行了修改补充，解决了文书样式的这一问题。这也为各级税务机关的执法敲响了警钟，在执法过程中，注意对文书内容的完善和检查，避免出现遗漏和失误，造成执法风险。

二是《税收强制执行决定书》（扣缴税收款项适用）的送达时点。关于《税收强制执行决定书》何时送达当事人以及与何时强制执行的时间关系，《行政强制法》的确没有明确规定。需要注意的是，对于税务机关最常用的通过金融机构的存款扣缴税款和罚款的强制执行的具体流程，目前税务总局在征管方面的操作规范和稽查方面的工作规范规定不同。征管方面的操作规范规定，税务人员在将《扣缴税收款项通知书》送达金融机构并完成款项扣缴之后，然后将《税收强制执行决定书》（扣缴税收款项适用）送达当事人；而稽查方面的工作规范则规定，在将《税收强制执行决定书》（扣缴税收款项适用）送达当事人的同时，向金融机构送达《扣缴税收款项通知书》并视资金情况进行划拨。

四、税务适用操作指南

1. 税务机关向人民法院申请强制执行税务行政处罚决定。

(1) 税务机关能否向人民法院申请强制执行税务行政处罚决定？

虽然《税收征管法》第八十八条和《行政处罚法》第七十二条规定，税务机关对其作出的税务行政处罚决定可以自行强制执行，也可以向人民法院申请强制执行，但根据《行政强制法》第五十三条"当事人在法定期限内不申请行政复议或者提起行政诉讼，又不履行行政决定的，没有行政强制执行权的行政机关可以自期限届满之日起三个月内，依照本章规定申请人民法院强制执行"的规定，也就是说只有没有强制执行权的行政机关，才能向人民法院申请强制执行。在案例8-2中，人民法院虽然裁定不予受理，但其理由不是因为税务机关对税务行政处罚决定有强制权而不适用《行政强制法》第五十三条，而是适用了《行政强制法》第五十三条但税务机关申请的期限超过了法律对申请期限的规定。这个态度其实是认可了《税收征管法》第八十八条第三款"或者申请人民法院强制执行"的规定。最高人民法院的态度也是法院可以受理，[①] 但在实务中也出现了多地法院拒绝受理的情况。若法院拒绝受理，税务机关要及时自行强制执行。

(2) 税务机关在向人民法院申请强制执行过程中应该注意的问题。

对于当地法院接受的，税务机关申请人民法院强制执行罚款应注意三个问题。一是应在自期限届满之日起3个月内向人民法院提出行政强制申请，逾期申请的，除非有正当理由，原则上人民法院将不予受理。[②] 二是申请人民法院强制执行前也要进行催告，且催告书送达10日后才可向人民法院申请强制执

[①] 最高人民法院行政审判庭.最高人民法院行政诉讼法司法解释理解与适用［M］.北京：人民法院出版社，2018：741-742。

[②] 《最高人民法院关于适用〈中华人民共和国行政诉讼法〉的解释》（法释〔2018〕1号）第一百五十六条规定："没有强制执行权的行政机关申请人民法院强制执行其行政行为，应当自被执行人的法定起诉期限届满之日起三个月内提出。逾期申请的，除有正当理由外，人民法院不予受理。"

行。税务机关对向人民法院申请强制执行的催告文书和自行强制执行的催告文书进行了区分，前者式样见图8-2。涉税当事人收到催告书之日起3日内可以提出陈述和申辩，税务机关对陈述和申辩应当进行复核；当事人自愿放弃陈述申辩权利的，税务机关应当作出相应记录。三是应向法院提交行政强制执行申请材料，包括：①强制执行申请书；②行政决定书及作出决定的事实、理由和依据；③当事人的意见及行政机关催告情况；④申请强制执行标的情况；⑤法律、行政法规规定的其他材料。强制执行申请书应当由税务机关负责人签名，加盖税务机关的印章，并注明日期。

_____税务局（稽查局）
催 告 书
（申请人民法院强制执行适用）
_____税强催〔　　〕　　号

_____：（纳税人识别号：　　　　　）
本机关于___年___月___日向你（单位）送达_____，你（单位）_____。根据《中华人民共和国行政强制法》第五十四条规定，现依法向你（单位）催告，请你（单位）自收到本催告书之日起十日内履行下列义务：
1._____
2._____
逾期仍未履行义务的，本机关将依法申请人民法院强制执行。
你（单位）在收到催告书后有权进行陈述和申辩。请你（单位）在收到本催告书之日起三日内提出陈述和申辩，逾期不陈述、申辩的视为放弃陈述和申辩的权利。
联系人：
联系电话：
地　址：
执法人员（检查证号）：

税务机关（印章）
年　月　日

图8-2　《催告书（申请人民法院强制执行适用）》式样

2. 税务机关对税务行政处罚的自行强制执行，可采取间接强制执行的措施，也可以采取直接强制执行的措施。税务机关采取间接强制措施的，可以直接适用《行政处罚法》第七十二条第一款规定的"到期不缴纳罚款的，每日按罚款数额的百分之三加处罚款，加处罚款的数额不得超出罚款的数额"的规定。同时按照《行政强制法》第四十六条的规定，加处罚款超过30天，经催告当事人仍不履行的，税务机关可自行采取直接强制执行措施。税务机关也可以不采用间接强制执行而直接采用直接强制执行措施。税务机关采取直接强制执行措施的，需要注意以下几个问题：

（1）采取直接强制执行的时间。

根据《税收征管法》第八十八条的规定，当事人对税务机关的处罚决定逾期不申请行政复议也不向人民法院起诉、又不履行的，作出处罚决定的税务机关可以采取《税收征管法》第四十条规定的强制执行措施，或者申请人民法院强制执行。因此，一般来说，税务机关需要在涉税当事人既不提起复议也不提起诉讼的情况之下，才能对行政处罚决定开始直接强制执行。一旦当事人提起复议或者提起诉讼，只能等待最终的复议决定和法院判决之后再考虑是否直接强制执行的问题。同时如果当事人提起复议和诉讼，那么加处罚款的数额在行政复议和行政诉讼期间是不予计算的。

（2）采取强制执行前应当催告。

虽然责令限期缴纳税款的税务文书，具有一定催告的效果，但为了避免执法风险，税务机关还是以制作并送达书面《催告书》为妥。《催告书》载明下列事项：①履行义务的期限；②履行义务的方式；③涉及金钱给付的，应当有明确的金额和给付方式；④当事人依法享有的陈述权和申辩权。当事人收到催告书后有权进行陈述和申辩。对当事人提出的事实、理由和证据，应当进行记录、复核。当事人提出的事实、理由或者证据成立的，税务机关应当采纳。税务机关自行强制执行的催告书文书式样如图8-3所示。

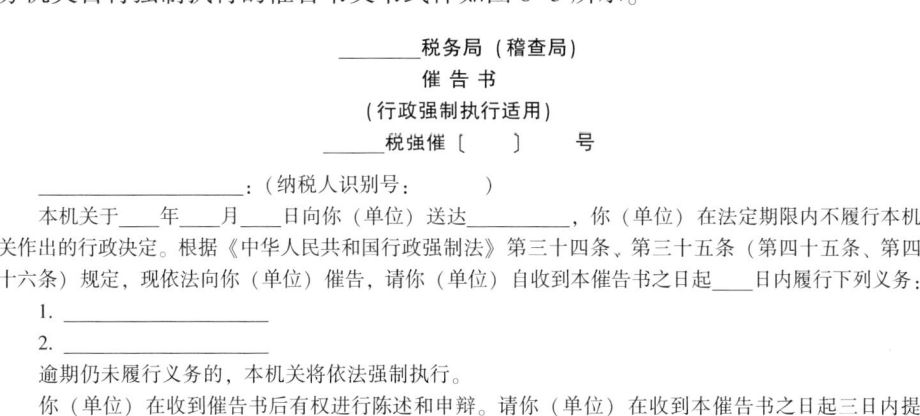

图8-3 《催告书（行政强制执行适用）》式样

(3) 税收行政强制执行决定书的制作。

根据《税收征管法》和《行政强制法》的规定，涉税当事人经催告，逾期仍不履行税务行政处罚决定，且无正当理由的，税务机关可以作出强制执行决定。根据强制执行措施的不同，税收行政强制决定文书也分为两类：税收强制执行决定书（扣缴税收款项适用）和税收强制执行决定书（拍卖/变卖适用）。具体参见图8-4、图8-5。

_____税务局（稽查局）
税收强制执行决定书
（扣缴税收款项适用）
_____税强扣〔　　〕　　号

_____：（纳税人识别号：_____）
　　鉴于你（单位）（地址：_____）_____，根据《中华人民共和国税收征收管理法》_____规定，经_____税务局（分局）局长批准，决定从____年____月____日起从你（单位）_____的存款账户（账号：_____）中扣缴以下款项，缴入国库：
　　税　　　款（大写）：_____（¥　　　）
　　滞　纳　金（大写）：_____（¥　　　）
　　罚　　　款（大写）：_____（¥　　　）
　　没收违法所得（大写）：_____（¥　　　）
　　合　　　计（大写）：_____（¥　　　）
　　如对本决定不服，可自收到本决定之日起六十日内依法向_____申请行政复议，或者自收到本决定之日起六个月内依法向人民法院起诉。

税务机关（印章）
年　月　日

图8-4　《税收强制执行决定书（扣缴税收款项适用）》式样

_____税务局（稽查局）
税收强制执行决定书
（拍卖/变卖适用）
_____税强拍〔　　〕　　号

_____：（纳税人识别号：_____）
　　鉴于你（单位）（地址：_____）_____，根据《中华人民共和国税收征收管理法》_____规定，经_____税务局（分局）局长批准，决定：_____。
　　依法予以拍卖或者变卖，以拍卖或变卖所得抵缴_____。
　　如对本决定不服，可自收到本决定之日起六十日内依法向_____申请行政复议，或者自收到本决定之日起六个月内依法向人民法院起诉。

税务机关（印章）
年　月　日

图8-5　《税收强制执行决定书（拍卖/变卖适用）》式样

3. 文书送达。《行政强制法》规定，催告书、行政强制执行决定书应当直接送达当事人。当事人拒绝接收或者无法直接送达当事人的，应当依照《民事诉讼法》的有关规定送达。《民事诉讼法》规定的送达方式，本书前面已经进行了阐述，本部分不再赘述。需要注意的是，因为《民事诉讼法》进行了修订，自2022年1月1日起，行政强制文书的公告送达视同送达的期限由公告满60日缩短为30日。

4. 税务行政处罚行政强制执行决定文书的具体实施。这部分涉及具体扣缴存款账户、拍卖变卖的做法。扣缴比较简单，只要通知相关的金融机构让其直接划拨就可执行到位。但是拍卖、变卖需要遵守一定的程序和规则。税务机关除了按照《中华人民共和国拍卖法》进行拍卖之外，还须履行一定的行政程序，主要表现在需要遵守国家税务总局制定的部门规章《抵税财物拍卖、变卖试行办法》（国家税务总局令第12号）之中，读者可自行参考，这里不再逐一展开。

第四节　行刑衔接

一、案件移送

（一）《行政处罚法》的规定

第八条第二款　违法行为构成犯罪，应当依法追究刑事责任的，不得以行政处罚代替刑事处罚。

第二十七条　违法行为涉嫌犯罪的，行政机关应当及时将案件移送司法机关，依法追究刑事责任。对依法不需要追究刑事责任或者免予刑事处罚，但应当给予行政处罚的，司法机关应当及时将案件移送有关行政机关。

行政处罚实施机关与司法机关之间应当加强协调配合，建立健全案件移送制度，加强证据材料移交、接收衔接，完善案件处理信息通报机制。

第八十二条　行政机关对应当依法移交司法机关追究刑事责任的案件不移交，以行政处罚代替刑事处罚，由上级行政机关或者有关机关责令改正，对直接负责的主管人员和其他直接责任人员依法给予处分；情节严重构成犯罪的，依法追究刑事责任。

(二) 税法及其他关联规定

1. 《税收征管法》

第七十七条 纳税人、扣缴义务人有本法第六十三条、第六十五条、第六十六条、第六十七条、第七十一条规定的行为涉嫌犯罪的,税务机关应当依法移交司法机关追究刑事责任。

税务人员徇私舞弊,对依法应当移交司法机关追究刑事责任的不移交,情节严重的,依法追究刑事责任。

2. 《行政执法机关移送涉嫌犯罪案件的规定》(国务院令第 730 号修订)

第三条第一款 行政执法机关在依法查处违法行为过程中,发现违法事实涉及的金额、违法事实的情节、违法事实造成的后果等,根据刑法关于破坏社会主义市场经济秩序罪、妨害社会管理秩序罪等罪的规定和最高人民法院、最高人民检察院关于破坏社会主义市场经济秩序罪、妨害社会管理秩序罪等罪的司法解释以及最高人民检察院、公安部关于经济犯罪案件的追诉标准等规定,涉嫌构成犯罪,依法需要追究刑事责任的,必须依照本规定向公安机关移送。

第十一条第一款 行政执法机关对应当向公安机关移送的涉嫌犯罪案件,不得以行政处罚代替移送。

3. 《发票管理办法》

第三十七条 违反本办法第二十二条第二款的规定虚开发票的,由税务机关没收违法所得;虚开金额在 1 万元以下的,可以并处 5 万元以下的罚款;虚开金额超过 1 万元的,并处 5 万元以上 50 万元以下的罚款;构成犯罪的,依法追究刑事责任。

非法代开发票的,依照前款规定处罚。

4. 《税务稽查案件办理程序规定》(国家税务总局令第 52 号发布)

第四十八条 税收违法行为涉嫌犯罪的,填制涉嫌犯罪案件移送书,经税务局局长批准后,依法移送公安机关,并附送以下资料:

(一) 涉嫌犯罪案件情况的调查报告;

(二) 涉嫌犯罪的主要证据材料复制件;

(三) 其他有关涉嫌犯罪的材料。

（三）典型案例解析

案例8-4 温某、张某徇私舞弊不移交刑事案[①]

1. 案件基本情况。

2013年7月27日、28日，S市国家税务局稽查局、L县国家税务局稽查局相继向M市国家税务局发出协查函。函告：A公司、B公司在无真实货物交易的情况下，向M市C公司（以下简称C公司）虚开增值税专用发票。其中，B公司向C公司虚开增值税专用发票共54份，价税合计621万元，税额合计902307.61元；A公司向C公司虚开增值税专用发票共2份，价税合计180万元，税额合计261538.46元（以上增值税专用发票均已抵扣）。同年8月8日，M市国家税务局第一稽查局对C公司涉税问题立案检查，由第一稽查局检查三股负责实施，时任第一稽查局检查三股股长的被告人张某和时任第一稽查局办公室主任兼选案股股长的被告人温某为案件承办人。被告人温某、张某在对C公司涉税问题进行检查时，与C公司实际控制人杨某交往过密，在核查C公司与B公司、A公司是否存在真实的货物交易过程中，放任C公司弄虚作假，C公司提供的资料漏洞百出，被告人温某、张某没有对资料的真伪性审查，也不作任何第三方调查，更没有采取其他有效措施核实交易的真实性。C公司与B公司、A公司存在虚假交易的事实显而易见，依法应认定C公司属于恶意取得增值税专用发票，并将案件移交司法机关处理，但被告人温某、张某在办理案件过程中徇私舞弊，故意放纵C公司的犯罪行为，作出了C公司属于善意取得增值税专用发票，建议追缴该公司增值税专用发票折抵增值税款的结论，然后将案件报送第一稽查局审理股提交第一稽查局审理委员会讨论，最后经集体审理委员会决定以追缴税款的方式结案。

上述事实，有下列证据予以证实……

2. 案件争议焦点。

被告人温某和张某均认为，在查办过程中，其按照企业所提供的资料进行检查，由于疏忽大意，对企业所提供的资料核查得不够认真细致，没有发现这些资料的问题。因此两人作出的稽查结论不以涉嫌犯罪定性而只是作补缴税款的处理，究竟是故意还是因为工作疏忽过失而造成的，成为

[①] （2018）粤0902刑初232号。

本案审理的重点。另外，被告辩护人提出作为税务检查人员，只对违法事实作出处理建议，其不是移送刑事案件的责任人；温某与张某完成对案件的检查后，将案件移交给案件审理股呈报集体讨论，已完成案件的报送职责，不存在隐瞒不报或不移交的情形。因此是否构成"不移交"，成为本案审理的另一个重点。

3. 法院裁判主旨。

对于控辩双方就本案的证据采信和事实认定方面的争议综合分析评价如下：

关于被告人温某、张某是否有徇私舞弊的主观故意的问题。经查，被告人温某、张某在调查C公司涉嫌虚开增值税专用发票的2013年度25号案和26号案时，C公司向温某、张某提供了煤炭购销合同、入货单、记账凭证、应付账款明细账、中国建设银行电子转账凭证、出货单、港口费用结算清单、秤码单、煤炭产品检验服务协议等材料，而上述材料漏洞百出，具体如下：在25号案中，C公司的入货单缺少经手人签名；C公司先后分别与A公司、D公司签订的购、销两份合同，C公司进货价为1500元/吨，而销售价为485元/吨，高买低卖有违常理，且买进价与市场价差别明显；C公司与A公司签订购销合同的时间是2012年5月28日，而秤码单上的时间是2012年5月20日，到货秤码单的日期先于合同的签订的日期，明显不合理；应付账款明细账单的打印时间是2013年9月2日，而C公司提供该明细账单时间是2013年8月10日，提供时间先于打印时间明显造假等。在26号案中，C公司先后分别与B公司、D公司签订的购、销两份合同，合同签订购进价格为345元/吨，而售出价格为350元/吨，与当时市场煤炭价格约600元/吨的价格差距悬殊，且购销每吨差价5元，而港口费用已达1681598.90元，收支上明显亏损，不符合常理；C公司与B公司合同上签订为先付款后供货，而C公司记账凭证显示为先供货后付款，两者相互矛盾；记账凭证中显示C公司于2012年12月27日已付款1207000.00元给D公司，但签订合同的日期却是2013年2月18日，先付货款后签订合同不符合常理；D公司付给C公司的两笔货款总额共计6207330元，与签订合同中的金额630万元不一致；C公司购买的18000吨煤入货日期是2013年3月23日，而出货日期是2013年3月6日，出货日期早于入货日期不合理；结算清单上载明货物是13303.22吨与合同签订的18000吨不相符等。上述所列举的材料漏洞显而易见，并且根据被告人温某、张某的领导冯某、高某、谭某等证人证实，被告人温某、张某均为精通业务、经验丰富的办案骨干，其二人在办理该两宗案件时面对如此多且显而易见的漏洞，两被告人辩称是由于工作上的疏忽大意而没发现，难以令人信服。结合被告人温某、张某在办案过程中与杨某的私密结交行为以及事后多次与杨某外出旅游的行为，可认定被告人温某、张某在办理C公司涉税案件时是出于徇私舞弊的主观故意。故两被告人的辩护人所提两被告人没有徇私舞弊的犯罪主观故意的辩护意见，与查明事实不符，法院不予采纳。

关于被告人温某、张某是否构成不移交刑事案件的问题。被告人张某的辩护人辩称张某作为税务检查人员，只对违法事实作出处理建议，其不是移送刑事案件的责任人；被告人温某的辩护人辩称温某与张某完成对案件的检查后，将案件移交给案件审理股呈报集体讨论，已完成案件的报送职责，不存在隐瞒不报或不移交的情形。我国刑法理论一般认为，所谓不移交刑事案件，对于不同地位的行政执法人员而言，具有不同的意义：对于一般办事人员而言，是指不向中层管理机构移交，或者虽然移交案件，但隐瞒、毁灭证据，伪造材料，改变刑事案件性质；对中层负责人而言，是指不向单位负责人员移交；而对于单位负责人而言，则是指不按规定提交集体讨论决定或不按规定直接向司法机关移交。结合本案，被告人温某、张某作为M市国家税务局的稽查人员，依照章程，在检查案件完毕后，其二人应依法如实作出稽查报告，报送案件审理股再呈报审理委员会讨论决定。作为一般的税务稽查人员，被告人温某、张某明知C公司提供的是虚假材料而隐瞒不报，且将依法应认定为恶意接受虚开增值税专用发票的犯罪行为，认定为善意取得虚开增值税专用发票的行为，改变案件性质，其二人的行为符合徇私舞弊不移交刑事案件犯罪的构成特征，故上述辩护意见理由不充分，法院不予采纳。

关于被告人温某、张某的行为是否造成严重后果的问题。被告人温某的辩护人辩称杨某后来勾结他人大肆虚开增值税专用发票的行为与本案没有刑法上的因果关系。我国刑法理论一般认为，刑法上的因果关系，是指危害行为与危害结果之间的一种引起与被引起的关系。C公司实际控制人杨某事后勾结其他税务机关工作人员，开设多家空壳公司，实施虚开增值税专用发票的犯罪行为所造成的后果，是杨某与他人的危害行为引发的另一危害结果，非由本案所引发的必然结果。本案中被告人温某、张某对于杨某的后续犯罪行为是不可预见的，对杨某伙同他人的犯罪行为不承担法律后果。故公诉机关指控被告人温某、张某因徇私舞弊不移交刑事案件造成严重后果，理据不足，法院不予认定。

关于被告人温某是否构成自首，被告人张某是否具有坦白情节的问题。经以上查明，被告人温某、张某明知C公司提供的是虚假材料而隐瞒不报，擅自改变案件性质，其二人行为均已构成徇私舞弊不移交刑事案件罪。对于其犯罪行为，被告人温某、张某在归案后，拒不交代其主观上有故意或放任C公司造假的犯罪行为，而狡辩是由于工作上的疏忽大意或过失所致。被告人温某、张某未能如实供述自己主观故意犯罪的罪行，不符合《刑法》第六十七条第一款和第三款中"如实供述自己的罪行"的规定。故辩护人提出的被告人温某构成自首，被告人张某有坦白情节的辩护意见，于法无据，法院不予采纳。

法院认为，被告人温某、张某在办理C公司涉嫌虚开增值税专用发票一案中，在明知应将该案移送司法机关追究刑事责任的情况下，徇私舞弊，隐瞒违法事实，改变案件的定性，以致C公司的实际控制人杨某逃脱刑罚，情节严重，其二人行为均已构成徇私舞弊不移交刑事案件罪，依法应在3年以下有期徒刑或者拘役的量刑幅度内处罚。在共同犯罪中，两被告人共同故意实施犯罪行为，均为主犯，依法应当按照其所参与的全部犯罪处罚。依照《刑法》第四百零二条、第二十五条第一款、第二十六条第一款、第四款之规定，判决如下：①被告人温某犯徇私舞弊不移交刑事案件罪，判处有期徒刑1年6个月。②被告人张某犯徇私舞弊不移交刑事案件罪，判处有期徒刑1年6个月。

4. 案例分析借鉴。

本案法院的判决回应了多个问题。首先是关于故意还是过失，法院通过对证据抽丝剥茧式的分析，认为本案件中两检查人员以善意接受虚开定性属于故意，而非工作过失，因此满足徇私舞弊不移交刑事案件罪主观方面的构成要件。对于案件移交的解读，即"我国刑法理论一般认为，所谓不移交刑事案件，对于不同地位的行政执法人员而言，具有不同的意义……"该段的论述值得税务执法人员好好学习。有些税务检查人员可能存在侥幸心理，认为既然已经移交给了审理部门，那最终承担责任的就不会是自己，而且也不是检查人员决定是否移交的。但是，在稽查案件中，证据的取得，以及审理部门审核的证据、作出的最终结论，也是在检查部门提交证据的基础上，以及围绕着稽查报告而展开的，所以源头还是检查。因此"虽然移交案件，但隐瞒、毁灭证据，伪造材料，改变刑事案件性质。"仍然构成徇私舞弊不移交刑事案件中的"不移交"。税务人员在执法过程中，无论处于哪个环节，都应严格按法律法规和各项规定执法，恪守职业道德，依法依规查处涉税违法案件，并按照规定对案件进行定性判断，涉嫌刑事犯罪的必须进行移交。

（四）税务适用操作指南

随着我国行政法制的逐步完善，行政处罚与刑事处罚相衔接的问题已逐步引起国家有关部门的高度重视，为此国务院 2001 年颁布了《行政执法机关移送涉嫌犯罪案件的规定》（国务院令第 310 号），2020 年国务院以国务院令第 730 号进行了修订。该规定对我国所有行使行政处罚的执法机关如何向公安机关移交涉嫌犯罪案件作出了详细规定，这也为税务机关如何移送涉税犯罪案件提供了法律依据。

1. 税务机关移送涉税犯罪案件的范围。

整体来看，税务机关应当移送涉税犯罪的案件范围，应根据刑法的有关规定来判断。《行政执法机关移送涉嫌犯罪案件的规定》规定，行政执法机关在依法查处违法行为过程中，发现违法事实涉及的金额、违法事实的情节、违法事实造成的后果等，根据刑法关于破坏社会主义市场经济秩序罪、妨害社会管理秩序罪等罪的规定和最高人民法院、最高人民检察院关于破坏社会主义市场经济秩序罪、妨害社会管理秩序罪等罪的司法解释以及最高人民检察院、公安部关于经济犯罪案件的追诉标准等规定，涉嫌构成犯罪，依法需要追究刑事责任的，必须依照该规定向公安机关移送。具体来说，税务机关移送的涉税犯罪案件的范围主要是纳税人、扣缴义务人有《税收征管法》第六十三条、第六十五条、第六十六条、第六十七条、第七十一条规定的涉嫌刑事犯罪行为，以及虚开发票的涉嫌刑事犯罪行为。

2. 税务机关移送涉税犯罪案件的标准和程序。

税务机关移送涉税犯罪案件的标准就是涉税犯罪案件的追诉标准，具体可根据刑法的有关规定确定，本书不再赘述。税务机关在查处税收违法行为时，发现违法行为人涉嫌构成犯罪的，应根据《行政执法机关移送涉嫌犯罪案件的规定》的规定进行移送。

3. 税务机关及其执法人员不依法移送涉嫌犯罪案件所应承担的法律责任。

税务机关对应当向公安机关移送的案件不移送，或者以行政处罚代替移送的，或者逾期不将案件材料移送公安机关的，由上级税务机关责令改正，限期移送，并对其正职负责人或者主持工作的负责人根据情节轻重给予行政处分；构成犯罪的，依法追究刑事责任。对直接负责的主管人员和其他直接责任人员，给予行政处分；构成犯罪的，依法追究刑事责任。

对于上述责任人员，违反上述规定构成犯罪的，根据《刑法》第四百零二条规定："行政执法人员徇私舞弊，对依法应当移交司法机关追究刑事责任的不移交，情节严重的，处三年以下有期徒刑或者拘役；造成严重后果的，处三年以上七年以下有期徒刑。"构成徇私舞弊不移交刑事案件罪。徇私舞弊不移交刑事案件罪是指行政执法人员，出于私情私利，伪造材料，隐瞒情况，弄虚作假，对依法应当移交司法机关追究刑事责任的刑事案件，不移交司法机关处理，情节严重的行为。涉嫌下列情形之一的，属于情节严重的行为：依法可能判处3年以上有期徒刑、无期徒刑、死刑的犯罪案件不移交的；3次以上不移交犯罪案件，或者1次不移交犯罪案件涉及3名以上犯罪嫌疑人的；司法机关发现并提出意见后，无正当理由仍然不予移交的；以罚代刑，放纵犯罪嫌疑人，致使犯罪嫌疑人继续进行违法犯罪活动的；行政执法部门主管领导阻止移交的；隐瞒、毁灭证据，伪造材料，改变刑事案件性质的；直接负责的主管人员和其他直接责任人员为牟取本单位私利而不移交刑事案件，情节严重的；其他情节严重的情形。税务干部应当以案例为借鉴，不能犯同样的错误。

依法移送涉嫌犯罪案件是一项涉及多个部门的严肃工作，也是进一步加强税务行政执法力度，根治涉税犯罪行为的一项重要法律制度。税务执法人员应当进一步转变观念，认真学习和掌握《税收征管法》《行政处罚法》《刑法》《行政执法机关移送涉嫌犯罪案件的规定》等法律、法规，并严格依法执行有关规定，切实提高依法治税的水平。

二、行政处罚措施与刑事处罚措施

(一)《行政处罚法》的规定

第三十五条 违法行为构成犯罪，人民法院判处拘役或者有期徒刑时，行政机关已经给予当事人行政拘留的，应当依法折抵相应刑期。

违法行为构成犯罪，人民法院判处罚金时，行政机关已经给予当事人罚款的，应当折抵相应罚金；行政机关尚未给予当事人罚款的，不再给予罚款。

(二) 税法及其关联规定

《行政执法机关移送涉嫌犯罪案件的规定》（国务院令第 730 号修订）

第十一条第三款 依照行政处罚法的规定，行政执法机关向公安机关移送涉嫌犯罪案件前，已经依法给予当事人罚款的，人民法院判处罚金时，依法折抵相应罚金。

(三) 典型案例

案例 8-5　S 省 Z 市国家税务局与 X 有限公司税务行政处罚纠纷上诉案①

1. 案件基本情况。

2004 年 8 月 20 日，Z 市国家税务局（以下简称 Z 市国税局）向 X 公司发出《调取账簿资料通知书》《税务检查通知书》，调取 X 公司 2002 年 1 月 1 日至 2003 年 12 月 31 日期间内的账簿、凭证及其他纳税资料，对 X 公司该期间内涉税情况进行检查。同年 9 月 14 日，Z 市国税局将案件移送公安机关立案侦查。9 月 22 日，被告将账册退还，同时公安机关调走账册。2004 年 10 月 28 日，Z 市国税局在将案件移送公安机关后，又以 X 公司涉嫌偷税立案。2005 年 7 月 18 日，Z 市国税局作出《税务处理决定》，责令原告补缴税款 5203425.33 元；7 月 22 日，Z 市国税局又作出《税务处罚决定》，认定 X 公司行为已构成偷税，依照《税收征管法》第六十三条第一款之规定，决定处罚款 5203425.33 元。X 公司对处罚不服，申请 S 省国家税务局复议，S 省国家税务局经复议维持该处罚决定。2004 年 9 月 15 日，X 公司总经理因涉嫌虚开增值税专用发票罪被 Z 市公安局刑事拘留，10 月 22 日逮捕。12 月 31 日 X 公司法定代

---

① 此案件经搜索，未见案号。但此案件为最高人民法院批复案件，在北大法宝等网站上均可查询。案件原名为：山东省枣庄市国家税务局与枣庄永帮橡胶有限公司税务行政处罚纠纷上诉案。最高人民法院的批复为《最高人民法院关于在司法机关对当事人虚开增值税专用发票罪立案侦查之后刑事判决之前税务机关又以同一事实以偷税为由对同一当事人能否作出行政处罚问题的答复》（〔2008〕行他字第 1 号），该文件写到："山东省高级人民法院：你院《关于枣庄永帮橡胶有限公司诉山东省枣庄市国家税务局税务行政处罚一案的请示》收悉。经研究，答复如下：根据《行政执法机关移送涉嫌犯罪案件的规定》第三条、第五条、第八条、第十一条的规定，税务机关在移送公安机关之前已经给予当事人罚款处罚的，法院在判处罚金时应当折抵罚金。税务机关在发现涉嫌犯罪并移送公安机关进行刑事侦查后，不再针对同一违法行为作出行为罚和申诫罚以外的行政处罚。刑事被告人构成涉税犯罪并被处以人身和财产的刑罚后，税务机关不应再作出罚款的行政处罚。如当事人行为不构成犯罪，则公安机关应将案件退回税务机关；税务机关可依法追究当事人的行政违法责任。此复。"

表人被逮捕。2006年1月4日,某铁路运输中级法院作出刑事判决,以虚开增值税专用发票罪,判处X公司罚金150万元,判处X公司总经理有期徒刑10年。

2. 案件争议焦点。

市国税局在将案件移送公安机关后又对X公司作出行政处罚是否属于程序违法、适用法律错误。

3. 法院裁判主旨。

一审法院认为,本案被告在已发现原告行为涉嫌犯罪并移送公安机关后,司法机关对该违法犯罪行为未作出最后处理之前,对原告作出被诉《税务行政处罚决定书》,违反了《行政处罚法》第七条第二款、第二十八条①和国务院《行政执法机关移送涉嫌犯罪案件的规定》(国务院令第730号修订)第三条、第五条、第八条、第十一条之规定。

《行政处罚法》第二十八条规定:"违法行为构成犯罪,人民法院判处拘役或者有期徒刑时,行政机关已经给予当事人行政拘留的,应当依法折抵相应刑期。违法行为构成犯罪,人民法院判处罚金时,行政机关已经给予当事人罚款的,应当折抵相应罚金。"根据上述规定,对同一违法犯罪行为,原则上只能给予一次刑事法律上的人身罚或财产罚,即使行政机关已经作出人身罚或者财产罚的行政处罚,相关的行政处罚和刑事处罚也必须进行折抵。正因如此,《行政处罚法》第七条第二款和《行政执法机关移送涉嫌犯罪案件的规定》第三条、第五条、第八条、第十一条规定,如果违法行为已构成犯罪,应该依法追究刑事责任的,行政机关不得以行政处罚代替刑事处罚,必须依法向公安机关移送。这些规定说明以下两点:其一,在实体上,有关人身权和财产权的刑事处罚优于行政处罚,相关的行政处罚必须和刑事处罚进行折抵;其二,在程序上,有关人身权和财产权处罚的刑事程序优于行政程序。如果违法行为已构成犯罪,必须依法向公安机关移送。在司法机关对该违法犯罪行为未作出最后处理之前,行政机关如在向公安机关移送之前未作出有关人身权和财产权的行政处罚,则不再针对同一违法行为作出该类行政处罚,否则构成程序违法。

---

① 编者注:2021年1月22日,中华人民共和国第十三届全国人民代表大会常务委员会第二十五次会议修订了《中华人民共和国行政处罚法》,自2021年7月15日起施行,因本案发生于2021年以前,故此处引用的是2021年以前的版本。

本案被告在已发现原告行为涉嫌犯罪并移送公安机关后，应等待司法机关作出处理，如司法机关认定构成犯罪并对原告处以人身和财产的刑罚，被告就不应再作罚款的行政处罚。如原告行为不构成犯罪，依照《行政执法机关移送涉嫌犯罪案件的规定》，公安机关应将本案退回本案被告，被告才可追究原告行政责任，给予行政处罚……被告在将案件移送公安机关后又对原告作出行政处罚，违反前述规定，属程序违法、适用法律错误。

二审法院经审理认为，根据《行政执法机关移送涉嫌犯罪案件的规定》第三条、第五条、第八条、第十一条的规定，行政执法机关在依法查处违法行为过程中，发现违法事实涉嫌构成犯罪，依法需要追究刑事责任的，必须依照规定向公安机关移送，行政执法机关对应当向公安机关移送的涉嫌犯罪案件，不得以行政处罚代替移送。只有依照《行政处罚法》的规定，行政执法机关向公安机关移送涉嫌犯罪案件前，已经依法给予当事人罚款的，人民法院判处罚金时，才依法折抵相应罚金。而本案中，Z市国税局将案件移送公安机关立案侦查后，又以X公司涉嫌偷税立案，并作出罚款的行政处罚决定，不符合上述法律规定。

4. 案例分析借鉴。

这个案例最精彩的说理部分在于一审法院所阐述的刑事优先于民事的两个原则，从而得出结论，即"在司法机关对该违法犯罪行为未作出最后处理之前，行政机关如在向公安机关移送之前未作出有关人身权和财产权的行政处罚，则不再针对同一违法行为作出该类行政处罚，否则构成程序违法。"

（四）税务适用指南

此条款的规定对应的旧《行政处罚法》第二十八条，其中最后一句"行政机关尚未给予当事人罚款的，不再给予罚款"是新增加的条文，也算是吸收了本书案例8-5的宗旨。同时，根据条文的表述，上述新增加的条款只适用在未给予行政处罚的情形。在移交前行政机关是否就不能处以行政处罚了呢？答案应该是可以的，否则就不会存在法院在判决中进行折抵的问题。

"行政机关尚未给予当事人罚款的，不再给予罚款。"的规定强调的只是罚款，如果不是罚款，行政机关是否可以再作出行政处罚？从文义解释角度，应该也是可以的，比如作出停止出口退税权的行政处罚决定，因为刑法没有相对应的刑罚措施。同时，在案例8-5中，一审法院强调的也是"不再针对同一违法行为作出该类行政处罚"，这同一类的应该认为是对应刑罚种类的行政处罚种类，比如同属于限制人身自由类的，但对于像停止出口退税类的资格罚，没有刑罚种类相对应，原则上即使移交给公安机关之后，仍可以作出。

第九章　行政处罚的简易程序

第一节　简易程序的适用条件和内容

一、《行政处罚法》的规定

第五十一条　违法事实确凿并有法定依据，对公民处以二百元以下、对法人或者其他组织处以三千元以下罚款或者警告的行政处罚的，可以当场作出行政处罚决定。法律另有规定的，从其规定。

第五十二条　执法人员当场作出行政处罚决定的，应当向当事人出示执法证件，填写预定格式、编有号码的行政处罚决定书，并当场交付当事人。当事人拒绝签收的，应当在行政处罚决定书上注明。

前款规定的行政处罚决定书应当载明当事人的违法行为，行政处罚的种类和依据、罚款数额、时间、地点，申请行政复议、提起行政诉讼的途径和期限以及行政机关名称，并由执法人员签名或者盖章。

执法人员当场作出的行政处罚决定，应当报所属行政机关备案。

二、税法及其他关联规定

《国家税务总局关于修订税务行政处罚（简易）执法文书的公告》（国家税务总局公告2017年第33号）

一、税务机关依法对公民、法人或者其他组织当场作出行政处罚决定的，使用修订后的《税务行政处罚决定书（简易）》（见附件），不再另行填写《陈述申辩笔录》和《税务文书送达回证》。

三、典型案例解析

案例 9-1 S 省 G 餐饮有限责任公司与国家税务总局 N 县税务局 C 税务分局行政处罚纠纷案①

1. 案件基本情况。

原告系 2014 年 6 月 6 日成立的 G 餐饮有限责任公司（以下简称 G 公司）。被告（C 税务分局）为了工作方便在微信上成立了 C 税务征管群，"C 新世纪财务王某"被被告工作人员赵某邀请进群。2019 年 2 月 11 日至 4 月 22 日，被告工作人员多次在群里提醒要求各企业在 4 月 30 日之前申报城镇土地使用税和房产税的相关信息。

2019 年 4 月 22 日，被告制作了关于原告的税收（规费）违法行为登记表，并制作了责令限期改正通知书。2019 年 4 月 28 日，被告 C 税务分局作出《税务行政处罚决定书（简易）》，认定原告：未按照规定期限办理纳税申报和报送纳税资料，2019 年 4 月 18 日之前未按规定期限报送房产税、城镇土地使用税计税依据，未进行税源信息采集维护，未报送房产、土地相关涉税资料，未进行房产税、城镇土地使用税纳税申报，依据《税收征管法》第六十二条的规定罚款 1000 元，文书中打印了"执法人员已告知我享有陈述、申辩权利，我陈述、申辩如下：其他，经办人刘某"。当天，向原告送达了《税务行政处罚决定书（简易）》，被告工作人员制作的税务文书送达回证显示"送达地点：G 公司吧台，联系不上人，后签收，送达人签名或盖章：丛某、王某，2019 年 4 月 28 日 15 时 58 分"。原告不服被告作出的税务行政处罚决定书，于 2019 年 10 月 14 日诉至法院。

2. 案件争议焦点。

C 税务分局所作出的简易税务行政处罚的程序是否合法？

3. 法院裁判主旨。

一审法院认为：《国家税务总局关于修订税务行政处罚（简易）执法文书的公告》（国家税务总局公告 2017 年第 33 号）规定，使用修订后的《税务行政处罚决定书（简易）》，不再另行制作《陈述申辩笔录》和《税务文书送达回证》。被告作出的《税务行政处罚决定书（简易）》中

---

① （2020）鲁 09 行终 111 号。

包含了告知陈述、申辩权利的内容，因适用简易程序，税务执法人员不需要再另行制作陈述申辩笔录。被告送达《税务行政处罚决定书（简易）》时制作的《税务文书送达回证》也是为了记录被处罚人签收决定书的情况，但仅签署了送达地点和送达人签名或盖章，未完整记录原告签收处罚决定书的情况，程序上有瑕疵，应予纠正。鉴于原告已经收到行政处罚决定书，该瑕疵未实际影响原告的权利义务。

二审法院认为：被上诉人作出的《税务行政处罚决定书（简易）》因适用简易程序，无须另行制作陈述申辩笔录，且已留置送达到上诉人经营场所，虽未完整记录送达情况，但该瑕疵未对上诉人造成实质影响。涉案《税务行政处罚决定书（简易）》无须确认为违法。

4. 案例分析借鉴。

本案例是行政处罚的简易程序在税务行政领域的具体适用，有两个地方对税务执法具有借鉴意义：一是适用简易程序的行政处罚决定是可以留置送达的。适用简易程序的条件是当场作出行政处罚，且处罚决定书当场交付当事人。"当场交付"并不一定代表直接送达，如果当事人愿意签收的，那就是直接送达。如果当事人拒绝签收的，应当在行政处罚决定书上注明，可以留置送达，而本案采用的就是留置送达方式。二是关于陈述、申辩程序的法定性。虽然修订后的《税务行政处罚决定书（简易）》将陈述、申辩笔录合并其中，但只是文书合并，并不代表这个处罚的程序可以省略，税务机关在当场作出行政处罚决定前有义务告知当事人有进行陈述、申辩的权利，当事人进行陈述、申辩的，税务机关要将其记录在《税务行政处罚决定书（简易）》的当事人陈述申辩部分，并在参考当事人陈述申辩的基础上再当场作出税务行政处罚决定。

四、税务适用操作指南

《行政处罚法》第五十一条规定的是简易程序的适用条件，同样适用于税务行政处罚。这里的"当场作出行政处罚"是否必须要求当场调查、核实行政违法事实？从条文的表述以及简易税务行政处罚实践来看，不全是。只要符合《行政处罚法》第五十一条前提条件的，即使不是当场核实税收违法事实，也可以采用简易程序作出处罚决定。

虽然适用简易程序作出行政处罚决定，但有些程序不能省略，这些程序包括：①表明身份，即两名执法人员要向当事人出示执法证件。②告知、陈述和申辩。对当事人进行告知,并听取当事人的陈述、申辩是《行政处罚法》规定的基本法定程序,即使是采用简易程序作出行政处罚也不能省略。本案例中也提到过,虽然税务系统自己的规范性文件将陈述、申辩笔录合并到决定文书中了,但这个步骤不能省。按一般理解,简易程序可以采用口头告知,听取陈述、申辩。① ③制作行政处罚决定书。虽然简易程序的处罚决定书可以采用有预定格式、编有号码的文书,但决定书的基本内容一个也不能少。这主要规定在《行政处罚法》的第五十二条中。④送达程序。送达是当场交付,当事人拒绝接收的,可以采用留置送达的方式,但需要在文书中注明。⑤备案。执法人员当场作出的行政处罚决定,应当报所属行政机关备案。这一条对税务机关也同样适用。

税务机关采用简易程序作出行政处罚决定的,可以参考适用《税务行政处罚决定书(简易)》,该文书式样现在沿用的是《国家税务总局关于修订部分税务执法文书的公告》(国家税务总局公告 2021 年第 23 号)中确立的样式,如图 9-1 所示。其中的经办人,是能代表被处罚人陈述申辩及签收文书的人员,被处罚人是单位的,要同时加盖单位公章。

税务局(稽查局)
税务行政处罚决定书(简易)
税简罚〔　〕号

被处罚人名称			
被处罚人证件名称		证件号码	
处罚地点		处罚时间	
违法事实及处罚依据			
缴纳方式	□1. 当场缴纳; □2 限十五日内到　　　　　　　　　缴纳。		
罚款金额	(大写)＿＿＿＿＿＿＿＿¥＿＿＿＿＿＿＿＿		

---

① 袁雪石. 中华人民共和国行政处罚法释义 [M]. 北京:中国法制出版社,2021:303.

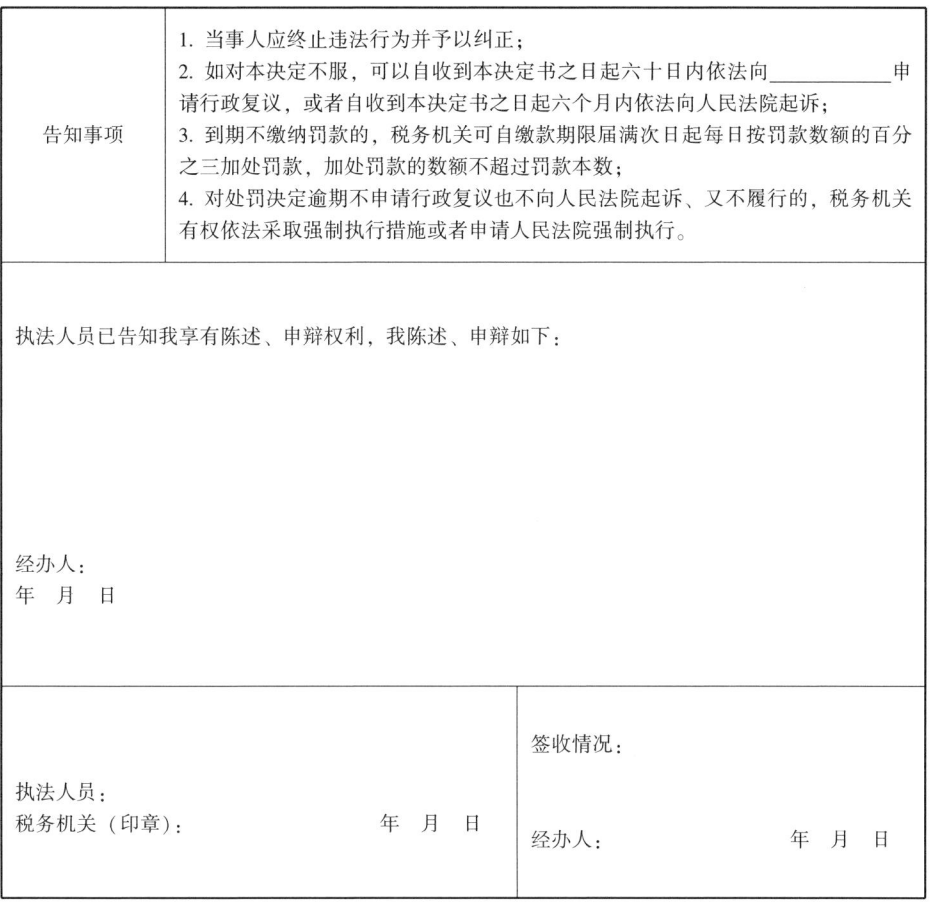

图9-1 《税务行政处罚决定书（简易）》式样

第二节 简易程序行政处罚的履行与执行

一、《行政处罚法》的规定

第五十三条 对当场作出的行政处罚决定，当事人应当依照本法第六十七条至第六十九条的规定履行。

第六十七条 作出罚款决定的行政机关应当与收缴罚款的机构分离。

除依照本法第六十八条、第六十九条的规定当场收缴的罚款外，作出行政处罚决定的行政机关及其执法人员不得自行收缴罚款。

当事人应当自收到行政处罚决定书之日起十五日内，到指定的银行或者通过电子支付系统缴纳罚款。银行应当收受罚款，并将罚款直接上缴国库。

第六十八条 依照本法第五十一条的规定当场作出行政处罚决定，有下列情形之一，执法人员可以当场收缴罚款：

（一）依法给予一百元以下罚款的；

（二）不当场收缴事后难以执行的。

第六十九条 在边远、水上、交通不便地区，行政机关及其执法人员依照本法第五十一条、第五十七条的规定作出罚款决定后，当事人到指定的银行或者通过电子支付系统缴纳罚款确有困难，经当事人提出，行政机关及其执法人员可以当场收缴罚款。

二、税务适用操作指南

对于通过简易程序作出行政处罚决定的履行与执行，除了传统的缴纳与执行方式之外，也例外地包含着一些比较简单的缴纳和执行方式。总的来说这些方式包括：

1. 电子支付缴纳。实务中，大部分小额税款和罚款都是通过电子税务局来进行缴纳的，期限为收到行政处罚决定书之日起15日内。

2. 到指定的银行缴纳。期限为收到行政处罚决定书之日起15日内。

以上两种缴纳方式都是传统的缴纳方式，仍然遵循了罚缴分离原则。

3. 当场收缴。当场收缴是罚缴分离原则的例外，因此有严格的适用条件，须满足以下条件之一：①依法给予一百元以下罚款的；②不当场收缴事后难以执行的；③在边远、水上、交通不便地区，当事人到指定的银行或者通过电子支付系统缴纳罚款确有困难，且经当事人提出申请的。是否是当场收缴，在《税务行政处罚决定书（简易）》文书中可以得以体现。

4. 关于强制执行，和普通行政处罚决定并无差异，参见行政处罚的执行章节，这里不再重复。

第十章 行政处罚的监督和责任机制

第一节 行政处罚的行政监督和社会监督

一、《行政处罚法》的规定

第七十五条 行政机关应当建立健全对行政处罚的监督制度。县级以上人民政府应当定期组织开展行政执法评议、考核,加强对行政处罚的监督检查,规范和保障行政处罚的实施。

行政机关实施行政处罚应当接受社会监督。公民、法人或者其他组织对行政机关实施行政处罚的行为,有权申诉或者检举;行政机关应当认真审查,发现有错误的,应当主动改正。

二、税法及其他关联规定

(一)《国务院关于进一步贯彻实施〈中华人民共和国行政处罚法〉的通知》(国发〔2021〕26号)

六、加强对实施行政处罚的监督

(十五)强化行政执法监督。要加快建设省市县乡四级全覆盖的行政执法协调监督工作体系,创新监督方式,强化全方位、全流程监督,提升行政执法质量。要完善执法人员资格管理、执法行为动态监测、行政处罚案卷评查、重大问题调查督办、责任追究等制度机制,更新行政处罚文书格式文本,完善办案信息系统,加大对行政处罚的层级监督力度,切实整治有案不立、有案不移、久查不结、过罚不当、急于执行等顽瘴痼疾,发现问题及时整改;对行政处罚实施过程中出现的同类问题,及时研究规范。要完善评议考核、统计分析制度,不得以处罚数量、罚没数额等指标作为主要考核依据。要综合评估行政处罚对维护经济社会秩序,保护公民、法人或者其他组织合法权益,提高政府管理效能的作用,探索建立行政处罚绩效评估制度。各级人民政府要不断加强行政执法协调监督队伍建设,确保力量配备、工作条件、能力水平与工作任务相适应。

(二)《纳税服务投诉管理办法》(国家税务总局公告2019年第27号)

第十二条 侵害纳税人合法权益的其他投诉,是指纳税人认为税务机关及其工作人员在履行纳税服务职责过程中未依法执行税收法律法规等相关规定,侵害纳税人的合法权益而进行的其他投诉。

三、税务适用操作指南

税务机关作出的行政处罚决定如果违反《行政处罚法》的相关规定,虽然最终能够通过行政诉讼加以纠正,但是行政诉讼历经时间长,而且如果只是违反法定程序之类的,也不能在最终意义上解决纠纷。如果可以充分利用行政监督和社会监督,则可以节约司法资源,减轻司法机关压力。更为重要的是,税务机关内部的行政监督更了解税务违法违规行为的特点和性质,更容易判断行政行为的违法性。另外,司法机关只是对税务行政处罚的合法性作出审理、判决,一般不会关注合理性,但行政监督既可以关注合法性问题,也可以关注合理性问题。可见,在国家治理现代化背景下,行政监督在某些情况下更符合国家治理现代化的要求。2021年,中共中央办公厅、国务院办公厅印发的《关于进一步深化税收征管改革的意见》(以下简称《意见》)提出持续深化拓展税收共治格局,既要加强部门协作,又要加强社会协同,税收工作要深度融入国家治理,与政治、经济、社会、文化和民生等各领域息息相关,深化税收征管改革需要各方面的支持、配合和保障。认真落实税务行政处罚的行政监督和社会监督是落实《意见》的重要体现。其中行政监督主要是税务系统内部的督察审计和外部监督部门的督察审计;社会监督主要是行政相对人的举报与投诉等请求行为。

税务系统内部的执法督察一直着眼于税务行政处罚的合法性与合理性督察。尤其是税务稽查工作中的税务行政处罚决定,一直是税务执法督察的重点关注内容,不仅关注税务行政处罚中的形式要件,而且关注实质要件。在形式要件方面,重点关注行政处罚决定的听证、送达等程序是否符合法律规定以及是否告知了陈述申辩权利和申请复议的权利。在实质要件方面,重点关注纳税人的税收违法行为是否具有违反法律、法规或者规章的事实和证据、行政处罚的种类和依据是否准确以及行政处罚的履行方式和期限是否明确。

第二节 行政处罚的复议、诉讼与国家赔偿

一、《行政处罚法》的规定

第七条 公民、法人或者其他组织对行政机关所给予的行政处罚，享有陈述权、申辩权；对行政处罚不服的，有权依法申请行政复议或者提起行政诉讼。

公民、法人或者其他组织因行政机关违法给予行政处罚受到损害的，有权依法提出赔偿要求。

二、税法及其他关联规定

1.《税收征管法》

第八条第四款 纳税人、扣缴义务人对税务机关所作出的决定，享有陈述权、申辩权；依法享有申请行政复议、提起行政诉讼、请求国家赔偿等权利。

第八十八条第二款 当事人对税务机关的处罚决定、强制执行措施或者税收保全措施不服的，可以依法申请行政复议，也可以依法向人民法院起诉。

2.《行政复议法》《税务行政复议规则》（编者略）

3.《行政诉讼法》《国家税务总局关于印发〈税务行政应诉工作规程〉的通知》（税总发〔2017〕135号）（编者略）

4.《国家赔偿法》等相关条文（编者略）

三、税务适用指南

虽然行政相对人提出复议、诉讼以及国家赔偿请求属于很重要的且最为正式的监督程序，也是行政相对人获得法律救济的重要途径。但此部分主要涉及《行政复议法》《行政诉讼法》及《国家赔偿法》在行政处罚上的适用问题，而行政处罚作为一种典型的具体行政行为，在这些领域的适用并不具有特殊性。同时，《行政处罚法》本身也没有过多聚焦相关制度，而仅仅提及行政相对人有相关的权利，考虑此权利的行使和复议、诉讼和国家赔偿的制度息息相关，远远超过了《行政处罚法》内容的本身，因此本书不再予以展开。当然，在具体处理行政处罚的复议和诉讼过程中，税务干部一定要重视诸如《税务行政复议规则》

《税务行政应诉工作规程》等税务部门规章和其他规范性文件的适用。

第三节 行政处罚的责任机制

一、罚没财物的处置

(一)《行政处罚法》的规定

第七十四条 除依法应当予以销毁的物品外,依法没收的非法财物必须按照国家规定公开拍卖或者按照国家有关规定处理。

罚款、没收的违法所得或者没收非法财物拍卖的款项,必须全部上缴国库,任何行政机关或者个人不得以任何形式截留、私分或者变相私分。

罚款、没收的违法所得或者没收非法财物拍卖的款项,不得同作出行政处罚决定的行政机关及其工作人员的考核、考评直接或者变相挂钩。除依法应当退还、退赔的外,财政部门不得以任何形式向作出行政处罚决定的行政机关返还罚款、没收的违法所得或者没收非法财物拍卖的款项。

(二) 税法及其他关联规定

1.《税收征管法》

第七十五条 税务机关和司法机关的涉税罚没收入,应当按照税款入库预算级次上缴国库。

2.《违反行政事业性收费和罚没收入收支两条线管理规定行政处分暂行规定》(国务院令第281号)

第八条 下达或者变相下达罚没指标的,对直接负责的主管人员和其他直接责任人员给予降级或者撤职处分。

第十四条 不按照规定将行政事业性收费缴入国库或者预算外资金财政专户的,对直接负责的主管人员和其他直接责任人员给予记大过处分;情节严重的,给予降级或者撤职处分。

不按照规定将罚没收入上缴国库的,依照前款规定给予处分。

3.《政府非税收入管理办法》(财税〔2016〕33号)

第三条 本办法所称非税收入,是指除税收以外,由各级国家机关、事业单位、代行政府职能的社会团体及其他组织依法利用国家权力、政府信誉、国有资源（资产）所有者权益等取得的各项收入。具体包括：

……

（三）罚没收入；

……

第十四条 各级财政部门应当加强非税收入执收管理和监督，不得向执收单位下达非税收入指标。

第十七条 非税收入应当全部上缴国库，任何部门、单位和个人不得截留、占用、挪用、坐支或者拖欠。

第十八条 非税收入收缴实行国库集中收缴制度。

4.《罚没财物管理办法》（财税〔2020〕54号）

第十六条 执法机关依法取得的罚没物品，除法律、行政法规禁止买卖的物品或者财产权利、按国家规定另行处置外，应当按照国家规定进行公开拍卖。公开拍卖应当符合下列要求……

第二十四条 罚没收入属于政府非税收入，应当按照国库集中收缴管理有关规定，全额上缴国库，纳入一般公共预算管理。

（三）税务适用操作指南

在税务行政处罚中，对于非法财物，处置方式主要包含了销毁和拍卖两种方式。拍卖取得的收入和罚款一样，统称为罚没收入，在财政分类上属于非税收入，遵从非税收入的相关管理规定。

1. 销毁。根据《罚没财物管理办法》（财税〔2020〕54号），淫秽、反动物品，非法出版物，有毒有害的食品药品及其原材料，危害国家安全以及其他有社会危害性的物品，以及法律法规规定应当销毁的，应当由执法机关予以销毁。对难以变卖且无经济价值或者其他价值的，可以由执法机关、政府公物仓予以销毁。属于应销毁的物品经无害化或者合法化处理，丧失原有功能后尚有经济价值的，可以由执法机关、政府公物仓作为废旧物品变卖。

2. 拍卖。无论《行政处罚法》还是《罚没财物管理办法》，都要求除非法律、法规有特别规定，没收的非法财物原则上要予以拍卖。同时，根据《拍卖法》，国家行政机关依法没收的物品，充抵税款、罚款的物品和其他物品，按照国务院规定应当委托拍卖的，由财产所在地的省、自治区、直辖市的人民政府和设区的市的人民政府指定的拍卖人进行拍卖。因此，税务行政处罚中,对于依法没收的非法财物,税务机关可以遵照《拍卖法》进行拍卖。同时也要遵守《罚没财物管理办法》(财税〔2020〕54号)中设置的相关拍卖规则。

3. 罚没收入的上缴。处分非法财物所获得的收入和罚款一起,统称为罚没收入。罚没收入在财政分类上属于非税收入,必须全额上缴国库,纳入一般公共预算管理。涉税罚没措施的主体主要是税务机关和司法机关,其罚没收入全部上缴国库,任何行政机关或者个人不得以任何形式截留、私分或者变相私分,财政部门不能私自返还给执收单位。但获得罚没收入不是行政管理的本来目的,因此,不能给执收单位下达罚没指标,将罚没收入的多少和行政机关及其工作人员的考核、考评直接或者变相挂钩,从而导致行政管理的本末倒置。

根据《税收征管法》第五十三条:"国家税务局和地方税务局应当按国家规定的税收征收管理范围和税款入库预算级次,将征收的税款缴入国库。对审计机关、财政机关依法查出的税收违法行为,税务机关应当根据有关机关的决定、意见书,依法将应收的税款、滞纳金按照税款入库预算级次缴入国库,并将结果及时回复有关机关"。同时,第七十五条规定:"税务机关和司法机关的涉税罚没收入,应当按照税款入库预算级次上缴国库。"也就是说,税务机关和司法机关的涉税罚没收入,是按照税款的入库预算级次上缴国库的。关于税款、滞纳金和罚没收入的预算级次,各个税种有不同的规定。中央和地方之间的税收收入划分有明确的标准,各方监管也比较严格,容易出现问题的是省以下各级预算部门预算收入的划分,上级侵占下级的情况时有发生,这是未来预算体制改革的难点,也是税务领域关于风险防控的重点。

二、责任形式和责任内容

(一)《行政处罚法》的规定

第七十六条 行政机关实施行政处罚,有下列情形之一,由上级行政机关或者有关机关责令改正,对直接负责的主管人员和其他直接责任人员依法给予处分:

(一)没有法定的行政处罚依据的;

(二)擅自改变行政处罚种类、幅度的;

(三)违反法定的行政处罚程序的;

(四)违反本法第二十条关于委托处罚的规定的;

(五)执法人员未取得执法证件的。

行政机关对符合立案标准的案件不及时立案的，依照前款规定予以处理。

第七十七条　行政机关对当事人进行处罚不使用罚款、没收财物单据或者使用非法定部门制发的罚款、没收财物单据的，当事人有权拒绝，并有权予以检举，由上级行政机关或者有关机关对使用的非法单据予以收缴销毁，对直接负责的主管人员和其他直接责任人员依法给予处分。

第七十八条　行政机关违反本法第六十七条的规定自行收缴罚款的，财政部门违反本法第七十四条的规定向行政机关返还罚款、没收的违法所得或者拍卖款项的，由上级行政机关或者有关机关责令改正，对直接负责的主管人员和其他直接责任人员依法给予处分。

第七十九条　行政机关截留、私分或者变相私分罚款、没收的违法所得或者财物的，由财政部门或者有关机关予以追缴，对直接负责的主管人员和其他直接责任人员依法给予处分；情节严重构成犯罪的，依法追究刑事责任。

执法人员利用职务上的便利，索取或者收受他人财物、将收缴罚款据为己有，构成犯罪的，依法追究刑事责任；情节轻微不构成犯罪的，依法给予处分。

第八十条　行政机关使用或者损毁查封、扣押的财物，对当事人造成损失的，应当依法予以赔偿，对直接负责的主管人员和其他直接责任人员依法给予处分。

第八十一条　行政机关违法实施检查措施或者执行措施，给公民人身或者财产造成损害、给法人或者其他组织造成损失的，应当依法予以赔偿，对直接负责的主管人员和其他直接责任人员依法给予处分；情节严重构成犯罪的，依法追究刑事责任。

第八十二条　行政机关对应当依法移交司法机关追究刑事责任的案件不移交，以行政处罚代替刑事处罚，由上级行政机关或者有关机关责令改正，对直接负责的主管人员和其他直接责任人员依法给予处分；情节严重构成犯罪的，依法追究刑事责任。

第八十三条　行政机关对应当予以制止和处罚的违法行为不予制止、处罚，致使公民、法人或者其他组织的合法权益、公共利益和社会秩序遭受损害的，对直接负责的主管人员和其他直接责任人员依法给予处分；情节严重构成犯罪的，依法追究刑事责任。

（二）税法及其他关联规定

1.《税收违法违纪行为处分规定》（监察部　人力资源和社会保障部　国家税务总局令第26号）

第十七条 有下列行为之一的,对有关责任人员,给予记大过处分;情节较重的,给予降级或者撤职处分;情节严重的,给予开除处分:

……

(二)向纳税人、扣缴义务人通风报信、提供便利或者以其他形式帮助其逃避税务行政处罚的;

……

税务人员有前款第(二)项所列行为的,从重处分。

2.《国家税务总局关于印发〈2012年税务系统执法监察和效能监察工作要点〉的通知》(国税函〔2012〕138号)

二、加强对税收执法权、行政管理权重点岗位和关键环节的执法监察。

(一)围绕税额核定、增值税一般纳税人认定、发票管理、纳税评估、税务稽查、行政处罚等税收执法环节和涉税审批事项,加强执法监察。

3.《违反行政事业性收费和罚没收入收支两条线管理规定行政处分暂行规定》(国务院令第281号)

第十条 违反财政票据管理规定实施行政事业性收费、罚没的,对直接负责的主管人员和其他直接责任人员给予降级或者撤职处分;以实施行政事业性收费、罚没的名义收取钱物,不出具任何票据的,给予开除处分。

第十一条 违反罚款决定与罚款收缴分离的规定收缴罚款的,对直接负责的主管人员和其他直接责任人员给予记大过或者降级处分。

第十六条 截留、挪用、坐收坐支行政事业性收费、罚没收入的,对直接负责的主管人员和其他直接责任人员给予降级处分;情节严重的,给予撤职或者开除处分。

第十七条 违反规定,将行政事业性收费、罚没收入用于提高福利补贴标准或者扩大福利补贴范围、滥发奖金实物、挥霍浪费或者有其他超标准支出行为的,对直接负责的主管人员和其他直接责任人员给予记大过处分;情节严重的,给予降级或者撤职处分。

4.《政府非税收入管理办法》(财税〔2016〕33号)

第二十四条 除财政部另有规定以外,执收单位征收非税收入,应当向缴纳义务人开具财政部或者省级财政部门统一监(印)制的非税收入票据。

对附加在价格上征收或者需要依法纳税的有关非税收入,执收单位应当按规定向缴纳义务人开具税务发票。

不开具前款规定票据的,缴纳义务人有权拒付款项。

5.《刑法》

第三百八十二条 【贪污罪】国家工作人员利用职务上的便利,侵吞、窃取、骗取或者以其他手段非法占有公共财物的,是贪污罪。

第三百九十六条第二款 【私分罚没财物罪】司法机关、行政执法机关违反国家规定,将应当上缴国家的罚没财物,以单位名义集体私分给个人的,依照前款的规定处罚。

第三百九十七条 【滥用职权罪】【玩忽职守罪】国家机关工作人员滥用职权或者玩忽职守,致使公共财产、国家和人民利益遭受重大损失的,处三年以下有期徒刑或者拘役;情节特别严重的,处三年以上七年以下有期徒刑。本法另有规定的,依照规定。

国家机关工作人员徇私舞弊,犯前款罪的,处五年以下有期徒刑或者拘役;情节特别严重的,处五年以上十年以下有期徒刑。本法另有规定的,依照规定。

第四百零二条 【徇私舞弊不移交刑事案件罪】行政执法人员徇私舞弊,对依法应当移交司法机关追究刑事责任的不移交,情节严重的,处三年以下有期徒刑或者拘役;造成严重后果的,处三年以上七年以下有期徒刑。

(三) 典型案例解析

案例 10-1 温某、张某徇私舞弊不移交刑事案①

1. 案件基本情况。
2. 案件争议焦点。
3. 法院判决主旨。

以上部分均同"行刑衔接"部分案例 8-4 内容相同,此处不再重复。

4. 案例分析借鉴。

刑法中的涉税犯罪包含两个方面:一是危害税收管理秩序的犯罪,主要是针对涉税当事人,在涉税当事人履行纳税义务中发生税收违法违规行为,达到刑事立案标准而承担的罪名。二是渎职和贪污贿赂犯罪,主要是针对税务人员,对税务人员依法履行职务中不作为、乱作为,达到刑事立案标准承担的罪名。一般情况下,二者是泾渭分明的。使二者发生重要联系的是渎职罪中的徇私舞弊不移交刑事案件罪,税务人员徇私舞弊不移交

---

① (2018)粤 0902 刑初 232 号。

刑事案件罪中，所谓徇私舞弊一定是与税收管理行为或者说与职权相关的徇私舞弊，因此不移交的刑事案件也仅限于危害税收管理秩序犯罪的各个罪名。如果税务机关负责人发现税务人员涉嫌盗窃罪，虽然也未向司法机关报告，但因未涉及职务，未移交的并不是危害税收管理秩序的各项涉嫌犯罪，因此也就不构成徇私舞弊不移交刑事案件罪。这是徇私舞弊不移交刑事案件罪的核心要义，也是在整个涉税犯罪体系中的作用和意义。

（四）税务适用操作指南

税务人员的不作为或乱作为，存在渎职的风险。这种渎职的风险既可能引起内部责任追究，也可能引起行政责任，甚至刑事责任的追究。

1. 内部责任追究是指，根据税收执法考评与过错责任追究相关办法追究执法责任。税收执法风险是发端于税务机关，在税务人员执法过程中发生的错误行为而引发的或然性不良后果，这里面的关键词有两个，即错误行为和不良后果。税收执法过错，是指税收执法人员因故意或者过失，导致税收执法行为违法或者不履行法定职责的情形。在实施税务行政处罚过程中，检查是否存在税收执法过错的情形主要重点关注：是否存在不作为情形；税收执法主体资格是否符合规定；税收执法人员是否取得执法资格；税收执法是否符合执法权限；税收执法适用依据是否正确；税收执法程序是否合法；税收执法文书使用是否规范；税收执法认定的事实是否清楚，证据是否充分；税收执法决定是否合法、完整、适当；制定规范性文件是否合法合规；等等。对税务行政处罚中存在的税收执法过错应进行责任追究。具体责任追究的形式包括：批评教育；责令作出书面检查；通报批评；取消评选先进的资格；责令待岗；调离执法岗位；取消执法资格。上述追究形式可以单独适用，也可以合并适用，是一种内部处理。税收执法过错责任追究由具有人事管理权的税务机关组织实施，实施机关税收执法责任制工作领导小组办公室应当根据税收执法过错责任人的过错事实、情节、后果和责任程度，提出适用税收执法过错责任追究形式的意见，经税收执法责任制工作领导小组办公室主任签批后，责成主管部门执行。涉及特殊、重大事项的，提请税收执法责任制工作领导小组研究审议。

2. 《行政处罚法》中的"处分"，指的是行政责任的追究。在追究行政责任时，除了《行政处罚法》和《中华人民共和国公务员法》之外，依据的文件主要还包括《税收违法违纪行为处分规定》（监察部 人力资源和社会保障部 国家税务总局令第26号）。违法行为主要分为以下四种情形：一是违反规定开具完税凭证、罚没凭证的,对有关责任人员,给予警告或者记过处分;情节较重的,给予记大过或者降级处分;情节严重的,给予撤职处分。二是对管辖范围内的税收违法行为,发现后不予处理或者故意拖延查处,致使国家税收遭受损失的,对有关责任人员,给予记过或者记大过处分;情节较重的,给予降级或者撤职处分;情节严重的,给予开除处分。三是税务机关私分、挪用、截留、非法占有税款、滞纳金、罚款或者查封、扣押的财物以及纳税担保财物的,对有关责任人员,给予记大过处分;情节较重的,给予降级或者撤职处分;情节严重的,给予开除处分。四是向纳税人、扣缴义务人通风报信、提供便利或者以其他形式帮助其逃避税务行政处罚的,对有关责任人员,给予记大过处分;情节较重的,给予降级或者撤职处分;情节严重的,给予开除处分。

3. 在追究刑事责任时,主要存在以下犯罪:①贪污罪和私分罚没物品罪。税务行政处罚主要包括罚款、没收违法所得、没收非法财物和停止出口退税等,存在贪污罪和私分罚没物品罪风险的税务行政处罚方式主要是罚款、没收违法所得和没收非法财物。根据《行政强制法》和《罚没财物管理办法》(财税〔2020〕54号)的规定,依法取得的罚没物品,除法律、行政法规禁止买卖的物品或者财产权利、按国家规定另行处置外,应当按照国家规定进行公开拍卖。依法拍卖财物,由人民法院委托拍卖机构依照《拍卖法》的规定办理。划拨的存款、汇款以及拍卖和依法处理所得的款项应当上缴国库或者划入财政专户,不得以任何形式截留、私分或者变相私分。税务机关违反上述规定,截留、私分罚款和没收的违法所得和非法财物的,就会存在贪污罪和私分罚没物品罪的风险。需要注意的是,私分罚没财物罪是单位犯罪,如果是领导人私下瓜分罚没财物,而不是以单位的名义分发给内部工作人员,应以贪污罪定罪处罚。②滥用职权、玩忽职守犯罪。根据《刑法》第三百九十七条规定,国家机关工作人员滥用职权或者玩忽职守,致使公共财产、国家和人民利益遭受重大损失的,处3年以下有期徒刑或者拘役;情节特别严重的,处3年以上7年以下有期徒刑。税务行政处罚中,要判断税务人员是否存在滥用职权、玩忽职守犯罪风险的关键要素有两个:一是如何判定职权?违反《行政处罚法》和税收法律法规关于税务行政处罚职权的规定,当然可以确定为违反职权;违反规章的规定,也可以作为违反职权的参考;违反税收规范性文件关于税务行政处罚的规定,是否作为判断违反职权的依据则需要具体问题具体分析。尤其是省以下税务机关制定的规范性文件,因为各地标准不统一,为保证立法的统一性、普遍性和法律执行的公平性,笔者认为不宜作为判断渎职犯罪的标准,只在追究渎职行为的行政责任时考虑。二是如何判定造成重大损失。根据《最高人民法院　最高人民检察院关于办理渎职刑事案件适用法律若干问题的解释（一）》（法释〔2012〕18号），造成经济损失达30万元以上的，视为"致使公共财产、国家和人民利益遭受重大损失"，所谓经济损失是指渎职犯罪或者与渎职犯罪相关联的犯罪立案时已经实际造成的财产损失。③徇私舞弊不移交刑事案件罪。徇私舞弊不移交刑事案件罪属于滥用职权犯罪中的特殊类别犯罪。根据《刑法》第四百零二条，行政执法人员徇私舞弊，对依法应当移交司法机关追究刑事责任的不移交，情节严重的，处3年以下有期徒刑或者拘役；造成严重后果的，处3年以上7年以下有期徒刑。判断徇私舞弊不移交刑事案件罪的关键在于判断税务行政处罚中涉及的税收违法违规行为是否同时构成犯罪，此时需要以刑法规定的构成要件作为判断标准。

附录

中华人民共和国行政处罚法（新旧对照）

行政处罚法（2017年修正）	行政处罚法（2021年修正）
第一章　总则	第一章　总则
第一条　为了规范行政处罚的设定和实施，保障和监督行政机关有效实施行政管理，维护公共利益和社会秩序，保护公民、法人或者其他组织的合法权益，根据宪法，制定本法。	**第一条**　为了规范行政处罚的设定和实施，保障和监督行政机关有效实施行政管理，维护公共利益和社会秩序，保护公民、法人或其他组织的合法权益，根据宪法，制定本法。
	第二条　行政处罚是指行政机关依法对违反行政管理秩序的公民、法人或者其他组织，以减损权益或者增加义务的方式予以惩戒的行为。
第二条　行政处罚的设定和实施，适用本法。	**第三条**　行政处罚的设定和实施，适用本法。
第三条　公民、法人或者其他组织违反行政管理秩序的行为，应当给予行政处罚的，依照本法由法律、法规或者规章规定，并由行政机关依照本法规定的程序实施。 没有法定依据或者不遵守法定程序的，行政处罚无效。	**第四条**　公民、法人或者其他组织违反行政管理秩序的行为，应当给予行政处罚的，依照本法由法律、法规、规章规定，并由行政机关依照本法规定的程序实施。
第四条　行政处罚遵循公正、公开的原则。 设定和实施行政处罚必须以事实为依据，与违法行为的事实、性质、情节以及社会危害程度相当。 对违法行为给予行政处罚的规定必须公布；未经公布的，不得作为行政处罚的依据。	**第五条**　行政处罚遵循公正、公开的原则。 设定和实施行政处罚必须以事实为依据，与违法行为的事实、性质、情节以及社会危害程度相当。 对违法行为给予行政处罚的规定必须公布；未经公布的，不得作为行政处罚的依据。
第五条　实施行政处罚，纠正违法行为，应当坚持处罚与教育相结合，教育公民、法人或者其他组织自觉守法。	**第六条**　实施行政处罚，纠正违法行为，应当坚持处罚与教育相结合，教育公民、法人或者其他组织自觉守法。
第六条　公民、法人或者其他组织对行政机关所给予的行政处罚，享有陈述权、申辩权；对行政处罚不服的，有权依法申请行政复议或者提起行政诉讼。 公民、法人或者其他组织因行政机关违法给予行政处罚受到损害的，有权依法提出赔偿要求。	**第七条**　公民、法人或者其他组织对行政机关所给予的行政处罚，享有陈述权、申辩权；对行政处罚不服的，有权依法申请行政复议或者提起行政诉讼。 公民、法人或者其他组织因行政机关违法给予行政处罚受到损害的，有权依法提出赔偿要求。

续表

行政处罚法（2017年修正）	行政处罚法（2021年修正）
第七条 公民、法人或者其他组织因违法受到行政处罚，其违法行为对他人造成损害的，应当依法承担民事责任。 违法行为构成犯罪，应当依法追究刑事责任，不得以行政处罚代替刑事处罚。	**第八条** 公民、法人或者其他组织因违法行为受到行政处罚，其违法行为对他人造成损害的，应当依法承担民事责任。 违法行为构成犯罪，应当依法追究刑事责任的，不得以行政处罚代替刑事处罚。
第二章 行政处罚的种类和设定	**第二章 行政处罚的种类和设定**
第八条 行政处罚的种类： （一）警告； （二）罚款； （三）没收违法所得、没收非法财物； （四）责令停产停业； （五）暂扣或者吊销许可证、暂扣或者吊销执照； （六）行政拘留； （七）法律、行政法规规定的其他行政处罚。	**第九条** 行政处罚的种类： （一）警告、通报批评； （二）罚款、没收违法所得、没收非法财物； （三）暂扣许可证件、降低资质等级、吊销许可证件； （四）限制开展生产经营活动、责令停产停业、责令关闭、限制从业； （五）行政拘留； （六）法律、行政法规规定的其他行政处罚
第九条 法律可以设定各种行政处罚。 限制人身自由的行政处罚，只能由法律设定。 **第十条** 行政法规可以设定除限制人身自由以外的行政处罚。 法律对违法行为已经作出行政处罚规定，行政法规需要作出具体规定的，必须在法律规定的给予行政处罚的行为、种类和幅度的范围内规定。	**第十条** 法律可以设定各种行政处罚。 限制人身自由的行政处罚，只能由法律设定。 **第十一条** 行政法规可以设定除限制人身自由以外的行政处罚。 法律对违法行为已经作出行政处罚规定，行政法规需要作出具体规定的，必须在法律规定的给予行政处罚的行为、种类和幅度的范围内规定。 法律对违法行为未作出行政处罚规定，行政法规为实施法律，可以补充设定行政处罚。拟补充设定行政处罚的，应当通过听证会、论证会等形式广泛听取意见，并向制定机关作出书面说明。行政法规报送备案时，应当说明补充设定行政处罚的情况。
第十一条 地方性法规可以设定除限制人身自由、吊销企业营业执照以外的行政处罚。 法律、行政法规对违法行为已经作出行政处罚规定，地方性法规需要作出具体规定的，必须在法律、行政法规规定的给予行政处罚的行为、种类和幅度的范围内规定。	**第十二条** 地方性法规可以设定除限制人身自由、吊销营业执照以外的行政处罚。 法律、行政法规对违法行为已经作出行政处罚规定，地方性法规需要作出具体规定的，必须在法律、行政法规规定的给予行政处罚的行为、种类和幅度的范围内规定。 法律、行政法规对违法行为未作出行政处罚规定，地方性法规为实施法律、行政法规，可以补充设定行政处罚。拟补充设定行政处罚的，应当通过听证会、论证会等形式广泛听取意见，并向制定机关作出书面说明。地方性法规报送备案时，应当说明补充设定行政处罚的情况。

续表

行政处罚法（2017年修正）	行政处罚法（2021年修正）
第十二条 国务院部、委员会制定的规章可以在法律、行政法规规定的给予行政处罚的行为、种类和幅度的范围内作出具体规定。 尚未制定法律、行政法规的，前款规定的国务院部、委员会制定的规章对违反行政管理秩序的行为，可以设定警告或者一定数量罚款的行政处罚。罚款的限额由国务院规定。 国务院可以授权具有行政处罚权的直属机构依照本条第一款、第二款的规定，规定行政处罚。	**第十三条** 国务院部门规章可以在法律、行政法规规定的给予行政处罚的行为、种类和幅度的范围内作出具体规定。 尚未制定法律、行政法规的，国务院部门规章对违反行政管理秩序的行为，可以设定警告、通报批评或者一定数额罚款的行政处罚。罚款的限额由国务院规定。
第十三条 省、自治区、直辖市人民政府和省、自治区人民政府所在地的市人民政府以及经国务院批准的较大的市人民政府制定的规章可以在法律、法规规定的给予行政处罚的行为、种类和幅度的范围内作出具体规定。 尚未制定法律、法规的，前款规定的人民政府制定的规章对违反行政管理秩序的行为，可以设定警告或者一定数量罚款的行政处罚。罚款的限额由省、自治区、直辖市人民代表大会常务委员会规定。	**第十四条** 地方政府规章可以在法律、法规规定的给予行政处罚的行为、种类和幅度的范围内作出具体规定。 尚未制定法律、法规的，地方政府规章对违反行政管理秩序的行为，可以设定警告、通报批评或者一定数额罚款的行政处罚。罚款的限额由省、自治区、直辖市人民代表大会常务委员会规定。
	第十五条 国务院部门和省、自治区、直辖市人民政府及其有关部门应当定期组织评估行政处罚的实施情况和必要性，对不适当的行政处罚事项及种类、罚款数额等，应当提出修改或者废止的建议。
第十四条 除本法第九条、第十条、第十一条、第十二条以及第十三条的规定外，其他规范性文件不得设定行政处罚。	**第十六条** 除法律、法规、规章外，其他规范性文件不得设定行政处罚。
第三章 行政处罚的实施机关	**第三章 行政处罚的实施机关**
第十五条 行政处罚由具有行政处罚权的行政机关在法定职权范围内实施。	**第十七条** 行政处罚由具有行政处罚权的行政机关在法定职权范围内实施。
第十六条 国务院或者经国务院授权的省、自治区、直辖市人民政府可以决定一个行政机关行使有关行政机关的行政处罚权，但限制人身自由的行政处罚权只能由公安机关行使。	**第十八条** 国家在城市管理、市场监管、生态环境、文化市场、交通运输、应急管理、农业等领域推行建立综合行政执法制度，相对集中行政处罚权。 国务院或者省、自治区、直辖市人民政府可以决定一个行政机关行使有关行政机关的行政处罚权。限制人身自由的行政处罚权只能由公安机关和法律规定的其他机关行使。

续表

行政处罚法（2017年修正）	行政处罚法（2021年修正）
第十七条　法律、法规授权的具有管理公共事务职能的组织可以在法定授权范围内实施行政处罚。	第十九条　法律、法规授权的具有管理公共事务职能的组织可以在法定授权范围内实施行政处罚。
第十八条　行政机关依照法律、法规或者规章的规定，可以在其法定权限内委托符合本法第十九条规定条件的组织实施行政处罚。行政机关不得委托其他组织或者个人实施行政处罚。 委托行政机关对受委托的组织实施行政处罚的行为应当负责监督，并对该行为的后果承担法律责任。 受委托组织在委托范围内，以委托行政机关名义实施行政处罚；不得再委托其他任何组织或者个人实施行政处罚。	第二十条　行政机关依照法律、法规、规章的规定，可以在其法定权限内书面委托符合本法第二十一条规定条件的组织实施行政处罚。行政机关不得委托其他组织或者个人实施行政处罚。 委托书应当载明委托的具体事项、权限、期限等内容。委托行政机关和受委托组织应当将委托书向社会公布。 委托行政机关对受委托组织实施行政处罚的行为应当负责监督，并对该行为的后果承担法律责任。 受委托组织在委托范围内，以委托行政机关名义实施行政处罚；不得再委托其他组织或者个人实施行政处罚。
第十九条　受委托组织必须符合以下条件： （一）依法成立的管理公共事务的事业组织； （二）具有熟悉有关法律、法规、规章和业务的工作人员； （三）对违法行为需要进行技术检查或者技术鉴定的，应当有条件组织进行相应的技术检查或者技术鉴定。	第二十一条　受委托组织必须符合以下条件： （一）依法成立并具有管理公共事务职能； （二）有熟悉有关法律、法规、规章和业务并取得行政执法资格的工作人员； （三）需要进行技术检查或者技术鉴定的，应当有条件组织进行相应的技术检查或者技术鉴定。
第四章　行政处罚的管辖和适用	第四章　行政处罚的管辖和适用
	第二十二条　行政处罚由违法行为发生地的行政机关管辖。法律、行政法规、部门规章另有规定的，从其规定。
第二十条　行政处罚由违法行为发生地的县级以上地方人民政府具有行政处罚权的行政机关管辖。法律、行政法规另有规定的除外。	第二十三条　行政处罚由县级以上地方人民政府具有行政处罚权的行政机关管辖。法律、行政法规另有规定的，从其规定。
	第二十四条　省、自治区、直辖市根据当地实际情况，可以决定将基层管理迫切需要的县级人民政府部门的行政处罚权交由能够有效承接的乡镇人民政府、街道办事处行使，并定期组织评估。决定应当公布。 承接行政处罚权的乡镇人民政府、街道办事处应当加强执法能力建设，按照规定范围、依照法定程序实施行政处罚。 有关地方人民政府及其部门应当加强组织协调、业务指导、执法监督，建立健全行政处罚协调配合机制，完善评议、考核制度。

续表

行政处罚法(2017年修正)	行政处罚法(2021年修正)
第二十一条　对管辖发生争议的,报请共同的上一级行政机关指定管辖。	第二十五条　两个以上行政机关都有管辖权的,由最先立案的行政机关管辖。 对管辖发生争议的,应当协商解决,协商不成的,报请共同的上一级行政机关指定管辖;也可以直接由共同的上一级行政机关指定管辖。
	第二十六条　行政机关因实施行政处罚的需要,可以向有关机关提出协助请求。协助事项属于被请求机关职权范围内的,应当依法予以协助。
第二十二条　违法行为构成犯罪的,行政机关必须将案件移送司法机关,依法追究刑事责任。	第二十七条　违法行为涉嫌犯罪的,行政机关应当及时将案件移送司法机关,依法追究刑事责任。对依法不需要追究刑事责任或者免予刑事处罚,但应给予行政处罚的,司法机关应当及时将案件移送有关行政机关。 行政处罚实施机关与司法机关之间应当加强协调配合,建立健全案件移送制度,加强证据材料移交、接收衔接,完善案件处理信息通报机制。
第二十三条　行政机关实施行政处罚时,应当责令当事人改正或者限期改正违法行为。	第二十八条　行政机关实施行政处罚时,应当责令当事人改正或者限期改正违法行为。 当事人有违法所得,除依法应当退赔的外,应当予以没收。违法所得是指实施违法行为所取得的款项。法律、行政法规、部门规章对违法所得的计算另有规定的,从其规定。
第二十四条　对当事人的同一个违法行为,不得给予两次以上罚款的行政处罚。	第二十九条　对当事人的同一个违法行为,不得给予两次以上罚款的行政处罚。同一个违法行为违反多个法律规范应当给予罚款处罚的,按照罚款数额高的规定处罚。
第二十五条　不满十四周岁的人有违法行为的,不予行政处罚,责令监护人加以管教;已满十四周岁不满十八周岁的人有违法行为的,从轻或者减轻行政处罚。	第三十条　不满十四周岁的未成年人有违法行为的,不予行政处罚,责令监护人加以管教;已满十四周岁不满十八周岁的未成年人有违法行为的,应当从轻或者减轻行政处罚。
第二十六条　精神病人在不能辨认或者不能控制自己行为时有违法行为的,不予行政处罚,但应当责令其监护人严加看管和治疗。间歇性精神病人在精神正常时有违法行为的,应当给予行政处罚。	第三十一条　精神病人、智力残疾人在不能辨认或者不能控制自己行为时有违法行为的,不予行政处罚,但应当责令其监护人严加看管和治疗。间歇性精神病人在精神正常时有违法行为的,应当给予行政处罚。尚未完全丧失辨认或者控制自己行为能力的精神病人、智力残疾人有违法行为的,可以从轻或者减轻行政处罚。

续表

行政处罚法（2017年修正）	行政处罚法（2021年修正）
第二十七条 当事人有下列情形之一的，应当依法从轻或者减轻行政处罚： （一）主动消除或者减轻违法行为危害后果的； （二）受他人胁迫有违法行为的； （三）配合行政机关查处违法行为有立功表现的； （四）其他依法从轻或者减轻行政处罚的。 违法行为轻微并及时纠正，没有造成危害后果的，不予行政处罚。	**第三十二条** 当事人有下列情形之一，应当从轻或者减轻行政处罚： （一）主动消除或者减轻违法行为危害后果的； （二）受他人胁迫或者诱骗实施违法行为的； （三）主动供述行政机关尚未掌握的违法行为的； （四）配合行政机关查处违法行为有立功表现的； （五）法律、法规、规章规定其他应当从轻或者减轻行政处罚的。
	第三十三条 违法行为轻微并及时改正，没有造成危害后果的，不予行政处罚。初次违法且危害后果轻微并及时改正的，可以不予行政处罚。 当事人有证据足以证明没有主观过错的，不予行政处罚。法律、行政法规另有规定的，从其规定。 对当事人的违法行为依法不予行政处罚的，行政机关应当对当事人进行教育。
	第三十四条 行政机关可以依法制定行政处罚裁量基准，规范行使行政处罚裁量权。行政处罚裁量基准应当向社会公布。
第二十八条 违法行为构成犯罪，人民法院判处拘役或者有期徒刑时，行政机关已经给予当事人行政拘留的，应当依法折抵相应刑期。 违法行为构成犯罪，人民法院判处罚金时，行政机关已经给予当事人罚款的，应当折抵相应罚金。	**第三十五条** 违法行为构成犯罪，人民法院判处拘役或者有期徒刑时，行政机关已经给予当事人行政拘留的，应当依法折抵相应刑期。 违法行为构成犯罪，人民法院判处罚金时，行政机关已经给予当事人罚款的，应当折抵相应罚金；行政机关尚未给予当事人罚款的，不再给予罚款。
第二十九条 违法行为在二年内未被发现的，不再给予行政处罚。法律另有规定的除外。 前款规定的期限，从违法行为发生之日起计算；违法行为有连续或者继续状态的，从行为终了之日起计算。	**第三十六条** 违法行为在二年内未被发现的，不再给予行政处罚；涉及公民生命健康安全、金融安全且有危害后果的，上述期限延长至五年。法律另有规定的除外。 前款规定的期限，从违法行为发生之日起计算；违法行为有连续或者继续状态的，从行为终了之日起计算。
	第三十七条 实施行政处罚，适用违法行为发生时的法律、法规、规章的规定。但是，作出行政处罚决定时，法律、法规、规章已被修改或者废止，且新的规定处罚较轻或者不认为是违法的，适用新的规定。
	第三十八条 行政处罚没有依据或者实施主体不具有行政主体资格的，行政处罚无效。 违反法定程序构成重大且明显违法的，行政处罚无效。

续表

行政处罚法（2017年修正）	行政处罚法（2021年修正）
第五章　行政处罚的决定	第五章　行政处罚的决定
	第一节　一般规定
	第三十九条　行政处罚的实施机关、立案依据、实施程序和救济渠道等信息应当公示。
第三十条　公民、法人或者其他组织违反行政管理秩序的行为，依法应当给予行政处罚的，行政机关必须查明事实；违法事实不清的，不得给予行政处罚。	第四十条　公民、法人或者其他组织违反行政管理秩序的行为，依法应当给予行政处罚的，行政机关必须查明事实；违法事实不清、证据不足的，不得给予行政处罚。
	第四十一条　行政机关依照法律、行政法规规定利用电子技术监控设备收集、固定违法事实的，应当经过法制和技术审核，确保电子技术监控设备符合标准、设置合理、标志明显，设置地点应当向社会公布。 电子技术监控设备记录违法事实应当真实、清晰、完整、准确。行政机关应当审核记录内容是否符合要求；未经审核或者经审核不符合要求的，不得作为行政处罚的证据。 行政机关应当及时告知当事人违法事实，并采取信息化手段或者其他措施，为当事人查询、陈述和申辩提供便利。不得限制或者变相限制当事人享有的陈述权、申辩权。
	第四十二条　行政处罚应当由具有行政执法资格的执法人员实施。执法人员不得少于两人，法律另有规定的除外。 执法人员应当文明执法，尊重和保护当事人合法权益。
	第四十三条　执法人员与案件有直接利害关系或者其他关系可能影响公正执法的，应当回避。 当事人认为执法人员与案件有直接利害关系或者有其他关系可能影响公正执法的，有权申请回避。 当事人提出回避申请的，行政机关应当依法审查，由行政机关负责人决定。决定作出之前，不停止调查。
第三十一条　行政机关在作出行政处罚决定之前，应当告知当事人作出行政处罚决定的事实、理由及依据，并告知当事人依法享有的权利。	第四十四条　行政机关在作出行政处罚决定之前，应当告知当事人拟作出的行政处罚内容及事实、理由、依据，并告知当事人依法享有的陈述、申辩、要求听证等权利。

续表

行政处罚法（2017年修正）	行政处罚法（2021年修正）
第三十二条　当事人有权进行陈述和申辩。行政机关必须充分听取当事人的意见，对当事人提出的事实、理由和证据，应当进行复核；当事人提出的事实、理由或者证据成立的，行政机关应当采纳。	第四十五条　当事人有权进行陈述和申辩。行政机关必须充分听取当事人的意见，对当事人提出的事实、理由和证据，应当进行复核；当事人提出的事实、理由或者证据成立的，行政机关应当采纳。 行政机关不得因当事人陈述、申辩而给予更重的处罚。
	第四十六条　证据包括： （一）书证； （二）物证； （三）视听资料； （四）电子数据； （五）证人证言； （六）当事人的陈述； （七）鉴定意见； （八）勘验笔录、现场笔录。 证据必须经查证属实，方可作为认定案件事实的根据。 以非法手段取得的证据，不得作为认定案件事实的根据。
	第四十七条　行政机关应当依法以文字、音像等形式，对行政处罚的启动、调查取证、审核、决定、送达、执行等进行全过程记录，归档保存。
	第四十八条　具有一定社会影响的行政处罚决定应当依法公开。 公开的行政处罚决定被依法变更、撤销、确认违法或者确认无效的，行政机关应当在三日内撤回行政处罚决定信息并公开说明理由。
	第四十九条　发生重大传染病疫情等突发事件，为了控制、减轻和消除突发事件引起的社会危害，行政机关对违反突发事件应对措施的行为，依法快速、从重处罚。
	第五十条　行政机关及其工作人员对实施行政处罚过程中知悉的国家秘密、商业秘密或者个人隐私，应当依法予以保密。
第一节　简易程序	第二节　简易程序
第三十三条　违法事实确凿并有法定依据，对公民处以五十元以下、对法人或者其他组织处以一千元以下罚款或者警告的行政处罚的，可以当场作出行政处罚决定。当事人应当依照本法第四十六条、第四十七条、第四十八条的规定履行行政处罚决定。	第五十一条　违法事实确凿并有法定依据，对公民处以二百元以下、对法人或者其他组织处以三千元以下罚款或者警告的行政处罚的，可以当场作出行政处罚决定。法律另有规定的，从其规定。

续表

行政处罚法（2017年修正）	行政处罚法（2021年修正）
第三十四条　执法人员当场作出行政处罚决定的，应当向当事人出示执法身份证件，填写预定格式、编有号码的行政处罚决定书。行政处罚决定书应当当场交付当事人。 前款规定的行政处罚决定书应当载明当事人的违法行为、行政处罚依据、罚款数额、时间、地点以及行政机关名称，并由执法人员签名或者盖章。 执法人员当场作出的行政处罚决定，必须报所属行政机关备案。	第五十二条　执法人员当场作出行政处罚决定的，应当向当事人出示执法证件，填写预定格式、编有号码的行政处罚决定书，并当场交付当事人。当事人拒绝签收的，应当在行政处罚决定书上注明。 前款规定的行政处罚决定书应当载明当事人的违法行为、行政处罚的种类和依据、罚款数额、时间、地点、申请行政复议、提起行政诉讼的途径和期限以及行政机关名称，并由执法人员签名或者盖章。 执法人员当场作出的行政处罚决定，应当报所属行政机关备案。
第三十五条　当事人对当场作出的行政处罚决定不服的，可以依法申请行政复议或者提起行政诉讼。	第五十三条　对当场作出的行政处罚决定，当事人应当依照本法第六十七条至第六十九条的规定履行。
第二节　一般程序	第三节　普通程序
第三十六条　除本法第三十三条规定的可以当场作出的行政处罚外，行政机关发现公民、法人或者其他组织有依法应当给予行政处罚的行为的，必须全面、客观、公正地调查，收集有关证据；必要时，依照法律、法规的规定，可以进行检查。	第五十四条　除本法第五十一条规定的可以当场作出的行政处罚外，行政机关发现公民、法人或者其他组织有依法应当给予行政处罚的行为的，必须全面、客观、公正地调查，收集有关证据；必要时，依照法律、法规的规定，可以进行检查。符合立案标准的，行政机关应当及时立案。
第三十七条　行政机关在调查或者进行检查时，执法人员不得少于两人，并应当向当事人或者有关人员出示证件。当事人或者有关人员应当如实回答询问，并协助调查或者检查，不得阻挠。询问或者检查应当制作笔录。 行政机关在收集证据时，可以采取抽样取证的方法；在证据可能灭失或者以后难以取得的情况下，经行政机关负责人批准，可以先行登记保存，并应当在七日内及时作出处理决定，在此期间，当事人或者有关人员不得销毁或者转移证据。 执法人员与当事人有直接利害关系的，应当回避。	第五十五条　执法人员在调查或者进行检查时，应当主动向当事人或者有关人员出示执法证件。当事人或者有关人员有权要求执法人员出示执法证件。执法人员不出示执法证件的，当事人或者有关人员有权拒绝接受调查或者检查。 当事人或者有关人员应当如实回答询问，并协助调查或者检查，不得拒绝或者阻挠。询问或者检查应当制作笔录。
	第五十六条　行政机关在收集证据时，可以采取抽样取证的方法；在证据可能灭失或者以后难以取得的情况下，经行政机关负责人批准，可以先行登记保存，并应当在七日内及时作出处理决定，在此期间，当事人或者有关人员不得销毁或者转移证据。

续表

行政处罚法（2017年修正）	行政处罚法（2021年修正）
第三十八条　调查终结，行政机关负责人应当对调查结果进行审查，根据不同情况，分别作出如下决定： （一）确有应受行政处罚的违法行为的，根据情节轻重及具体情况，作出行政处罚决定； （二）违法行为轻微，依法可以不予行政处罚的，不予行政处罚； （三）违法事实不能成立的，不得给予行政处罚； （四）违法行为已构成犯罪的，移送司法机关。 对情节复杂或者重大违法行为给予较重的行政处罚，行政机关的负责人应当集体讨论决定。 在行政机关负责人作出决定之前，应当由从事行政处罚决定审核的人员进行审核。行政机关中初次从事行政处罚决定审核的人员，应当通过国家统一法律职业资格考试取得法律职业资格。	第五十七条　调查终结，行政机关负责人应当对调查结果进行审查，根据不同情况，分别作出如下决定： （一）确有应受行政处罚的违法行为的，根据情节轻重及具体情况，作出行政处罚决定； （二）违法行为轻微，依法可以不予行政处罚的，不予行政处罚； （三）违法事实不能成立的，不予行政处罚； （四）违法行为涉嫌犯罪的，移送司法机关。 对情节复杂或者重大违法行为给予行政处罚，行政机关负责人应当集体讨论决定。
	第五十八条　有下列情形之一，在行政机关负责人作出行政处罚的决定之前，应当由从事行政处罚决定法制审核的人员进行法制审核；未经法制审核或者审核未通过的，不得作出决定： （一）涉及重大公共利益的； （二）直接关系当事人或者第三人重大权益，经过听证程序的； （三）案件情况疑难复杂、涉及多个法律关系的； （四）法律、法规规定应当进行法制审核的其他情形。 行政机关中初次从事行政处罚决定法制审核的人员，应当通过国家统一法律职业资格考试取得法律职业资格。
第三十九条　行政机关依照本法第三十八条的规定给予行政处罚，应当制作行政处罚决定书。行政处罚决定书应当载明下列事项： （一）当事人的姓名或者名称、地址； （二）违反法律、法规或者规章的事实和证据； （三）行政处罚的种类和依据； （四）行政处罚的履行方式和期限； （五）不服行政处罚决定，申请行政复议或者提起行政诉讼的途径和期限； （六）作出行政处罚决定的行政机关名称和作出决定的日期。 行政处罚决定书必须盖有作出行政处罚决定的行政机关的印章。	第五十九条　行政机关依照本法第五十七条的规定给予行政处罚，应当制作行政处罚决定书。行政处罚决定书应当载明下列事项： （一）当事人的姓名或者名称、地址； （二）违反法律、法规、规章的事实和证据； （三）行政处罚的种类和依据； （四）行政处罚的履行方式和期限； （五）申请行政复议、提起行政诉讼的途径和期限； （六）作出行政处罚决定的行政机关名称和作出决定的日期。 行政处罚决定书必须盖有作出行政处罚决定的行政机关的印章。

续表

行政处罚法（2017年修正）	行政处罚法（2021年修正）
	第六十条　行政机关应当自行政处罚案件立案之日起九十日内作出行政处罚决定。法律、法规、规章另有规定的，从其规定。
第四十条　行政处罚决定书应当在宣告后当场交付当事人；当事人不在场的，行政机关应当在七日内依照民事诉讼法的有关规定，将行政处罚决定书送达当事人。	第六十一条　行政处罚决定书应当在宣告后当场交付当事人；当事人不在场的，行政机关应当在七日内依照《中华人民共和国民事诉讼法》的有关规定，将行政处罚决定书送达当事人。 当事人同意并签订确认书的，行政机关可以采用传真、电子邮件等方式，将行政处罚决定书等送达当事人。
第四十一条　行政机关及其执法人员在作出行政处罚决定之前，不依照本法第三十一条、第三十二条的规定向当事人告知给予行政处罚的事实、理由和依据，或者拒绝听取当事人的陈述、申辩，行政处罚决定不能成立；当事人放弃陈述或者申辩权利的除外。	第六十二条　行政机关及其执法人员在作出行政处罚决定之前，未依照本法第四十四条、第四十五条的规定向当事人告知拟作出的行政处罚内容及事实、理由、依据，或者拒绝听取当事人的陈述、申辩，不得作出行政处罚决定；当事人明确放弃陈述或者申辩权利的除外。
第三节　听证程序	第四节　听证程序
第四十二条　行政机关作出责令停产停业、吊销许可证或者执照、较大数额罚款等行政处罚决定之前，应当告知当事人有要求举行听证的权利；当事人要求听证的，行政机关应当组织听证。当事人不承担行政机关组织听证的费用。听证依照以下程序组织： （一）当事人要求听证的，应当在行政机关告知后三日内提出； （二）行政机关应当在听证的七日前，通知当事人举行听证的时间、地点； （三）除涉及国家秘密、商业秘密或者个人隐私外，听证公开举行； （四）听证由行政机关指定的非本案调查人员主持；当事人认为主持人与本案有直接利害关系的，有权申请回避； （五）当事人可以亲自参加听证，也可以委托一至二人代理； （六）举行听证时，调查人员提出当事人违法的事实、证据和行政处罚建议；当事人进行申辩和质证； （七）听证应当制作笔录；笔录应当交当事人审核无误后签字或者盖章。 当事人对限制人身自由的行政处罚有异议的，依照治安管理处罚法有关规定执行。	第六十三条　行政机关拟作出下列行政处罚决定，应当告知当事人有要求听证的权利，当事人要求听证的，行政机关应当组织听证： （一）较大数额罚款； （二）没收较大数额违法所得、没收较大价值非法财物； （三）降低资质等级、吊销许可证件； （四）责令停产停业、责令关闭、限制从业； （五）其他较重的行政处罚； （六）法律、法规、规章规定的其他情形。 当事人不承担行政机关组织听证的费用。

续表

行政处罚法（2017年修正）	行政处罚法（2021年修正）
	第六十四条　听证应当依照以下程序组织： （一）当事人要求听证的，应当在行政机关告知后五日内提出； （二）行政机关应当在举行听证的七日前，通知当事人及有关人员听证的时间、地点； （三）除涉及国家秘密、商业秘密或者个人隐私依法予以保密外，听证公开举行； （四）听证由行政机关指定的非本案调查人员主持；当事人认为主持人与本案有直接利害关系的，有权申请回避； （五）当事人可以亲自参加听证，也可以委托一至二人代理； （六）当事人及其代理人无正当理由拒不出席听证或者未经许可中途退出听证的，视为放弃听证权利，行政机关终止听证； （七）举行听证时，调查人员提出当事人违法的事实、证据和行政处罚建议，当事人进行申辩和质证； （八）听证应当制作笔录。笔录应当交当事人或者其代理人核对无误后签字或者盖章。当事人或者其代理人拒绝签字或者盖章的，由听证主持人在笔录中注明。
第四十三条　听证结束后，行政机关依照本法第三十八条的规定，作出决定。	第六十五条　听证结束后，行政机关应当根据听证笔录，依照本法第五十七条的规定，作出决定。
第六章　行政处罚的执行	第六章　行政处罚的执行
第四十四条　行政处罚决定依法作出后，当事人应当在行政处罚决定的期限内，予以履行。 第五十二条　当事人确有经济困难，需要延期或者分期缴纳罚款的，经当事人申请和行政机关批准，可以暂缓或者分期缴纳。	第六十六条　行政处罚决定依法作出后，当事人应当在行政处罚决定书载明的期限内，予以履行。 当事人确有经济困难，需要延期或者分期缴纳罚款的，经当事人申请和行政机关批准，可以暂缓或者分期缴纳。
第四十六条　作出罚款决定的行政机关应当与收缴罚款的机构分离。 除依照本法第四十七条、第四十八条的规定当场收缴的罚款外，作出行政处罚决定的行政机关及其执法人员不得自行收缴罚款。 当事人应当自收到行政处罚决定书之日起十五日内，到指定的银行缴纳罚款。银行应当收受罚款，并将罚款直接上缴国库。	第六十七条　作出罚款决定的行政机关应当与收缴罚款的机构分离。 除依照本法第六十八条、第六十九条的规定当场收缴的罚款外，作出行政处罚决定的行政机关及其执法人员不得自行收缴罚款。 当事人应当自收到行政处罚决定书之日起十五日内，到指定的银行或者通过电子支付系统缴纳罚款。银行应当收受罚款，并将罚款直接上缴国库。

续表

行政处罚法（2017年修正）	行政处罚法（2021年修正）
第四十七条　依照本法第三十三条的规定当场作出行政处罚决定，有下列情形之一的，执法人员可以当场收缴罚款： （一）依法给予二十元以下的罚款的； （二）不当场收缴事后难以执行的。	第六十八条　依照本法第五十一条的规定当场作出行政处罚决定，有下列情形之一，执法人员可以当场收缴罚款： （一）依法给予一百元以下罚款的； （二）不当场收缴事后难以执行的。
第四十八条　在边远、水上、交通不便地区，行政机关及其执法人员依照本法第三十三条、第三十八条的规定作出罚款决定后，当事人向指定的银行缴纳罚款确有困难，经当事人提出，行政机关及其执法人员可以当场收缴罚款。	第六十九条　在边远、水上、交通不便地区，行政机关及其执法人员依照本法第五十一条、第五十七条的规定作出罚款决定后，当事人到指定的银行或者通过电子支付系统缴纳罚款确有困难，经当事人提出，行政机关及其执法人员可以当场收缴罚款。
第四十九条　行政机关及其执法人员当场收缴罚款的，必须向当事人出具省、自治区、直辖市财政部门统一制发的罚款收据；不出具财政部门统一制发的罚款收据的，当事人有权拒绝缴纳罚款。	第七十条　行政机关及其执法人员当场收缴罚款的，必须向当事人出具国务院财政部门或者省、自治区、直辖市人民政府财政部门统一制发的专用票据；不出具财政部门统一制发的专用票据的，当事人有权拒绝缴纳罚款。
第五十条　执法人员当场收缴的罚款，应当自收缴罚款之日起二日内，交至行政机关；在水上当场收缴的罚款，应当自抵岸之日起二日内交至行政机关；行政机关应当在二日内将罚款缴付指定的银行。	第七十一条　执法人员当场收缴的罚款，应当自收缴罚款之日起二日内，交至行政机关；在水上当场收缴的罚款，应当自抵岸之日起二日内交至行政机关；行政机关应当在二日内将罚款缴付指定的银行。
第五十一条　当事人逾期不履行行政处罚决定的，作出行政处罚决定的行政机关可以采取下列措施： （一）到期不缴纳罚款的，每日按罚款数额的百分之三加处罚款； （二）根据法律规定，将查封、扣押的财物拍卖或者将冻结的存款划拨抵缴罚款； （三）申请人民法院强制执行。	第七十二条　当事人逾期不履行行政处罚决定的，作出行政处罚决定的行政机关可以采取下列措施： （一）到期不缴纳罚款的，每日按罚款数额的百分之三加处罚款，加处罚款的数额不得超出罚款的数额； （二）根据法律规定，将查封、扣押的财物拍卖、依法处理或者将冻结的存款、汇款划拨抵缴罚款； （三）根据法律规定，采取其他行政强制执行方式； （四）依照《中华人民共和国行政强制法》的规定申请人民法院强制执行。 行政机关批准延期、分期缴纳罚款的，申请人民法院强制执行的期限，自暂缓或者分期缴纳罚款期限结束之日起计算。
第四十五条　当事人对行政处罚决定不服申请行政复议或者提起行政诉讼的，行政处罚不停止执行，法律另有规定的除外。	第七十三条　当事人对行政处罚决定不服，申请行政复议或者提起行政诉讼的，行政处罚不停止执行，法律另有规定的除外。

续表

行政处罚法（2017年修正）	行政处罚法（2021年修正）
	当事人对限制人身自由的行政处罚决定不服，申请行政复议或者提起行政诉讼的，可以向作出决定的机关提出暂缓执行申请。符合法律规定情形的，应当暂缓执行。 当事人申请行政复议或者提起行政诉讼的，加处罚款的数额在行政复议或者行政诉讼期间不予计算。
第五十三条　除依法应当予以销毁的物品外，依法没收的非法财物必须按照国家规定公开拍卖或者按照国家有关规定处理。 罚款、没收违法所得或者没收非法财物拍卖的款项，必须全部上缴国库，任何行政机关或者个人不得以任何形式截留、私分或者变相私分；财政部门不得以任何形式向作出行政处罚决定的行政机关返还罚款、没收的违法所得或者返还没收非法财物的拍卖款项。	第七十四条　除依法应当予以销毁的物品外，依法没收的非法财物必须按照国家规定公开拍卖或者按照国家有关规定处理。 罚款、没收的违法所得或者没收非法财物拍卖的款项，必须全部上缴国库，任何行政机关或者个人不得以任何形式截留、私分或者变相私分。 罚款、没收的违法所得或者没收非法财物拍卖的款项，不得同作出行政处罚决定的行政机关及其工作人员的考核、考评直接或者变相挂钩。除依法应当退还、退赔的外，财政部门不得以任何形式向作出行政处罚决定的行政机关返还罚款、没收的违法所得或者没收非法财物拍卖的款项。
第五十四条　行政机关应当建立健全对行政处罚的监督制度。县级以上人民政府应当加强对行政处罚的监督检查。 公民、法人或者其他组织对行政机关作出的行政处罚，有权申诉或者检举；行政机关应当认真审查，发现行政处罚有错误的，应当主动改正。	第七十五条　行政机关应当建立健全对行政处罚的监督制度。县级以上人民政府应当定期组织开展行政执法评议、考核，加强对行政处罚的监督检查，规范和保障行政处罚的实施。 行政机关实施行政处罚应当接受社会监督。公民、法人或者其他组织对行政机关实施行政处罚的行为，有权申诉或者检举；行政机关应当认真审查，发现有错误的，应当主动改正。
第七章　法律责任	第七章　法律责任
第五十五条　行政机关实施行政处罚，有下列情形之一的，由上级行政机关或者有关部门责令改正，可以对直接负责的主管人员和其他直接责任人员依法给予行政处分： （一）没有法定的行政处罚依据的； （二）擅自改变行政处罚种类、幅度的； （三）违反法定的行政处罚程序的； （四）违反本法第十八条关于委托处罚的规定的。	第七十六条　行政机关实施行政处罚，有下列情形之一的，由上级行政机关或者有关机关责令改正，对直接负责的主管人员和其他直接责任人员依法给予处分： （一）没有法定的行政处罚依据的； （二）擅自改变行政处罚种类、幅度的； （三）违反法定的行政处罚程序的； （四）违反本法第二十条关于委托处罚的规定的； （五）执法人员未取得执法证件的。 行政机关对符合立案标准的案件不及时立案的，依照前款规定予以处理。

续表

行政处罚法（2017年修正）	行政处罚法（2021年修正）
第五十六条 行政机关对当事人进行处罚不使用罚款、没收财物单据或者使用非法定部门制发的罚款、没收财物单据的，当事人有权拒绝处罚，并有权予以检举。上级行政机关或者有关部门对使用的非法单据予以收缴销毁，对直接负责的主管人员和其他直接责任人员依法给予行政处分。	**第七十七条** 行政机关对当事人进行处罚不使用罚款、没收财物单据或者使用非法定部门制发的罚款、没收财物单据的，当事人有权拒绝，并有权予以检举，由上级行政机关或者有关机关对使用的非法单据予以收缴销毁，对直接负责的主管人员和其他直接责任人员依法给予处分。
第五十七条 行政机关违反本法第四十六条的规定自行收缴罚款的，财政部门违反本法第五十三条的规定向行政机关返还罚款或者拍卖款项的，由上级行政机关或者有关部门责令改正，对直接负责的主管人员和其他直接责任人员依法给予行政处分。	**第七十八条** 行政机关违反本法第六十七条的规定自行收缴罚款的，财政部门违反本法第七十四条的规定向行政机关返还罚款、没收的违法所得或者拍卖款项的，由上级行政机关或者有关机关责令改正，对直接负责的主管人员和其他直接责任人员依法给予处分。
第五十八条 行政机关将罚款、没收的违法所得或者财物截留、私分或者变相私分的，由财政部门或者有关部门予以追缴，对直接负责的主管人员和其他直接责任人员依法给予行政处分；情节严重构成犯罪的，依法追究刑事责任。执法人员利用职务上的便利，索取或者收受他人财物、收缴罚款据为己有，构成犯罪的，依法追究刑事责任；情节轻微不构成犯罪的，依法给予行政处分。	**第七十九条** 行政机关截留、私分或者变相私分罚款、没收的违法所得或者财物的，由财政部门或者有关机关予以追缴，对直接负责的主管人员和其他直接责任人员依法给予处分；情节严重构成犯罪的，依法追究刑事责任。执法人员利用职务上的便利，索取或者收受他人财物、将收缴罚款据为己有，构成犯罪的，依法追究刑事责任；情节轻微不构成犯罪的，依法给予处分。
第五十九条 行政机关使用或者损毁扣押的财物，对当事人造成损失的，应当依法予以赔偿，对直接负责的主管人员和其他直接责任人员依法给予行政处分。	**第八十条** 行政机关使用或者损毁查封、扣押的财物，对当事人造成损失的，应当依法予以赔偿，对直接负责的主管人员和其他直接责任人员依法给予处分。
第六十条 行政机关违法实行检查措施或者执行措施，给公民人身或者财产造成损害、给法人或者其他组织造成损失的，应当依法予以赔偿，对直接负责的主管人员和其他直接责任人员依法给予行政处分；情节严重构成犯罪的，依法追究刑事责任。	**第八十一条** 行政机关违法实施检查措施或者执行措施，给公民人身或者财产造成损害、给法人或者其他组织造成损失的，应当依法予以赔偿，对直接负责的主管人员和其他直接责任人员依法给予处分；情节严重构成犯罪的，依法追究刑事责任。
第六十一条 行政机关为牟取本单位私利，对应当依法移交司法机关追究刑事责任的不移交，以行政处罚代替刑罚，由上级行政机关或者有关部门责令纠正；拒不纠正的，对直接负责的主管人员给予行政处分；徇私舞弊、包庇纵容违法行为的，依照刑法有关规定追究刑事责任。	**第八十二条** 行政机关对应当依法移交司法机关追究刑事责任的案件不移交，以行政处罚代替刑事处罚，由上级行政机关或者有关机关责令改正，对直接负责的主管人员和其他直接责任人员依法给予处分；情节严重构成犯罪的，依法追究刑事责任。

续表

行政处罚法（2017年修正）	行政处罚法（2021年修正）
第六十二条 执法人员玩忽职守，对应当予以制止和处罚的违法行为不予制止、处罚，致使公民、法人或者其他组织的合法权益、公共利益和社会秩序遭受损害的，对直接负责的主管人员和其他直接责任人员依法给予行政处分；情节严重构成犯罪的，依法追究刑事责任。	**第八十三条** 行政机关对应当予以制止和处罚的违法行为不予制止、处罚，致使公民、法人或者其他组织的合法权益、公共利益和社会秩序遭受损害的，对直接负责的主管人员和其他直接责任人员依法给予处分；情节严重构成犯罪的，依法追究刑事责任。
第八章　附　则	**第八章　附　则**
	第八十四条 外国人、无国籍人、外国组织在中华人民共和国领域内有违法行为，应当给予行政处罚的，适用本法，法律另有规定的除外。
第六十三条 本法第四十六条罚款决定与罚款收缴分离的规定，由国务院制定具体实施办法。	**第八十五条** 本法中"二日""三日""五日""七日"的规定是指工作日，不含法定节假日。
第六十四条 本法自1996年10月1日起施行。本法公布前制定的法规和规章关于行政处罚的规定与本法不符合的，应当自本法公布之日起，依照本法规定予以修订，在1997年12月31日前修订完毕。	

税务稽查案件办理程序规定

2021年7月12日　国家税务总局令第52号

《税务稽查案件办理程序规定》，已经2021年6月18日国家税务总局2021年度第2次局务会议通过，现予公布，自2021年8月11日起施行。

第一章　总　则

第一条　为了贯彻落实中共中央办公厅、国务院办公厅印发的《关于进一步深化税收征管改革的意见》，保障税收法律、行政法规的贯彻实施，规范税务稽查案件办理程序，强化监督制约机制，保护纳税人、扣缴义务人和其他涉税当事人合法权益，根据《中华人民共和国税收征收管理法》（以下简称税收征管法）、《中华人民共和国税收征收管理法实施细则》（以下简称税收征管法实施细则）等法律、行政法规，制定本规定。

第二条　稽查局办理税务稽查案件适用本规定。

第三条　办理税务稽查案件应当以事实为根据，以法律为准绳，坚持公平、公正、公开、效率的原则。

第四条　税务稽查由稽查局依法实施。稽查局主要职责是依法对纳税人、扣缴义务人和其他涉税当事人履行纳税义务、扣缴义务情况及涉税事项进行检查处理，以及围绕检查处理开展的其他相关工作。稽查局具体职责由国家税务总局依照税收征管法、税收征管法实施细则和国家有关规定确定。

第五条　稽查局办理税务稽查案件时，实行选案、检查、审理、执行分工制约原则。

第六条　稽查局应当在税务局向社会公告的范围内实施税务稽查。上级税务机关可以根据案件办理的需要指定管辖。

税收法律、行政法规和国家税务总局规章对税务稽查管辖另有规定的，从其规定。

第七条　税务稽查管辖有争议的，由争议各方本着有利于案件办理的原则逐级协商解决；不能协商一致的，报请共同的上级税务机关决定。

第八条　税务稽查人员具有税收征管法实施细则规定回避情形的，应当回避。

被查对象申请税务稽查人员回避或者税务稽查人员自行申请回避的，由稽查局局长依法决定是否回避。稽查局局长发现税务稽查人员具有规定回避情形的，应当要求其回避。稽查局局长的回避，由税务局局长依法审查决定。

第九条　税务稽查人员对实施税务稽查过程中知悉的国家秘密、商业秘密或者个人隐私、个人信息，应当依法予以保密。

纳税人、扣缴义务人和其他涉税当事人的税收违法行为不属于保密范围。

第十条　税务稽查人员应当遵守工作纪律，恪守职业道德，不得有下列行为：

（一）违反法定程序、超越权限行使职权；

（二）利用职权为自己或者他人牟取利益；

（三）玩忽职守，不履行法定义务；

（四）泄露国家秘密、工作秘密，向被查对象通风报信、泄露案情；

（五）弄虚作假，故意夸大或者隐瞒案情；

（六）接受被查对象的请客送礼等影响公正执行公务的行为；

（七）其他违法违纪行为。

税务稽查人员在执法办案中滥用职权、玩忽职守、徇私舞弊的，依照有关规定严肃处理；涉嫌犯罪的，依法移送司法机关处理。

第十一条 税务稽查案件办理应当通过文字、音像等形式，对案件办理的启动、调查取证、审核、决定、送达、执行等进行全过程记录。

第二章 选案

第十二条 稽查局应当加强稽查案源管理，全面收集整理案源信息，合理、准确地选择待查对象。案源管理依照国家税务总局有关规定执行。

第十三条 待查对象确定后，经稽查局局长批准实施立案检查。

必要时，依照法律法规的规定，稽查局可以在立案前进行检查。

第十四条 稽查局应当统筹安排检查工作，严格控制对纳税人、扣缴义务人的检查次数。

第三章 检查

第十五条 检查前，稽查局应当告知被查对象检查时间、需要准备的资料等，但预先通知有碍检查的除外。

检查应当由两名以上具有执法资格的检查人员共同实施，并向被查对象出示税务检查证件、出示或者送达税务检查通知书，告知其权利和义务。

第十六条 检查应当依照法定权限和程序，采取实地检查、调取账簿资料、询问、查询存款账户或者储蓄存款、异地协查等方法。

对采用电子信息系统进行管理和核算的被查对象，检查人员可以要求其打开该电子信息系统，或者提供与原始电子数据、电子信息系统技术资料一致的复制件。被查对象拒不打开或者拒不提供的，经稽查局局长批准，可以采用适当的技术手段对该电子信息系统进行直接检查，或者提取、复制电子数据进行检查，但所采用的技术手段不得破坏该电子信息系统原始电子数据，或者影响该电子信息系统正常运行。

第十七条 检查应当依照法定权限和程序收集证据材料。收集的证据必须经查证属实，并与证明事项相关联。

不得以下列方式收集、获取证据材料：

（一）严重违反法定程序收集；

（二）以违反法律强制性规定的手段获取且侵害他人合法权益；

（三）以利诱、欺诈、胁迫、暴力等手段获取。

第十八条 调取账簿、记账凭证、报表和其他有关资料时，应当向被查对象出具调取账簿资料通知书，并填写调取账簿资料清单交其核对后签章确认。

调取纳税人、扣缴义务人以前会计年度的账簿、记账凭证、报表和其他有关资料的，应当经县以上税务局局长批准，并在3个月内完整退还；调取纳税人、扣缴义务人当年的账簿、记账凭证、报表和其他有关资料的，应当经设区的市、自治州以上税务局局长批准，并在30日内退还。

退还账簿资料时，应当由被查对象核对调取账簿资料清单，并签章确认。

第十九条 需要提取证据材料原件的，应当向当事人出具提取证据专用收据，由当事人核对后签章确认。对需要退还的证据材料原件，检查结束后应当及时退还，并履行相关签收手续。需要将已开具的纸质发票调出查验时，应当向被查验的单位或者个人开具发票换票证；需要将空白纸质发票调出查验时，应当向被查验的单位或者个人开具调验空白发票收据。经查无问题的，应当及时退还，并履行相关签收手续。

提取证据材料复制件的，应当由当事人或者原件保存单位（个人）在复制件上注明"与原件核对无误"及原件存放地点，并签章。

第二十条 询问应当由两名以上检查人员实施。除在被查对象生产、经营、办公场所询问外，应当向被询问人送达询问通知书。

询问时应当告知被询问人有关权利义务。询问笔录应当交被询问人核对或者向其宣读；询问笔录有修改的，应当由被询问人在改动处捺指印；核对无误后，由被询问人在尾页结束处写明"以上笔录我看过（或者向我宣读过），与我说的相符"，并逐页签章、捺指印。被询问人拒绝在询问笔录上签章、捺指印的，检查人员应当在笔录上注明。

第二十一条 当事人、证人可以采取书面或者口头方式陈述或者提供证言。当事人、证人口头陈述或者提供证言的，检查人员应当以笔录、录音、录像等形式进行记录。笔录可以手写或者使用计算机记录并打印，由当事人或者证人逐页签章、捺指印。

当事人、证人口头提出变更陈述或者证言的，检查人员应当就变更部分重新制作笔录，注明原因，由当事人或者证人逐页签章、捺指印。当事人、证人变更书面陈述或者证言的，变更前的笔录不予退回。

第二十二条 制作录音、录像等视听资料的，应当注明制作方法、制作时间、制作人和证明对象等内容。

调取视听资料时，应当调取有关资料的原始载体；难以调取原始载体的，可以调取复制件，但应当说明复制方法、人员、时间和原件存放处等事项。

对声音资料，应当附有该声音内容的文字记录；对图像资料，应当附有必要的文字说明。

第二十三条 以电子数据的内容证明案件事实的，检查人员可以要求当事人将电子数据打印成纸质资料，在纸质资料上注明数据出处、打印场所、打印时间或者提供时间，注明"与电子数据核对无误"，并由当事人签章。

需要以有形载体形式固定电子数据的，检查人员应当与提供电子数据的个人、单位的法定代表人或者财务负责人或者经单位授权的其他人员一起将电子数据复制到存储介质上并封存，同时在封存包装物上注明制作方法、制作时间、制作人、文件格式及大小等，注明"与原始载体记载的电子数据核对无误"，并由电子数据提供人签章。

收集、提取电子数据，检查人员应当制作现场笔录，注明电子数据的来源、事由、证明目的或者对象，提取时间、地点、方法、过程，原始存储介质的存放地点以及对电子数据存储介质的签封情况等。进行数据压缩的，应当在笔录中注明压缩方法和完整性校验值。

第二十四条 检查人员实地调查取证时，可以制作现场笔录、勘验笔录，对实地调查取证情况予以记录。

制作现场笔录、勘验笔录，应当载明时间、地点和事件等内容，并由检查人员签名和当事人签章。

当事人经通知不到场或者拒绝在现场笔录、勘验笔录上签章的，检查人员应当在笔录上注明原因；如有其他人员在场，可以由其签章证明。

第二十五条 检查人员异地调查取证的，当地税务机关应当予以协助；发函委托相关稽查局调查取证的，必要时可以派人参与受托地稽查局的调查取证，受托地稽查局应当根据协查请求，依照法定权限和程序调查。

需要取得境外资料的，稽查局可以提请国际税收管理部门依照有关规定程序获取。

第二十六条 查询从事生产、经营的纳税人、扣缴义务人存款账户，应当经县以上税务局局长批准，凭检查存款账户许可证明向相关银行或者其他金融机构查询。

查询案件涉嫌人员储蓄存款的，应当经设区的市、自治州以上税务局局长批准，凭检查存款账户许可证明向相关银行或者其他金融机构查询。

第二十七条 被查对象有下列情形之一的，依照税收征管法和税收征管法实施细则有关逃避、拒绝或者以其他方式阻挠税务检查的规定处理：

（一）提供虚假资料，不如实反映情况，或者拒绝提供有关资料的；

（二）拒绝或者阻止税务机关记录、录音、录像、照相和复制与案件有关的情况和资料的；

（三）在检查期间转移、隐匿、销毁有关资料的；

（四）有不依法接受税务检查的其他情形的。

第二十八条　税务机关有根据认为从事生产、经营的纳税人有逃避纳税义务行为，可以在规定的纳税期之前，责令限期缴纳应纳税款；在限期内发现纳税人有明显的转移、隐匿其应纳税的商品、货物以及其他财产或者应纳税收入迹象的，可以责成纳税人提供纳税担保。如果纳税人不能提供纳税担保，经县以上税务局局长批准，可以依法采取税收强制措施。

检查从事生产、经营的纳税人以前纳税期的纳税情况时，发现纳税人有逃避纳税义务行为，并有明显的转移、隐匿其应纳税的商品、货物以及其他财产或者应纳税收入迹象的，经县以上税务局局长批准，可以依法采取税收强制措施。

第二十九条　稽查局采取税收强制措施时，应当向纳税人、扣缴义务人、纳税担保人交付税收强制措施决定书，告知其采取税收强制措施的内容、理由、依据以及依法享有的权利、救济途径，并履行法律、法规规定的其他程序。

采取冻结纳税人在开户银行或者其他金融机构的存款措施时，应当向纳税人开户银行或者其他金融机构交付冻结存款通知书，冻结其相当于应纳税款的存款；并于作出冻结决定之日起3个工作日内，向纳税人交付冻结决定书。

采取查封、扣押商品、货物或者其他财产措施时，应当向纳税人、扣缴义务人、纳税担保人当场交付查封、扣押决定书，填写查封商品、货物或者其他财产清单或者出具扣押商品、货物或者其他财产专用收据，由当事人核对后签章。查封清单、扣押收据一式二份，由当事人和稽查局分别保存。

采取查封、扣押有产权证件的动产或者不动产措施时，应当依法向有关单位送达税务协助执行通知书，通知其在查封、扣押期间不再办理该动产或者不动产的过户手续。

第三十条　按照本规定第二十八条第二款采取查封、扣押措施的，期限一般不得超过6个月；重大案件有下列情形之一，需要延长期限的，应当报国家税务总局批准：

（一）案情复杂，在查封、扣押期限内确实难以查明案件事实的；

（二）被查对象转移、隐匿、销毁账簿、记账凭证或者其他证据材料的；

（三）被查对象拒不提供相关情况或者以其他方式拒绝、阻挠检查的；

（四）解除查封、扣押措施可能使纳税人转移、隐匿、损毁或者违法处置财产，从而导致税款无法追缴的。

除前款规定情形外采取查封、扣押、冻结措施的，期限不得超过30日；情况复杂的，经县以上税务局局长批准，可以延长，但是延长期限不得超过30日。

第三十一条 有下列情形之一的，应当依法及时解除税收强制措施：

（一）纳税人已按履行期限缴纳税款、扣缴义务人已按履行期限解缴税款、纳税担保人已按履行期限缴纳所担保税款的；

（二）税收强制措施被复议机关决定撤销的；

（三）税收强制措施被人民法院判决撤销的；

（四）其他法定应当解除税收强制措施的。

第三十二条 解除税收强制措施时，应当向纳税人、扣缴义务人、纳税担保人送达解除税收强制措施决定书，告知其解除税收强制措施的时间、内容和依据，并通知其在规定时间内办理解除税收强制措施的有关事宜：

（一）采取冻结存款措施的，应当向冻结存款的纳税人开户银行或者其他金融机构送达解除冻结存款通知书，解除冻结；

（二）采取查封商品、货物或者其他财产措施的，应当解除查封并收回查封商品、货物或者其他财产清单；

（三）采取扣押商品、货物或者其他财产措施的，应当予以返还并收回扣押商品、货物或者其他财产专用收据。

税收强制措施涉及协助执行单位的，应当向协助执行单位送达税务协助执行通知书，通知解除税收强制措施相关事项。

第三十三条 有下列情形之一，致使检查暂时无法进行的，经稽查局局长批准后，中止检查：

（一）当事人被有关机关依法限制人身自由的；

（二）账簿、记账凭证及有关资料被其他国家机关依法调取且尚未归还的；

（三）与税收违法行为直接相关的事实需要人民法院或者其他国家机关确认的；

（四）法律、行政法规或者国家税务总局规定的其他可以中止检查的。

中止检查的情形消失，经稽查局局长批准后，恢复检查。

第三十四条 有下列情形之一，致使检查确实无法进行的，经稽查局局长批准后，终结检查：

（一）被查对象死亡或者被依法宣告死亡或者依法注销，且有证据表明无财产可抵缴税款或者无法定税收义务承担主体的；

（二）被查对象税收违法行为均已超过法定追究期限的；

（三）法律、行政法规或者国家税务总局规定的其他可以终结检查的。

第三十五条 检查结束前，检查人员可以将发现的税收违法事实和依据告知被查对象。

被查对象对违法事实和依据有异议的，应当在限期内提供说明及证据材料。被查对象口头说明的，检查人员应当制作笔录，由当事人签章。

第四章　审理

第三十六条 检查结束后，稽查局应当对案件进行审理。符合重大税务案件标准的，稽查局审理后提请税务局重大税务案件审理委员会审理。

重大税务案件审理依照国家税务总局有关规定执行。

第三十七条 案件审理应当着重审核以下内容：

（一）执法主体是否正确；

（二）被查对象是否准确；

（三）税收违法事实是否清楚，证据是否充分，数据是否准确，资料是否齐全；

（四）适用法律、行政法规、规章及其他规范性文件是否适当，定性是否正确；

（五）是否符合法定程序；

（六）是否超越或者滥用职权；

（七）税务处理、处罚建议是否适当；

（八）其他应当审核确认的事项或者问题。

第三十八条 有下列情形之一的，应当补正或者补充调查：

（一）被查对象认定错误的；

（二）税收违法事实不清、证据不足的；

（三）不符合法定程序的；

（四）税务文书不规范、不完整的；

（五）其他需要补正或者补充调查的。

第三十九条 拟对被查对象或者其他涉税当事人作出税务行政处罚的，应当向其送达税务行政处罚事项告知书，告知其依法享有陈述、申辩及要求听证的权利。税务行政处罚事项告知书应当包括以下内容：

（一）被查对象或者其他涉税当事人姓名或者名称、有效身份证件号码或者统一社会信用代码、地址。没有统一社会信用代码的，以税务机关赋予的纳税人识别号代替；

（二）认定的税收违法事实和性质；

（三）适用的法律、行政法规、规章及其他规范性文件；

（四）拟作出的税务行政处罚；

（五）当事人依法享有的权利；

（六）告知书的文号、制作日期、税务机关名称及印章；

（七）其他相关事项。

第四十条 被查对象或者其他涉税当事人可以书面或者口头提出陈述、申辩意见。对当事人口头提出陈述、申辩意见，应当制作陈述申辩笔录，如实记录，由陈述人、申辩人签章。

应当充分听取当事人的陈述、申辩意见；经复核，当事人提出的事实、理由或者证据成立的，应当采纳。

第四十一条 被查对象或者其他涉税当事人按照法律、法规、规章要求听证的，应当依法组织听证。

听证依照国家税务总局有关规定执行。

第四十二条 经审理，区分下列情形分别作出处理：

（一）有税收违法行为，应当作出税务处理决定的，制作税务处理决定书；

（二）有税收违法行为，应当作出税务行政处罚决定的，制作税务行政处罚决定书；

（三）税收违法行为轻微，依法可以不予税务行政处罚的，制作不予税务行政处罚决定书；

（四）没有税收违法行为的，制作税务稽查结论。

税务处理决定书、税务行政处罚决定书、不予税务行政处罚决定书、税务稽查结论引用的法律、行政法规、规章及其他规范性文件，应当注明文件全称、文号和有关条款。

第四十三条 税务处理决定书应当包括以下主要内容：

（一）被查对象姓名或者名称、有效身份证件号码或者统一社会信用代码、地址。没有统一社会信用代码的，以税务机关赋予的纳税人识别号代替；

（二）检查范围和内容；

（三）税收违法事实及所属期间；

（四）处理决定及依据；

（五）税款金额、缴纳期限及地点；

（六）税款滞纳时间、滞纳金计算方法、缴纳期限及地点；

（七）被查对象不按期履行处理决定应当承担的责任；

（八）申请行政复议或者提起行政诉讼的途径和期限；

（九）处理决定书的文号、制作日期、税务机关名称及印章。

第四十四条 税务行政处罚决定书应当包括以下主要内容：

（一）被查对象或者其他涉税当事人姓名或者名称、有效身份证件号码或者统一社会信用代码、地址。没有统一社会信用代码的，以税务机关赋予的纳税人识别号代替；

（二）检查范围和内容；

（三）税收违法事实、证据及所属期间；

（四）行政处罚种类和依据；

（五）行政处罚履行方式、期限和地点；

（六）当事人不按期履行行政处罚决定应当承担的责任；

（七）申请行政复议或者提起行政诉讼的途径和期限；

（八）行政处罚决定书的文号、制作日期、税务机关名称及印章。

税务行政处罚决定应当依法公开。公开的行政处罚决定被依法变更、撤销、确认违法或者确认无效的，应当在3个工作日内撤回原行政处罚决定信息并公开说明理由。

第四十五条 不予税务行政处罚决定书应当包括以下主要内容：

（一）被查对象或者其他涉税当事人姓名或者名称、有效身份证件号码或者统一社会信用代码、地址。没有统一社会信用代码的，以税务机关赋予的纳税人识别号代替；

（二）检查范围和内容；

（三）税收违法事实及所属期间；

（四）不予税务行政处罚的理由及依据；

（五）申请行政复议或者提起行政诉讼的途径和期限；

（六）不予行政处罚决定书的文号、制作日期、税务机关名称及印章。

第四十六条　税务稽查结论应当包括以下主要内容：

（一）被查对象姓名或者名称、有效身份证件号码或者统一社会信用代码、地址。没有统一社会信用代码的，以税务机关赋予的纳税人识别号代替；

（二）检查范围和内容；

（三）检查时间和检查所属期间；

（四）检查结论；

（五）结论的文号、制作日期、税务机关名称及印章。

第四十七条　稽查局应当自立案之日起90日内作出行政处理、处罚决定或者无税收违法行为结论。案情复杂需要延期的，经税务局局长批准，可以延长不超过90日；特殊情况或者发生不可抗力需要继续延期的，应当经上一级税务局分管副局长批准，并确定合理的延长期限。但下列时间不计算在内：

（一）中止检查的时间；

（二）请示上级机关或者征求有权机关意见的时间；

（三）提请重大税务案件审理的时间；

（四）因其他方式无法送达，公告送达文书的时间；

（五）组织听证的时间；

（六）纳税人、扣缴义务人超期提供资料的时间；

（七）移送司法机关后，税务机关需根据司法文书决定是否处罚的案件，从司法机关接受移送到司法文书生效的时间。

第四十八条　税收违法行为涉嫌犯罪的，填制涉嫌犯罪案件移送书，经税务局局长批准后，依法移送公安机关，并附送以下资料：

（一）涉嫌犯罪案件情况的调查报告；

（二）涉嫌犯罪的主要证据材料复制件；

（三）其他有关涉嫌犯罪的材料。

第五章　执行

第四十九条　稽查局应当依法及时送达税务处理决定书、税务行政处罚决定书、不予税务行政处罚决定书、税务稽查结论等税务文书。

第五十条　具有下列情形之一的，经县以上税务局局长批准，稽查局可以依法强制执行，或者依法申请人民法院强制执行：

（一）纳税人、扣缴义务人未按照规定的期限缴纳或者解缴税款、滞纳金，责令限期缴纳逾期仍未缴纳的；

（二）经稽查局确认的纳税担保人未按照规定的期限缴纳所担保的税款、滞纳金，责令限期缴纳逾期仍未缴纳的；

（三）当事人对处罚决定逾期不申请行政复议也不向人民法院起诉、又不履行的；

（四）其他可以依法强制执行的。

第五十一条 当事人确有经济困难，需要延期或者分期缴纳罚款的，可向稽查局提出申请，经税务局局长批准后，可以暂缓或者分期缴纳。

第五十二条 作出强制执行决定前，应当制作并送达催告文书，催告当事人履行义务，听取当事人陈述、申辩意见。经催告，当事人逾期仍不履行行政决定，且无正当理由的，经县以上税务局局长批准，实施强制执行。

实施强制执行时，应当向被执行人送达强制执行决定书，告知其实施强制执行的内容、理由及依据，并告知其享有依法申请行政复议或者提起行政诉讼的权利。

催告期间，对有证据证明有转移或者隐匿财物迹象的，可以作出立即强制执行决定。

第五十三条 稽查局采取从被执行人开户银行或者其他金融机构的存款中扣缴税款、滞纳金、罚款措施时，应当向被执行人开户银行或者其他金融机构送达扣缴税收款项通知书，依法扣缴税款、滞纳金、罚款，并及时将有关凭证送达被执行人。

第五十四条 拍卖、变卖被执行人商品、货物或者其他财产，以拍卖、变卖所得抵缴税款、滞纳金、罚款的，在拍卖、变卖前应当依法进行查封、扣押。

稽查局拍卖、变卖被执行人商品、货物或者其他财产前，应当制作拍卖/变卖抵税财物决定书，经县以上税务局局长批准后送达被执行人，予以拍卖或者变卖。

拍卖或者变卖实现后，应当在结算并收取价款后3个工作日内，办理税款、滞纳金、罚款的入库手续，并制作拍卖/变卖结果通知书，附拍卖/变卖查封、扣押的商品、货物或者其他财产清单，经稽查局局长审核后，送达被执行人。

以拍卖或者变卖所得抵缴税款、滞纳金、罚款和拍卖、变卖等费用后，尚有剩余的财产或者无法进行拍卖、变卖的财产的，应当制作返还商品、货物或者其他财产通知书，附返还商品、货物或者其他财产清单，送达被执行人，并自办理税款、滞纳金、罚款入库手续之日起3个工作日内退还被执行人。

第五十五条 执行过程中发现涉嫌犯罪的，依照本规定第四十八条处理。

第五十六条 执行过程中发现有下列情形之一的，经稽查局局长批准后，中止执行：

（一）当事人死亡或者被依法宣告死亡，尚未确定可执行财产的；

（二）当事人进入破产清算程序尚未终结的；

（三）可执行财产被司法机关或者其他国家机关依法查封、扣押、冻结，致使执行暂时无法进行的；

（四）可供执行的标的物需要人民法院或者仲裁机构确定权属的；

（五）法律、行政法规和国家税务总局规定其他可以中止执行的。

中止执行情形消失后，经稽查局局长批准，恢复执行。

第五十七条 当事人确无财产可供抵缴税款、滞纳金、罚款或者依照破产清算程序确实无法清缴税款、滞纳金、罚款，或者有其他法定终结执行情形的，经税务局局长批准后，终结执行。

第五十八条 税务处理决定书、税务行政处罚决定书等决定性文书送达后，有下列情形之一的，稽查局可以依法重新作出：

（一）决定性文书被人民法院判决撤销的；

（二）决定性文书被行政复议机关决定撤销的；

（三）税务机关认为需要变更或者撤销原决定性文书的；

（四）其他依法需要变更或者撤销原决定性文书的。

第六章　附则

第五十九条 本规定相关税务文书的式样，由国家税务总局规定。

第六十条 本规定所称签章，区分以下情况确定：

（一）属于法人或者其他组织的，由相关人员签名，加盖单位印章并注明日期；

（二）属于个人的，由个人签名并注明日期。

本规定所称"以上""日内"，均含本数。

第六十一条 本规定自2021年8月11日起施行。《税务稽查工作规程》

(国税发〔2009〕157号印发,国家税务总局公告2018年第31号修改)同时废止。

税务行政处罚裁量权行使规则

国家税务总局公告2016年第78号发布,
国家税务总局公告2018年第31号修改

第一章 总则

第一条 为了规范税务行政处罚裁量权行使,保护纳税人、扣缴义务人及其他涉税当事人(以下简称"当事人")合法权益,根据《中华人民共和国行政处罚法》《中华人民共和国税收征收管理法》及其实施细则等法律、法规有关规定,以及《法治政府建设实施纲要(2015—2020年)》《国家税务总局关于规范税务行政裁量权工作的指导意见》要求,制定本规则。

第二条 税务机关行使行政处罚裁量权,适用本规则。

第三条 本规则所称税务行政处罚裁量权,是指税务机关根据法律、法规和规章的规定,综合考虑税收违法行为的事实、性质、情节及社会危害程度,选择处罚种类和幅度并作出处罚决定的权力。

第四条 税务行政处罚的种类包括:

(一)罚款;

(二)没收违法所得、没收非法财物;

(三)停止出口退税权;

(四)法律、法规和规章规定的其他行政处罚。

第五条 行使税务行政处罚裁量权,应当遵循以下原则:

(一)合法原则。在法律、法规、规章规定的种类和幅度内,依照法定权限,遵守法定程序,保障当事人合法权益。

(二)合理原则。符合立法目的,考虑相关事实因素和法律因素,作出的行政处罚决定与违法行为的事实、性质、情节、社会危害程度相当,与本地的经济社会发展水平相适应。

(三)公平公正原则。对事实、性质、情节及社会危害程度等因素基本相同的税收违法行为,所适用的行政处罚种类和幅度应当基本相同。

(四)公开原则。按规定公开行政处罚依据和行政处罚信息。

（五）程序正当原则。依法保障当事人的知情权、参与权和救济权等各项法定权利。

（六）信赖保护原则。非因法定事由并经法定程序，不得随意改变已经生效的行政行为。

（七）处罚与教育相结合原则。预防和纠正涉税违法行为，引导当事人自觉守法。

第二章 行政处罚裁量基准制定

第六条 税务行政处罚裁量基准，是税务机关为规范行使行政处罚裁量权而制定的细化量化标准。

税务行政处罚裁量基准，应当包括违法行为、处罚依据、裁量阶次、适用条件和具体标准等内容。

第七条 税务行政处罚裁量基准应当在法定范围内制定，并符合以下要求：

（一）法律、法规、规章规定可予以行政处罚的，应当明确是否予以行政处罚的适用条件和具体标准；

（二）法律、法规、规章规定可以选择行政处罚种类的，应当明确不同种类行政处罚的适用条件和具体标准；

（三）法律、法规、规章规定行政处罚幅度的，应当根据违法事实、性质、情节、社会危害程度等因素确定适用条件和具体标准；

（四）法律、法规、规章规定可以单处也可以并处行政处罚的，应当明确单处或者并处行政处罚的适用条件和具体标准。

第八条 制定税务行政处罚裁量基准，参照下列程序进行：

（一）确认行政处罚裁量依据；

（二）整理、分析行政处罚典型案例，为细化量化税务行政处罚裁量权提供参考；

（三）细化量化税务行政处罚裁量权，拟定税务行政处罚裁量基准。

税务行政处罚裁量基准应当以规范性文件形式发布，并结合税收行政执法实际及时修订。

第九条 省税务机关应当制定本地区统一适用的税务行政处罚裁量基准。

第十条 税务机关在实施行政处罚时，应当以法律、法规、规章为依据，并在裁量基准范围内作出相应的行政处罚决定，不得单独引用税务行政处罚裁量基准作为依据。

第三章 行政处罚裁量规则适用

第十一条 法律、法规、规章规定可以给予行政处罚，当事人首次违反且情节轻微，并在税务机关发现前主动改正的或者在税务机关责令限期改正的期限内改正的，不予行政处罚。

第十二条 税务机关应当责令当事人改正或者限期改正违法行为的，除法律、法规、规章另有规定外，责令限期改正的期限一般不超过三十日。

第十三条 对当事人的同一个税收违法行为不得给予两次以上罚款的行政处罚。

当事人同一个税收违法行为违反不同行政处罚规定且均应处以罚款的，应当选择适用处罚较重的条款。

第十四条 当事人有下列情形之一的，不予行政处罚：

（一）违法行为轻微并及时纠正，没有造成危害后果的；

（二）不满十四周岁的人有违法行为的；

（三）精神病人在不能辨认或者不能控制自己行为时有违法行为的；

（四）其他法律规定不予行政处罚的。

第十五条 当事人有下列情形之一的，应当依法从轻或者减轻行政处罚：

（一）主动消除或者减轻违法行为危害后果的；

（二）受他人胁迫有违法行为的；

（三）配合税务机关查处违法行为有立功表现的；

（四）其他依法应当从轻或者减轻行政处罚的。

第十六条 违反税收法律、行政法规应当给予行政处罚的行为在五年内未被发现的，不再给予行政处罚。

第十七条 行使税务行政处罚裁量权应当依法履行告知义务。在作出行政处罚决定前，应当告知当事人作出行政处罚决定的事实、理由、依据及拟处理结果，并告知当事人依法享有的权利。

第十八条 税务机关行使税务行政处罚裁量权涉及法定回避情形的，应当依法告知当事人享有申请回避的权利。税务人员存在法定回避情形的，应当自行回避或者由税务机关决定回避。

第十九条 当事人有权进行陈述和申辩。税务机关应当充分听取当事人的意见，对其提出的事实、理由或者证据进行复核，陈述申辩事由成立的，税务机关应当采纳；不采纳的，应予说明理由。

税务机关不得因当事人的申辩而加重处罚。

第二十条 税务机关对公民作出 2000 元以上罚款或者对法人或者其他组织作出 1 万元以上罚款的行政处罚决定之前，应当告知当事人有要求举行听证的权利；当事人要求听证的，税务机关应当组织听证。

第二十一条 对情节复杂、争议较大、处罚较重、影响较广或者拟减轻处罚等税务行政处罚案件，应当经过集体审议决定。

第二十二条 税务机关按照一般程序实施行政处罚，应当在执法文书中对事实认定、法律适用、基准适用等说明理由。

第二十三条 省税务机关应当积极探索建立案例指导制度，通过案例指导规范税务行政处罚裁量权。

第四章 附则

第二十四条 各级税务机关依法行政工作领导小组应当加强规范税务行政处罚裁量权工作的组织领导。

第二十五条 各级税务机关应当积极运用信息化手段加强税务行政处罚裁量权的管理，实现流程控制，规范裁量行为。

第二十六条 各级税务机关应当通过执法督察、案卷评查等方式，对规范行政处罚裁量权工作进行监督。

第二十七条 本规则自 2017 年 1 月 1 日起施行。